禪門拈頌要論

白峯 金基秋 居士

白峯 金基秋 居士

차례

表題 島人 李晚雨 先生

머릿말 …… 一
禪門拈頌集序 …… 三
第七二 殃崛摩羅尊者 …… 一三
第七三 金剛齊菩薩 …… 二四
第七四 執手 …… 二九
第七五 這箇 …… 三七
第七六 撥開 …… 四三
第七七 好道 …… 五六
第七八 降龍 …… 六〇
第七九 踏泥 …… 六七
第八〇 法法 …… 七〇
第八一 金襴 …… 七八
第八二 作舞 …… 一〇七
第八三 本來 …… 一一一

第八四 本來心 …… 一一四
第八五 出家 …… 一一八
第八六 無心 …… 一二一
第八七 心同 …… 一二四
第八八 爾從 …… 一三一
第八九 長壽 …… 一三四
第九〇 針投 …… 一三八
第九一 銅鈴 …… 一四三
第九二 無人 …… 一四七
第九三 泡幻 …… 一五一
第九四 心隨 …… 一五九
第九五 蘊空 …… 一七一
第九六 默論 …… 一八八
第九七 轉經 …… 一九五
第九八 聖諦 …… 二一一
第九九 面壁 …… 二四四
第一〇〇 法印 …… 二四九
第一〇一 得髓 …… 二八〇
第一〇二 本來玆土 …… 三一五
第一〇三 隻履 …… 三二四

第一〇四 見性 …… 三二八
第一〇五 懺罪 …… 三三五
第一〇六 至道 …… 三四三
第一〇七 圓同 …… 三五三
第一〇八 解脫 …… 三五八
第一〇九 姓 …… 三六二
해제 …… 三六五

머릿말

눈을 치켜 뜨니 허공은 三尺이요、내려 뜨니 땅은 萬丈이로다。

三尺의 허공에는 끝이 없는 기미〔幾〕가 서리었고 萬丈의 땅에는 다함없는 모습〔相〕이 굴리어지니 이 실다움이냐、이 헛됨이냐。凡夫들의 商量 밖의 일이 아니던가。이에 다달아 나는 백두山 天池로 목을 축이고、한라山 白鹿으로 수레를 끌게 하여 須彌 고개에 앉으니、보아라 보아라! 저기저만치에 엄청난 불기둥이 十方을 떠받치면서 三世를 꿰뚫었으니 이 무슨 소식이냐。

이 소식인지라 바로 歷代 祖師와 善知識의 혓바닥 끝에서 뿜어내는 불기둥이니、어즈버야、善을 굴려서 惡으로 바꿔놓되 그 惡으로 하여금 古今의 聖賢을 가르치고、惡을 굴려서 善으로 바꿔놓되 그 善으로 하여금 十方의 衆生을 건지는 불기둥이 아니던가。

알겠는가。이 불기둥의 이름이 바로 禪門拈頌이다。알지 못할세라。멀겋히 허공이나 쳐다보는 내가 어떤 因緣이 있었던가。이번 이 拈頌에 감히 붓을 들게 된 것을 흐

뭇하게 여기며, 이어 누리의 主人公으로서인 나는 白進한 방망이를 짊어지고 나대로의 불기둥을 大界에 세워 보는 바이다。

一九七九年 三月 一日

白峯 金基秋 焚香

禪門拈頌集序

詳夫自 世尊迦葉已來로 代代相承하고 燈燈無盡하야 遞相密付하야 以爲正傳하니 其正傳密付之處는 非不該言義로되 言義不足以及故로 雖有指陳이나 不立文字하고 以心傳心而已어늘 好事者ㅣ強記其迹하야 載在方冊하야 傳之至今하니 則其麁迹이 固不足貴也ㅣ나。

然이나 不妨尋流而得源하며 據末而知本이라 得乎本源者는 雖萬別而言之라도 未始不中也ㅣ오。不得乎此者는 雖絶言而守之라도 未始不惑也니라。

是以로 諸方尊宿이 不外文字하고 不悋慈悲하야 或徵或拈하며 或代或別하며 或頌或歌하야 發揚奧旨하야 以貽後人則凡欲 開正眼具玄機하야 羅籠三界에 提拔四生者ㅣ捨此奚以哉아。

況本朝自 祖聖會三已後로 以禪道로 延國祚하고 智論으로 鎭隣兵하였으니 而悟宗論道之資가 莫斯爲急故로 宗門學者ㅣ如渴之望飮하며 如飢之思食이라。

余被學徒力請하고 念 祖聖本懷하야 庶欲奉福於 國家하며 有裨於佛法하야 乃率門人眞訓等하고 採集古話凡一千一百二十五則과 幷諸師拈頌等語要錄하야 成三十卷이라。以配傳燈하니 所冀는 堯風與禪風이 永扇하고 舜日共佛日이 恒明하며 海晏河淸하고 時和

歲稔하야 物物이 各得其所하고 家家純樂無爲니 區區之心이 切切於此耳로다。第恨諸家語錄을 未得盡覽하야 恐有遺脫이나 所未盡者는 更待後賢하노라。

貞祐 十四年 丙戌 仲冬

海東曹溪山 修 禪 社

無 衣 子 序

선문염송집서

살피건대 「세존」과 「가섭」 이래로부터 대대로 이어받아 등불과 등불이 다함없이 갈마들리며〔更迭〕 비밀히 부촉함으로써 바른 전함을 삼았다。그 바로 전하는 데의 은근한 부촉의 곳은 말뜻으로 들내지 않음은 아니나 말발이 족히 미치지 못하는 까닭으로써 비록 가리켜 보일지나 글자를 세우지 아니하고、마음으로써 마음을 전할 따름이어늘 일을 좋아하는 이들이 억지로 그 자취를 기억하고 책에 실어서 전해 이제에 이르렀으니 즉 그 거칠은 자취야 진실로 족히 귀함이 아니니라。

그러나 흐름을 더듬어 근원을 얻고 끝을 의지하여 근본을 앎에 해롭지 않도다。본원을 얻음있따녀、비록 만 갈래의 말일지라도 바야흐로 맞지 않음이 없고、본원을 얻지 못함있따녀、이것은 비록 말을 끊어서 지킨다 할지라도 바야흐로 미혹하지 않음이 없느니라。

이러므로써 제방[*一] 존숙[*二]이 글자를 여의지 않고 자비를 아끼지 아니 하여서 혹 징[*三] 혹 염[*四]하며、혹 대[*五] 혹 별[*六]하며、혹 읊고 혹 노래로써 깊숙한 뜻을 들내고 뒷사람에게 끼쳐줌으로써 무릇 바른 눈을 열고 까마득한 기틀을 갖추어 삼계[*七]를 뛰쳐나고 四생[*八]을 건져주고자 하는 이라면 이를 버리고서 무슨 방법이 있을까。

하물며 이 나라는 조상들이 삼한을[*九] 통합한 이래 선도(禪道)로써 나라의 복을 늘리고 지혜로운 논리로써 이웃 군사를 눌렀으니, 선지를 깨치고 도를 토론할 자료가 이보다 더 급함이 없는 까닭으로, 종문의[*一〇] 학자들이 목마른데 마시기를 바람 같으며 주린데 먹기를 생각하듯 하였다.

내가 학도들의 간곡한 청을 받고 조상 본래의 회포를 생각하여 나라에 복을 받들고, 불법에 도움이 되고자 하여 문인 「진훈」 등을 데리고 옛 이야기 千百二十五칙과 아울러 모든 선사의 염과 송등 요긴한 말씀을 수록하여 三十권을 이루고 전등록과 짝이 되게하니, 바라는 바는 요풍과[*一一] 선풍이 길이 나부끼고 순일과[*一二] 불일이 항상 밝으며, 바다는 편안하고 강은 맑으며, 시절은 고르고 세월은 영글어, 물건마다 제각기 그 곳을 얻고 집마다 순수한 하염없는 법을 즐기니, 구구한 마음이 이에 간절할 뿐이다. 한스러운 일은 제가의 어록을 다 보지 못하였으므로 빠진 바가 있을까 두려우나, 다하지 못한 바는 다시 뒷날의 현명한 분에게 기다린다.

정우[*一三] 十四년 병술 겨울

해동 조계산 수선사

무 의 자 씀

㊟ 一、諸 方…여러 곳을 뜻함。
二、尊 宿…큰 스님네。
三、徵…「이 문제를 어떻게 보는가」 하는 식의 물음의 형식。
四、拈…문제를 들어냄。
五、代…남의 말을 대신하는 것。
六、別…남의 말과 다르게 말하는 형식。
七、三 界…欲界·色界·無色界。
八、四 生…胎·卵·濕·化의 네 종류 중생。
九、三 韓…馬韓·辰韓·卞韓。
一〇、宗 門…한 宗旨를 받드는 門中。
一一、堯 風…支那 요임금 時代。
一二、舜 日…순임금 時節。
一三、貞 祐…고려 고종 때에 중국의 연호。 정우 十四년은 一二二七년。

禪門拈頌要論 第三卷

西天應化賢聖
西天祖師
中國祖師

西天應化賢聖

西天祖師

初　祖　摩訶迦葉
二　祖　阿難尊者
四　祖　優婆毱多
五　祖　提多迦
六　祖　彌遮迦
七　祖　婆須蜜
一〇祖　脇尊者
一二祖　馬鳴大士
一四祖　龍樹大士
一七祖　僧伽難提
一八祖　伽耶舍多
二一祖　婆修盤頭
二二祖　馬拏羅
二四祖　師子尊者
二五祖　婆舍斯多
二七祖　般若多羅
二八祖　菩提達摩

中國祖師

中國 第一世 達摩大師嗣法
婆羅提尊者
二祖慧可大師
達摩 第二世 慧可大師嗣法
三祖 僧璨大師
達摩 第三世 僧璨大師嗣法
四祖 道信大師
達摩 第四世 道信大師嗣法
五祖 弘忍大師

第七二、殃崛摩羅尊者

〔本文〕 殃崛摩羅尊者持鉢하고 至一長者門하니 其家婦人이 正値產難이라。 長者曰 瞿曇弟子여 汝爲至聖하니 當有何法하여 能救產難이니다。 尊者曰 我乍入道하여 未知此法하니 待我廻하여 問世尊却來相報하리라。 及返具事白佛하니 佛言하시되 汝速去報云하되 我自從賢聖法來로 未曾殺生이라 하라。 尊者便奉佛語하여 往告長者하니 其婦得聞하고 即免產難하니라。

〔번역〕 앙굴마라존자가[*一] 바루를 들고 한 장자의 집 문 앞에 이르렀더니 그 집의 부인이 마침 아기를 낳으려는 어려움이 심하더라。 장자 가로되 「구담의[*二] 제자시여、 그대는 지극히 거룩하시니 어떤 법으로써라도 순산토록 구해 주사이다」 하다。 존자 가로되 「나는 도에 든 지 얼마 안되어 이 법을 알지 못하니 내가 돌아가 세존께 여쭈어 알려 드리겠읍니다」 하다。 돌아가 부처님께 사뢰니 부처님이 말씀하시되 『너는 빨리

되돌아가서 이르되「나는 성현의 법을 좇은 이래로 일찍 살생한 적이 없다」고 하라』하시다。 존자가 이 분부를 받잡고 가서 장자에게 고하니 그의 아내가 듣고 곧 난산을 면하다。

〔강론〕 하루는 사람을 많이 죽이고 그 죽은 사람의 손가락으로 꽃타래를 하여서 목에 걸고 다니던 앙굴마라尊者가 어떤 長者집 문앞에 섰다。 밥을 얻기 위한 手段이다。 그러나 때마침 그 집 婦人이 難産으로 크게 苦痛을 당하고 있는지라、 부인의 難産에 당황한 그 長者는 물에 빠진 사람이 지푸라기라도 잡듯이 앙굴마라尊者에게 구원을 청하였다。 어리둥절한 존자는 그대로 부처님에게 달려가서 부인의 順産을 呼訴하였다。 이 이야기를 들으신 부처님은 이르시되『너는 빨리 되돌아가서 그 産婦人에게 말하되「나는 성현의 법을 좇은 이래로 일찍 살생한 적이 없다」하라시었다。 괴로움과 즐김의 성품은 하나이다。 하나인 성품이기는 하나 그 성품을 굴리는 데의 手段과 方便에 따라 괴로움과 즐김으로 나눠지는 것이니 이 대목이 바로 無生法忍의 소식이다。 드높은 고개로다。

부처님의 이 말씀을 들은 앙굴마라尊者는 우선 過去事를 追憶하고 自身의 가슴부터 뜨끔했으리라。 부처님은 돌 한 개를 던져서 두 마리의 꿩을 잡은 셈이시다。 尊者는 곧 되돌아 와서 그 産婦人에게 부처님의 말씀을 전하자 難産을 면하였다。 아마 괴로움의 씨를 심는 手段 中에는 殺生이 가장 큰 것임을 알겠다。

참으로 누리의 現象을 因果法則의 나툼이라 한다면 이 이야기는 한낱 이야기로만 듣고 흘려 버릴 이야기가 못된다。 自身이 하고파서 저지른 因果法則이겠지마는 알고 모르는 사이에 있어서 殺生의 多少와 그 質의 輕重에 따라 구르고 굴리어지면서 現在를 되받아들이게 마련이다。 이것이 人生살이요 이것이 중생살이니、 같은 값이면 다홍치마라고 멋진 人生을 굴리다가 다른 色身으로 탈바꿈하는 것이 좋지 않을까。 이렇듯이 멋진 人生살이를 할려면 역시 멋진 功德의 씨를 심음으로 하여서 얻어지는 것이니 어찌 功德行이 남의 일이랴。

善惡本無性
苦樂一念來

착하고 악한 성품이 본래로 없건만
뇌롭고 즐김이 한 여김으로 좇아오네。

㈜ 一、앙굴마라尊者…賢愚經의 이야기다。 앙굴마라는 손가락 꽃타래로 번역된다。 그는 사람을 많이 죽여서 손가락으로 꽃타래를 만들어 목에 걸고 다녔다는 것이다。

二、瞿曇…釋迦宗族의 姓으로 부처님을 가리키는 말。

15 殃崛摩羅尊者

〔1〕 本文 大慧杲 頌하되

華陰山前百尺井에 中有寒泉徹骨冷이로다。
誰家女子來照影고。 不照其餘照斜領이로다。

번역 대혜고가 송하되

화음산 앞 백 자 우물에
차디찬 샘이 뼈에 사무치도록 시리구나。
뉘집 아씨 여기 와서 그림자를 비추단가。
그 나머진 안 비치나 옷깃만이[*一] 비치이네。

강론

숲밑의 옹달샘에 고운 모습 비추어서
머리 빗던 참빗인가 허공에다 던졌구나。
그 참빗이 반달되어 하늘땅을 밝히건만
뉘집 아씨 말 좀 듣소。 며칠인가 되묻는담。

㊟ 一、옷깃만이 비치네…앙굴마라의 말을 듣자、아기를 낳았다는 것이 청정한 경지만을 추구하는 듯한 인상을 주므로 그를 비꼬아 예쁜 아씨의 옷깃만 비친다 한 것。

〔2〕 **本文** 竹庵珪 頌하되

月裡姮娥不畵眉하고 只將雲霧作羅衣로다。
不知夢逐靑鸞去하고 猶把花枝盖面歸로다。

번역 죽암규가 송하되

달속의 항아님은 화장도 않는가배。
구름과 안개로써 옷을 지어 걸쳤구나。
꿈속에 푸른 난새 쫓던 일 잊었는가。
오히려 꽃가지 들고 낯 가리어 돌아오네。

강론

본래의 내고장에 손질할것 없노매라。
산은산 물은물 그대로가 내경계네。
푸른꿈 키운다고 이리저리 뛰다닌일
생각만 하여봐도 낯부터 간지럽네。

〔3〕 本文 悅齋居士 頌하되

密雲西郊不雨하고 四山色如墨聚로다。
雷電不擊遊龍하고 大棒打殺老鼠로다。

번역 열재거사가 송하되
짙은 구름 서쪽 들에 비는 안 오는데
네쳐 산빛은 먹덩이 같구나。
번개와 우뢰도 노는 용을 못 치는데
큰 몽둥인 늙은 쥐를 때려 죽인다。

강론
크나큰뜻 품고서 허공을 상대하라。
하늘망이 쪼개져도 살길이 있느니라。
제가지닌 슬기대로 한방망이 마련하면
호랑이는 못잡아도 늙은쥐쯤 못잡으랴。

〔4〕**本文** 雲門杲 普說擧此話云하되 遮裡에 使棒使喝하며 掀倒禪床
하며 引經教說理事하되 擊石火閃電光이라도 夜半捉烏鷄得麽아。因
請益湛堂和尙에 才擧起此話하니 湛堂曰 爾爬着我痒處로다。遮話는
是金屎法이니 不會면 如金이요 會得하면 如屎니라。曰 豈無方便이
리오。湛堂曰 我有方便이나 只是爾劃地不會니라。曰 望和尙慈悲하

노이다。 湛堂曰 殃崛云하되 我乍入道하여 未知此法이라 待問世尊이라 하니 未到佛座下하여 他家生下兒子時如何오。 我自從賢聖法來로 未曾殺生이라 하니 殃崛이 持此語하여 未至他家에 已生下兒子時如何오。 老漢이 當時理會不得이러니 後因在虎丘하여 看華嚴經이다가 至菩薩第七地에 證無生法忍云하되 佛子야 菩薩이 成就此忍하면 即時得入菩薩第八不動地하여 爲深行菩薩이라 하니 難可知無差別이로다。 離一切相一切想一切執着하면 無量無邊一切聲聞辟支佛이 所不能及이며 離諸諠諍하여 寂滅現前이니 乃至菩薩摩訶薩의 菩薩心佛心菩提心涅槃心도 尚不現起온데 況復起於世間之心이리오。 師云하되 到遮裡하여 打失布袋로다。 湛堂이 爲我說底方便이 忽然現前하여 方知眞善知識이 不欺我로다。 眞介是金剛圈이니라。

번역 운문고가 보설 때 이 이야기를 들고는 이르되 「여기에서 방망이를 쓰고 할을 쓰며 선상을 뒤집어 엎고 경전을 끌어서 이와 사를 가르치되, 석화를 들이치고 전광을 엿보아도 밤중에 해를 붙들 수 있겠는가」 하다。 내가 담당화상에게 법을 청할 때 이 이야기를 드렸더니 담당이 가로되 「네가 나의 가려운 곳을 긁어주는구나。 이 이야기는 금과 똥의 법이니 못 드러내면 금과 같을 것이요、 드러내면 똥과 같으리라」 하다。

가로되 「어찌 방편이 없읍니까」 하니、 담당이 가로되 「나에게 방편이 있으나 다만 네가 지독하게 알아채지 못할 뿐이다」 가로되 「화상님의 자비를 바라나니다」 하다。 담당이 가로되 『앙굴마라가 이르되 「나는 도에 든 지 오래지 않아서 이 법을 모른다。 세존께 묻기를 기다리라」 했으니 부처님께 이르지 못하여 저 집에서 아기를 낳을 때엔 어찌 하였을까。 「나는 성현의 법을 좇은 이래로 일찍 살생을 아니했다」 하니 앙굴마라가 이 말을 가지고 저 집에 이르지 못하고 아기가 나왔을 때라면 어찌 하였으랴』 하다。

늙은 나는 그 당시에 도리를 알아채지 못했더니 나중에 호구에서 화엄경을 보는데 제七지 보살이 무생법인을 증득하는 데에 이르러서 이르되 「불자야、 보살이 이 법인을 성취하면 즉시 보살의 제八 부동지에 들어서 깊은 보살행을 하는 것이니 좋이 차별이 없음을 알기가 어렵도다。 온갖 모습과 온갖 새김과 온갖 집착을 여의면 한량없고 끝없는 온갖 성문과 벽지불이 능히 미치지 못할 바이며 모든 시끄러움을 여의어서 적멸이 나타나는 것이니、 이에 보살마하살의 보살심이나 불심이나 보리심이나 열반심까지도 오히려 일어나지 *않거늘 하물며 다시 세간심이 일어나리오」 하다。 선사는 이르되 「여기에 이르러서 베자루를 잃어 버렸도다。 담당화상이 나에게 말씀하여 주신 그

방편이 홀연히 나타나서 바야흐로 참된 선지식은 나를 속이지 않는 금강 덩어리임을 비로소 알았느니라」 하다。

강론 雲門杲의 이야기다。 혹은 방망이질을 하고 혹은 喝을 하고 혹은 禪床을 뒤집어 엎고 經典을 끌어다가 理事를 따지며、 전광석화와 같이 날쌘 才幹이 있는 장부漢이라 할지라도 밤중에 해를 붙들 수 있을까。 안되는 말이다。 老長이 일찍 湛堂和尚에게 法을 물을 때 이 이야기를 하였다。

이 이야기를 들은 和尚은 神奇한 말이나 듣는 것처럼 「나의 가려운 곳을 긁어 주는구나。 이 이야기는 금과 똥의 法이니 모르면 금과 같고 알면 똥과 같으니라」 하였다。 모르면 금과 같이 貴하나 알면 똥과 같이 賤한 金屎法이란 뜻도 된다。 그렇다면 앎과 모름에 따라 똥도 되고 금도 된다는 結論이니 이럴진댄 도대체가 앎과 모름은 무엇인가。

이렇다。 본래로부터 또렷한 마음、 곧 여김의 굴림새이니 緣에 따라 한 생각을 일으켜서 알고、 한 생각을 거두우면 모르는 것이다。 그렇다면 앎과 모름은 한 생각을 일으키고 거두는데 따라 있기도 하고 없기도 하는 것이니、 앎은 앎이 아닌 이름뿐인 앎이요、 모름은 모름이 아닌 이름뿐인 모름이 아니겠는가。 이럴진댄 알면 똥과 같이 되는 것도 이름뿐인 똥이요、 모르면 금과 같이 되는 것도 이름뿐인 금이니、 이 金屎法은 앎과 모름에 따라 이러도 되고 저러도 되는 이름뿐인 金屎法이 아니고 무엇이겠는가。 이렇듯이 휘영청한 마음이 無相身임을 頓證하기 전에 어찌 客氣만인 知見解로써 밤중에 해를 붙들 수 있겠느냐는 말이다。

老長도 이 도리를 알기 위하여 「어찌 方便이 없겠읍니까」 하였더니 和尙이 가로되 「나에게 방편이 있으나 다만 네가 지독히도 알지 못할 뿐이니라」 하였다。 特殊적이면서 貴한 手段이 아니고 普遍적이면서 賤한 手段도 아니다。 모랫바닥에서 금싸라기를 줍는 어려운 手段이 아니요 뒷간에서 똥오줌을 누는 쉬운 手段도 아니나、 무엇인가 가슴이 울렁거림을 느꼈으리라。

老長은 이르되 「和尙의 자비를 바라나이다」 하였다。 眞心이 서린 말귀다。 和尙은 例를 들고 이르되 『앙굴마라의 말에 「나는 道를 닦기 시작한지 오래지 않아 이 法을 모르니 세존께 여쭈어 보겠다」 했으니 부처님께 가기 전에 아기가 났더라면 어찌 하였겠으며、 또는 「나는 성현의 法에 귀의한 이래 일찍 殺生을 한 적이 없다」 하신 이 말씀을 앙굴마라가 가지고 그 집에 이르기 전에 아기를 낳았더라면 어찌 되었겠느냐』 하였다。 그렇다。 지독한 難産苦로 말미암아 물에 빠진 사람이 지푸라기라도 붙잡을 참인데 뜻밖에 尊者를 만났으니 救世主인양 여겼을 것이다。 그때에 만약 尊者가 아픔과 안 아픔인 差別觀이 다 고요적적한 一念에서 緣을 좇아 일으키는 세김(想)이지마는 그 當處는 절대의 平等性面이란 事實을 알았더라면、 그렇게 唐慌하지도 않고 마음이 安定되도록 하여서 危急함을 덜었을 것이다。 다 金屎法을 깨닫지 못한 탓이 아니겠는가。

老長은 그때 金屎法이란 무슨 뜻인지 몰랐는데 나중에 虎丘에서 華嚴經을 보다가 第七地 보살이 無生法忍을 얻는 데 이르러 말씀하기를 「佛子야、보살이 이 法忍을 이룩하면 당장에 보살의 第八 不動地에 들어서 깊은 보살行을 하는 것이니 差別 없음을 알기 어렵도다」라는 대목에서 생각이 크게 굴리어지는가 하면、「온갖 모습〔相〕과 온갖 새김〔想〕과 온갖 執着을 여의면 無量 無邊의 온갖 聲聞과 辟支佛의 미칠 바 못되며、따라 온갖 시끄러움을 여의되 寂滅이 現前하는 것이니 이에 이르러서는 보살마하살의 菩薩心이나 佛心이나 菩提心이나 涅槃心까지도 일어나지 않거늘 하물며 世間心이리오」라는 소식을 깨쳐 알았다는 것이니、金屎法을 알았다고 하지 않겠는가。

여기에 이르러서야 바야흐로 온갖 知識으로 가득히 찼던 베주머니는 어느새 없어지면서 푸른 하늘이 눈앞에 나타났다。푸른 하늘이 나타나면서 老長 自身이 비로소 無邊法身이란 事實을 느끼게 되었으니 어찌 湛堂화상에게 대한 고마운 생각인들 없겠는가。

㊟一、布袋…베자루인데 사람을 가죽주머니라고 말함과 같음。

第七三、金剛齊菩薩

〔本文〕障蔽魔王 領諸眷屬하고 一千年隨金剛齊菩薩하여 覓起處不得이더니 忽因一日得見하고 乃問云하되 汝當依何住오。我一千年覓汝起處不得이로다。菩薩云하되 我不依有住而住하고 不依無住而住라 如是而住하노라。

〔번역〕장폐마왕[*一]이 권속들을 거느리고 천년 동안이나 금강제보살을 뒤따르나 기거하는 곳을 찾지 못하더니、하루는 문득 만나보고 이에 물어 이르되「그대는 어디에 머무는가。내가 천년 동안 그대의 거처하는 곳을 찾았으나 찾지 못했오」하다。이에 보살이 이르되「나는 머무름 있는 데 의지하여 머물지 않고 머무름 없는 데 의지하여 머물지도 않으니 이러히 머무르니라」하다。

〔강론〕障蔽魔王이 권속들을 거느리고 千年 동안이나 金剛齊보살을 뒤따랐으나 그 起居處를 찾지 못했다는 것이다。모습으로서인 금강제보살을 찾았으니 三界를 몽땅 뒤져도 찾지 못하니라。그러나 千年 동안을 생각한 공덕이 헛되지 아니하여서 문득 만나

뵈온 것은 다행한 일이라 할까。

금강제보살은 장폐마왕에게 그 起居處를 말하되 「나는 머무를 곳 있음에 의지하여 머무르지도 않고 머무를 곳 없음에 의지하여 머무르지도 않나니 이러히 머무르니라」 하였다。 이 무슨 도리인가。 봄이 없이 보고 들음이 없이 듣는구나。 이렇게 알고、 이렇게 믿고、 이렇게 행하면 염라大王인들 어찌 찾아 내겠는가。

不依有住亦無住
天下掌中覓不知

머무름이 있고 또한 머무름이 없는 데 의지하지 아니하면
천하가 손바닥 속이라도 찾아서 알지 못하네。

注 一、障蔽魔王…自在王보살 所問經에 있는 이야기。

25 金剛齊菩薩

〔1〕本文 悅齋居士 頌하되

靈槎來去有何憑고。 空向江邊苦問津이로다。
若遇牛郎逢織女런들 家鄉萬里轉愁人하리라。

번역 열재거사가 송하되

영특스런 멧목이라 오고 가매 무엇을 의지하랴。
속절없이 강가만을 향하여 나룻터만 묻더구나。
만약 견우와 직녀가 만남을 보았던들
고향길이 만리라서 한숨 짓는 사람 많더구나。

강론 고향길을 갈려며는 눈앞에 훤하건만
사람들은 제가 모르고 나룻터에서 나룻배만 찾구나。
견우와 직녀는 그래도 一年에 한 번씩은 만나는걸
무삼 일로 중생들은 한 번 떠난 고향길을 모르단가。

〔2〕 本文 法眼 拈하되 障蔽魔王이 不見金剛齊는 即且從이어니와 秖如金剛齊가 還見障蔽魔王麽아。

번역 법안이 염하되 「장폐마왕이 금강제를 보지 못한 것은 그렇다 하겠거니와 금강제는 장폐마왕을 보았는가」 하다。

27 金剛齊菩薩

강론 꼭 알고 싶은가。

금강제보살은 장폐마왕을 보면서 안보았고

장폐마왕은 금강제보살을 보면서 못보았느니라。 알간!

〔3〕 本文 雲門杲 拈하되 旣覓起處不得인댄 一千年隨從底는 是甚麼오。 金剛齊云하되 我不依有住而住하며 不依無住而住라 如是而住라하니 互相熱謾이로다。 法眼道하되 障蔽魔王이 不見金剛齊는 卽且從이어니와 只如金剛齊가 還見障蔽魔王麼아 하니 恁麼批判이 也是看孔着楔이로다。 卽今에 莫有知得妙喜起處底麼아。 隨後咄云하되 寐語作麼오。

번역 운문고가 염하되 『이미 기거하는 곳을 찾아내지 못함인댄 일천 년 동안 따라 좇은 것은 무엇인고。 금강제가 이르기를 「나는 머무름 있음에 의하여 머무르지 않고、 머무름 없음에 의하여 머무르지도 않고、 이러히 머무른다」 하니 서로서로 지독한 속임수로구나。 법안이 말하기를 「장폐마왕이 금강제보살을 보지 못한 것은 그렇다 하겠지만 금강제보살은 장폐마왕을 보았을까」 하니 그렇게 비판함이 이것은 구멍을 봐서 말뚝을 박음이로다。이제 묘희가 기거하는 곳을 알 자가 있겠는가』하고는 따라 「칵」하여 이르되 「잠꼬대를 해서 무엇하랴」하다。

강론 雲門杲가 拈하되 「기거하는 곳을 찾지 못함인댄 千年 동안 따라다닌 것은 무엇인가」하였다。障蔽魔王이 金剛齊菩薩의 居處를 千年이나 찾아도 못 찾았다는 것이다。障蔽마왕이여、障蔽마왕이여! 一念 밖을 향하여 金剛齊보살을 찾았으니 어떻게 찾겠는가。때문에 金剛齊보살은 이르되 「나는 머무름 있음에 의지하여 머무르지 않고、또한 머무름 없음에 의지하여 머무르지도 않고、이러히 머문다」한 것이 아닌가。참으로 갈수록 泰山이 아니라 갈수록 蒼海로다。障蔽마왕은 이 도리를 알겠는가、모르겠는가。꼭 찾아 뵈올려면 一念 안을 향하여 찾으라。이렇기에 老長도 「서로가 지독한 속임수로구나」이른 것이 아니겠는가。

法眼이 이르되 「障蔽마왕이 金剛齊보살을 보지 못한 것은 그렇다 하거니와 金剛齊보살은 障蔽마왕을 보았을까」하였다。그렇다。彼此一般事다。「이렇게 비판하는 것은 구멍을 보고 말뚝을 박는 격이로다」老長의 말이다。소나무는 푸르지만 푸른 것이 소나무는 아니니라。알겠는가。만약 이 도리를 알거든 이제 내가 어디에 머물고 있는가를 한 번 살펴보라。알고 보면 다 잠꼬대에 지나지 않는다。그만 그대로 허공이나 멀컹히 쳐다보며 머리를 올렸다 숙였다 하리라。에익!

第七四、執 手

〔本文〕 毗目仙人이 執善財手할새 善財即時自見其身이 往十方佛刹微塵數諸佛所하며 乃至經不可說不可說微塵數刧이러니 仙人이 放手하니 即見自身이 還在本處라。

〔번역〕 비목선인이*— 선재의 손을 잡을새、선재는 즉시 그 몸이 시방의 부처님 세계 미진수의 모든 부처님 처소에 가는 것을 보며 이에 가히 말할 수 없고 가히 말할 수 없는 미진수 겁을 지내는데、선인이 손을 놓음에 곧 스스로의 몸이 본 곳에 있음을 보더라。

〔강론〕 毗目仙人이 善財의 손을 잡으니 이 웬 일이냐。善財는 即時 자기의 몸이 十方의 부처님 세계의 티끌같이 많은 수의 부처님 處所에 가는 것을 보았으며、좀체로 혀를 굴려서 말할 수 없고 말할 수 없는 티끌같이 많은 수의 겁을 지내는 것을 보았는데 무슨 까닭이냐。仙人이 손을 놓으니 即時에 자기의 몸이 다시 제자리에 있는 것을 보게 되었다는 것이다。

執手 30

이 웬 일이며 이 무슨 까닭이냐。 이 문제는 먼저 허공이 하나이니 지도리〔樞〕도 하나요、 지도리가 하나니 목숨도 하나라는 事實부터 認證하고 풀어 나가자。

살펴보건댄 이 땅덩이 위에는 因緣에 따른 숱한 有無情이 時節에 맞추어서 顯滅을 거듭하나、 그 根源은 하나인 生命體다。 사람도 이와 같아야 하나인 根源의 生命體에서 한 가닥씩의 人格을 나투고 슬기로운 삶을 엮어가는 것이다。 仙人과 善財 또한 그 生命의 當處는 엄연한 하나이지마는 그 人格으로는 또렷한 둘이다。 때문에 相對性인 차별現象은 絶對性인 평등本體의 굴림새라 일컫는 것이 아니겠는가。

이렇듯이 仙人이 善財의 손을 잡는다는 그 事實은 둘도 아니니 하나도 아니요、 하나도 아니니 둘도 아닌 生命의 大圓覺자리를 드러내는 소식이라 하겠다。 이 소식인지라、 方位가 무너졌으니 十方이 사그라진 곳에서 되돌아 티끌 수의 부처님 처소로 가는 것이 보임은 이 바로 十方佛刹은 나의 一行의 나툼을 뜻함이요、 時空이 끊어졌으니 三際가 녹아난 곳에서 되돌아 말할 수 없는 티끌 수의 둘레〔劫〕가 보임은 나의 一念의 굴림새를 뜻함으로 알자。 이 어려운 문제냐、 이 쉬운 문제냐。 이 어렵지도 않고 이 쉽지도 않은 문제냐。 一刀로 兩斷하라。 分別에 있지 않다。 에잇!

今日若非毗目仙
豈知世界同一性

오늘에 만약 비목선인이 아니었던들
어찌 세계가 한 성품인 줄을 알랴。

주 一、毗目仙人…煩惱와 妄想을 여읜 解脫人으로서 소리를 내면 크게 두렵다는 것이다。

〔1〕 **本文** 黃龍心 拈하되 放手卽不問爾이어니와 執手處作麼生道오。

번역 황룡심이 염하되 「손을 놓은 것은 묻지 않겠거니와 손을 잡은 곳은 어떻게 말하겠는가」 하다。

강론 毗目仙人이 善財童子의 손을 잡음은 過去 微塵數의 모든 부처님을 몽땅 뵈옴이요、손을 놓음은 過去 微塵數의 부처님을 몽땅 제자리로 되돌림이니라。

그러나 문제는 손을 잡고 놓는 데 있는 것이 아니니 어디에 목적이 있는가。 알면 한마디 일러라。 만 법이 하나로 돌아간 소식이로다。

〔2〕 **本文** 佛眼遠 解夏上堂云하되 毗目仙人이 執善財手하니 頓見過去微塵諸佛하고 及其放手에 宛然依舊로다。 龍門長老領諸大衆하고 爰於此地에 結足安居하며 及其解夏에 宛然依舊로다。 善財依舊

處는 微塵諸佛이 含攝有歸요 大衆依舊處는 三月九旬歛收無跡이니라。還會麼아。毛端에 藏刹海하고 芥子에 納須彌라 不離見聞緣하고 超然登十地로다。四生六道即心自性이요 三途八難이 普現色身이라 居華藏海之中이요 住不思議之內니 如斯之旨는 乃吾輩之常分이니라。耳還信得及麼아。

번역 불안원이 여름 해젯날에 상당하여 이르되 「비목선인이 선재의 손을 잡음엔 과거 미진수의 모든 부처님을 몽땅 뵈었고, 손을 놓음엔 완연히 옛과 같이 되었다。용문장로는 대중을 거느리고 여기에서 발을 멈춰 안거를 했었는데 그 해제에 미쳐서 완연히 옛과 같더라。선재가 옛과 같았던 곳은 미진수의 모든 부처님이 돌아가실 곳이 있었고, 대중이 옛과 같았던 곳에는 석 달 九十일을 거두어 자취가 없다。알겠는가! 털끝에 미진수 세계를 감추고 겨자씨 속에 수미산을 넣나니 보고 듣는 인연을 여의지 않고 초연히 十지에 오름이로다。四생과 六도가 마음의 자성이요, 三도와 八난이 두루 나타난 색신이다。화장세계 안에 있고 불사의 경지 안에 머물고 있으니, 이러한 취지는 우리들의 예사로운 일이다。귀가 되돌아 믿어지는가」하다。

강론 佛眼遠이 여름解制日에 上堂하여 이르되 毗目仙人이 善財의 손을 잡음에 過

去 微塵數의 모든 부처님을 몽땅 뵈었고 그 손을 놓음에 완연히 옛과 같이 되었다는 것이다。 둘이 아니니 잡았고 하나가 아니니 놓았구나。 잡고 놓음이 한결같기에 동편에선 달이 뜨고 서편에선 해가 지는 것이 아니겠는가。

龍門은 夏安居를 解制함에 宛然히 옛과 같았다고 한다。 그러나 善財의 옛과 같은 곳은 가는 티끌 수의 부처님이 돌아가실 곳이 있었지마는 대중이 전과 같았던 곳에는 九十日을 거두어 자취도 없다 했으니 하나마나의 安居가 아닌가。 마음을 가라앉힘이 安居의 目的이라면 平常時에 가라앉은 마음이라야 安居다운 安居도 이뤄지는 것이라 하겠다。

이렇듯이 「털끝에 가는 티끌 수의 世界를 감추고 겨자씨 속에 수미山을 넣으니 見聞의 인연을 여의지 않고 뛰어서 十地에 오른다」 하였다。 이 무슨 도리인가。 살펴보라。 三界가 아무리 넓다 해도 너의 마음 속을 여의지 않고 須彌가 아무리 크다 해도 너의 마음 밖을 떠나지 못했으니 생각해 보라。 그 털끝과 그 겨자는 빛깔도 소리도 냄새도 없는 그 마음보다 큰가、 작은가。 말해 보라! 눈으로는 한량없는 世界를 살피고 귀로는 끝이 없는 소리를 듣는 智慧를 갖췄으니 이 참이냐、 이 거짓이냐。 이 理이냐、 이 事이냐。 한 마디 던져라。 이 도리를 깨침으로 하여금 十地에 오르고 十地에 오름으로 하여서 四生六道가 곧 마음의 自性이요、 三途八難이 다 普現色身임을 비로소 알게 되는 것이니 이렇게 알고、 이렇게 믿고、 이렇게 거닐지어다。 허!

〔3〕 **本文** 覺範曰 朱世英이 擧此話하여 嘗問予하되 此一段義를 何以明之오。予云皆象也라 方執其手는 卽入觀法之時니 見自他不隔於毫端하고 始終不移於當念이요 及其放手는 卽是出定之時다。永明曰 是知不動本位하고 遠近之刹이 歷然이요 一念靡移하여 延促之時宛爾라 하였다。世尊이 蓋以蓮爲譬而世莫有知者나 予特知之로다。夫蓮이 方開華時에 中已有子하고 子中已有蜜하며 因中有果하고 果中有因은 三世一時也요 其子分布하며 又會屬焉하고 相續不斷은 十方不隔也니라。

번역 각범이 가로되 『주세영이 이 이야기를 들어서 나에게 묻기를 「이 한 토막의 뜻을 어떻게 밝히겠는가」 하기에, 내가 이르되 「모두가 상징이라」 했노라。바야흐로 그 손을 잡음은 곧 관법에 들 때이니, 나와 남을 보는데 털끝만치의 막힘이 없고, 비롯과 마침이 당장의 여김을 옮기지 않음이요, 그 손을 놓음은 곧 선정에서 나올 때이다。영명이 가로되 「이러히 알지니, 제자리를 움직이지 않고 멀고 가까운 세계가 역력한 것이요, 한 여김도 옮기지 않고 느리고 촉박한 시간이 완연하니라」 하였다。세존께서 통털어 연꽃으로써 비유를 드셨는데 세상에는 아는 이가 없으나 나는 똑똑히 안다。 대저 연이란 바아흐로 꽃이 필 때에 이미 속에 씨를 두었고 씨 속에 이미 꿀을 두었으니、 인 속에 과가 있고 과 속에 인이 있는 것은 三세가 동시인 것이요、 그 씨가 퍼져 있으면서 또 모여 붙어있고 서로 이어져 끊이지 않는 것은 十방이 막힘이 없는 것이니라』 하다。

강론 각범이 가로되 朱世英이 이 이야기를 듣고 일찍 나에게 묻되「이 한 토막의 뜻을 어떻게 밝히겠는가」하였다。實로 차별現象만을 걸어잡은 사람으로서는「소 귀에 경 읽기」라 않겠는가。 답하기를「모두가 象徵이니라」하였다。 抽象적인 用心의 內容을 구체적인 事物로써 連想케 함이다。 그렇다。 손을 잡은 것은 곧 觀法에 들어갈 때라 했으니 이 象徵적인 手段의 表現이요、 손을 놓음은 곧 이 出定할 때라 했으니 이 또한 象徵적인 表現의 手段이라 하겠다。 그러나 象徵적인 表現의 앞 소식은 나와 남을 보는데 털끝만치의 간격이 없고 처음과 나중이 이제의 여김을 옮기지 않은 境地임에는 틀림이 없다。 알겠는가。

永明도 이에 대하여 말하기를「이로써 제 자리를 움직이지 않고 멀고 가까운 世界가 歷然한 것이요、 한 여김을 옮기지 않고 늦추고 당김이 宛然한 것이라」하였다。 옳은 말이다。 제자리를 한 치도 옮기지 않고 三界를 주름 잡으며 당장의 여김을 그대로 하고 過去를 未來로 옮기고 未來를 過去로 옮기는 소식이다。

執手 36

알아채었는가。世尊께서도 비유로 연꽃을 드셨는데 「도대체 연꽃이란 필려고 할 때에 이미 속에는 씨를 품었고 씨 속에는 이미 꿀을 가지고 있으니 因속에 果가 있고 果속에 因이 있는 것은 三世가 한 때인 것이요、그 씨가 分布하면서 또 모여 붙어있고 서로 이어져 끊이지 않음은 十方이 막히지 않은 까닭이다」하였다。참으로 적절한 비유다。어찌 이 비유를 千金인들 萬金인들 얻어 내겠는가。一時에 앉아서 三界를 坐斷하는 소식이다。알거든 한 마디 토해내라。

第七五、這　箇

〔本文〕天親菩薩 從彌勒內宮下어늘 無着菩薩이 問하되 經云하기를 人間四百年이 彼天에 爲一晝夜라 彌勒이 於一時中에 成就五百億天子하여 證無生法忍이라 하니 未審說什麼法고。天親이 云只說者箇法이라 只是梵音이 清雅하여 令人樂聞이니라。

〔번역〕천친[*一]보살이 미륵내궁[*二]으로 좇아 내려오거늘 무착보살이 묻되『경에 이르시기를「인간의 四백년이 저 하늘의 一주야라、미륵이 잠깐 동안에 五백억 천자들을 깨우쳐서 무생법인[*三]을 증득하게 한다」하셨는데、알지 못할세라 무슨 법을 말씀하셨는가』하다。이에 천친이 이르되「그저 그런 법을 말씀하십디다。그저 범음[*四]이 맑고 아름다와 사람들로 하여금 듣기 즐겁게 하더이다」하다。

〔강론〕天親보살이 미륵宮에서 내려오거늘 無着보살이 묻되『경에 이르시기를「人間의 四百年이 그 天界의 一晝夜라、미륵이 잠깐동안에 五百億 天子들을 깨우쳐서 無

生法忍을 증득하게 한다」 하셨는데 무슨 法을 말씀하셨는가』 하였다。 人間世의 四百年이 一晝夜라면 잠깐동안의 說法도 人間世의 잠깐과는 문제가 다르다。 이 무엇을 뜻함인가! 본래로의 天眞面目 자리에 時空이 끊어진 자리라면 四百年인들 무엇이며 잠깐동안인들 무엇이랴。 四百年이 觀念이라면 잠깐은 概念이 아니겠는가。 觀念을 여읜 概念이 따로 있을 수 없으며、 또한 概念을 여읜 觀念도 따로 있을 수 없는 것이니 嚴格하게 따져서 一念이 萬劫의 風光이라면 문제는 크게 달라질 것이다。

그러기에 미륵보살이 「잠깐동안에 五百億의 天子들을 깨우쳐서 無生法忍을 증득하게 했다」 셨으니 도대체가 무슨 法을 말씀하셨는가。 한마디 일러 보라! 여기에 만약 별다른 법이 따로 있다면 이것은 正常적인 道와는 문제가 다르다。 이에 天親보살의 이르는 말에 의하면 「그저 그런 법을 말씀하십디다。 그저 梵音이 맑고 아름다와서 사람들로 하여금 듣기 즐겁게 하더이다」 하였을 뿐이다。 참으로 좋은 이야기다。 一切法은 그만 그대로가 지도리(樞)의 나툼인데 어찌 별다른 말이 있겠는가! 오로지가 말하는 이와 듣는 이가 서로 한 마음 한 뜻으로 그 기미가 서로 사무칠 매、 天親보살의 뱃속은 들여다 보일 것이다。

天上未審甚麼說
只是梵音令人樂

천상 설법은 알지 못할세라, 어떤 것인가。
다못 범음이 사람으로 하여금 즐겁게 할 따름이네。

㊟ 一、天親菩薩…彌勒下生經에 있는 이야기다。
二、彌勒內宮…도솔天의 內院宮。
三、無生法忍…생멸이 없는 실체를 증득하는 지혜。
四、梵　音…부처님의 음성。

〔1〕 本文 無爲子 頌하되

彌勒如來說者箇法하니
樓閣重重關鎖開어늘
八萬四千眼空眨이로다。

번역 무위자가 송하되

미륵여래께서 그런 법을 설하시니
겹겹이 닫힌 누각의 자물쇠가 열렸거늘
八만 四천 무리는 공연히 눈만 껌뻑이네。

강론

미륵보살께서 眞實 그대로 說하시니

逭 脩 40

薰風에 제비가 날아오고
落霞에 따오기가 나란히 날구나。
첩첩이 닫힌 다락의 자물쇠를 뉘라 열어제쳤노。
靑山에는 흰 구름이 골짜기마다 흐느적거리고
綠水에는 달을 가득히 실은 배가 포구로 온다。
부질없이 八萬四千 무리는 눈만 껌뻑이니
샘터에는 술단지 씻는 냄새가 나부끼네。

〔2〕 **本文** 薦福懷 拈하되 彌勒은 已是錯說이요 天親은 已是錯傳이로다。 山僧이 今日 將錯就錯하여 與儞諸人註破하리라。 良久云하되 諦聽諦聽하라。 向下文長하니 付在來日하노라。

번역 천복회가 염하되 「미륵은 이미 잘못 설했고 천친도 이미 잘못 전했네。 산승이 오늘 잘못으로써 잘못에 맞추어 여러분을 위해 설파해 보리라」 하고는 양구했다가 이르되 「자세히 들으라、 자세히 들으라。 아래를 향해 글이 기니 내일로 미루노라」 하다。

강론 天福懷가 「미륵보살은 이미 잘못 말했고 천친보살은 이미 잘못 전했다」

고 외치면서 다시 이르기를 「내가 오늘 잘못으로써 잘못에 맞추어서 여러분을 위해 설파하리라」 하였다。 자! 말해보라。 미륵이 잘못 말했다니 그 말은 무엇인가。 이에 답이 없으면 사람을 속이는 말이니 우선 十棒이다。 천친이 잘못 전했다니 무엇을 잘못 전했는가。 또 답이 없으면 불보살을 속인 행위라 다시 十棒이다。

老長이 잘못으로써 잘못에 맞추어 說破하겠다 하여놓고 어찌하여서 오늘도 없는 내없는 내일로 미룬다는 말인가。 한 마디 일러보라。 만약 이르지 못한다면 이것은 自身을 속인 행위니 또 十棒이다。 알겠는가。 分明치 않은 자리에서 分明함을 드러냈으니 無說이요、 分明한 자리에서 分明치 않음을 드러냈으니 無聞이다。 이 無說 無聞의 소식을 大衆에게 傳하여야겠는데 언제쯤 말할까。 우선 老長부터 三十棒을 쳐놓고 驢年·驢月·驢日에 一大說法場을 열기로 하자。 히!

〔3〕 **本文** 佛眼遠擧此話云하되 且道하라。 這箇是什麼法고。 須是揀得出이라사 始得다。 不要認着這箇니 多是被這箇一句子瞞住了也로다。 所以로 說病이 爲法하니 是故로 名爲可怜愍者니라。

번역 불안원이 이 이야기를 들고는 이르되 「말해보라。 그러한 법이라 하니 무슨 법이던가。 모름지기 잘 가려내어야 비로소 얻느니라。 그러한 법이란 말을 잘못 인식치 말지니 대개는 그저 그러한 법이란 한 귀절에 속는다。 그러므로 병을 법이라 말하게 되나니 이 까닭에 이름하여 불쌍타 하는구나」 하다。

강론 佛眼遠의 이야기다。 그저 그러한 法이라니 무슨 法일까。 잘 가려내어야 할 것이 아니겠는가。 一時 中에 五百億 天子가 無生法忍을 成就한 法이다。 물론 法은 法으로서 두 法이 있을 수가 없지마는 그 法을 굴리는 데의 말귀와 텃거리인 手段과 方便이 다를 뿐이다。 그러나 대개는 그 手段과 方便을 法인양 誤認錯覺하여서 고집하는 수도 있는 것 같다。 그러므로 「病을 말하여서 法으로 삼나니 이 까닭에 이름하여 불쌍타 하는구나」 라는 말귀도 뛰쳐 나오지 않겠는가。

이렇듯이 「그러한 法」 이란 말귀는 그 手段과 方便을 들낸 말귀에 지나지 않는 것이니 이렇다면 그 말귀에 속지 말고 말귀의 알맹이를 걷어잡아야 되지 않겠는가。 말해 보라。 그 알맹이는 무엇인가。 九萬里長天에서 北斗七星을 따내는 手段인가、 千里長江에서 萬年綠水를 거둬 들이는 方便인가。 아니리라。 누리의 지도리〔樞〕를 왼손에 받쳐 들고 「이러니라。 이러히 알고、 이러히 믿고、 이러히 거닐〔行〕지니라」 하셨을 것이다。 이에 만약 아니라면 老長이 이야기를 꺼냈으니 한 마디 내 놓으라。 어물어물은 禁物이다。 이래도 모른다면 三十棒을 치니 고맙게 받으라。 알간!

第七六、撥 開

〔本文〕 阿育王이 問賓頭盧尊者하되 承聞尊者親見佛來라 하니 是否아。尊者以手로 撥開眉毛하고 良久云 會麼아。 王云 不會니다。尊者云 親見佛來로다。(一本에 云하되 阿耨達池龍王이 曾請佛齋할새 吾가 是時亦預其數라 하다)

〔번역〕 아육왕이 빈두로존자에게[*一] 묻되 「듣건대 존자께서는 부처님이 오시는 것을 몸소 보셨다 하니 옳음이니까」 하다。 존자가 손으로써 눈썹을 쓰다듬고 양구했다가 이르되 「알아내겠는가」 하다。 왕이 대답하되 「알아내지 못하겠읍니다」 하니、존자가 이르되 「부처님이 오시는 것을 몸소 보았나니다」 하다。

〔다른 책에는 이르기를 「아뇩달지의 용왕이 일찍 모든 부처님들께 공양하는 재를 차리고 청했었는데 나도 그때 그 수효에 들었었다」고 되어 있다〕

〔강론〕 阿育王이 賓頭盧존자에게 묻되 「듣건댄 존자께서는 부처님이 오시는 것을 몸소 보셨다 하오니 옳음이니까」 하였다。

아마 부처님이 三十二相 八十種好의 어마어마한 威儀로 오시는 것을 몸소 뵈었음을 뜻함인지, 그렇지 않으면 빈두로존자의 입을 통하여서 부처님의 眞身에 대한 소식을 접하는데 그 義趣가 있는 것인지도 모르겠다.

이에 賓頭盧존자는 스스럼없이 손으로 눈썹을 쓰다듬으며 良久를 한 다음 「알아 냈는가」 하였다. 눈썹을 쓰다듬고 다시 良久까지 한 것은 두 개의 方便을 아울러 굴린 친절이 아닐까. 阿育王은 「알아내지 못하겠나니다」 하였다. 王이여! 王이여! 세존이 靈山會上에서 한 떨기의 꽃을 들어 많은 무리에게 보일 때 迦葉의 빙그레〔微笑〕를 아는가, 모르는가.

尊者는 이르되 「부처님이 오시는 것을 몸소 보았나니다」 하였다. 일찍 말한 것은 좋다. 그러나 이제 말한 것으로 尊者를 한 방망이 쳐야 한다. 왜냐면 大衆을 속이기 때문이다. 히!

三昧靜中一念起
世尊屹然現前來

삼매 중에 한 여김 일으키면
세존은 우뚝스리 앞에 오시어 나타나시네.

주 一、賓頭盧…부처님의 제자로서 오래 살면서 많은 교화를 했다。 그의 모습은 머리카락이 희고 눈썹이 길었다 한다。

〔1〕 本文 蔣山泉 頌하되

一翳在眼空花亂墜로다。 狹路相逢難爲廻避로다。

大王還識老僧無아。 似雪眉毛長窣地니라。

번역 장산천이 송하되

하나의 가림이 눈에 있으면, 빈 꽃이 어지러이 떨어지고

좁은 길에서 서로가 마주치면 회피하기 어렵구나。

대왕이여、 노승을 인식하는가 아닌가。

눈같이 흰 눈썹이 땅에서 솟아난다네。

강론

한 여김에서 새김〔想〕을 일으키면 알이〔識〕는 줄달음을 친다。

허물이 어디에 있는고、 안밝음〔無明〕에 있느니라。

法身을 여읜 色身이 있을 수 없건만 色身만을 내라 고집하는구나。

大王이여、 아는가 모르는가。 모르면 大王도 없느니라。

눈같이 흰 눈썹이 땅에 솟아나기에
마른 가지에 눈이 꽃되고
헐벗은 산에 구름이 옷되는 것이 아닌가。

〔2〕 **本文** 法眞一 頌하되

阿育問師親見佛하니 師將雙手撥開眉로다。
何須直向靈山覓고。 覿面相逢更是誰오。

번역 법진일이 송하되

아육왕이 선사에게 부처를 몸소 뵈었는가 물으니
선사는 두 손을 들어 눈썹을 쓰다듬네。
무엇하러 영산까지 가서 찾으랴。
마주쳐 만난 것이 누구인 줄 아는가。

강론

아육왕이 존자에게 부처를 몸소 뵈었는가 물을 때
크게 한 번 할을 할 것이지 무엇때문에 손으로 눈썹을 쓰다듬었던고。

영산회상 여기 말고 따로 어느 세계에 있던가。
느낌없는 손 발을 움직이는 놈은 도대체가 누구인지 알아보기나 하렴。

〔3〕 **本文** 保寧勇 頌하되

我佛親見賓頭盧하니 眉長髮短雙目麁라。
阿育王猶疑狐며 唵嚤呢噠哩𠻝哩囌嚧。

번역 보녕용이 송하되

우리 부처님이 빈두로를 몸소 보시니
눈썹은 길고 머리털은 짧고 눈은 거칠었다。
아육왕이 오히려 여우같이 의심하니
옴마니달리실리소로。*一

강론

부처님이 빈두로를 몸소 보심은 무슨 뜻일까。
一位 慈悲의 尊嚴相을 보이심이네。
눈썹은 길고 머리는 짧고 두 눈이 거칠은 것은 무슨 까닭일까。

五萬 智慧의 怪異相을 보임이네。
암만해도 아육왕이 이해가 안감은 무슨 까닭일까。
안밝음이 짙어서 모습만을 견어잡음이네。
뜻도 모르는 말귀를 주워 모아대니
그대로 맞아 떨어지는 것같음은 무슨 까닭일까。
웅얼거림도 지도리〔樞〕의 굴림새기 때문이네。

㊟ 一、옴마니 운운…말로 통하지 않는 경지라는 뜻에서 진언의 한 토막을 들었다。

〔4〕 本文 崇勝珙 頌하되

親見佛來人罕知라　　奇哉雙手撥開眉로다。
三春紅錦花滿蹊하고[*一]　　九月黃金菊堆籬로다。
菊堆籬여　　堪笑昭陽顧鑑咦라。
行盡天涯與海涯어늘　　誰言寸步不曾移오。

번역 숭승공이 송하되
부처님을 몸소 뵈온 일、아는 이 드물거늘

49 撥開

기이하게도 두 손으로 눈썹을 비비었네。
늦은 봄 울긋불긋 꽃비단인듯 오솔길에 가득하더니
九월철 울타리안엔 금빛 국화 우거졌네。
울밑에 쌓인 국화여、
소양이 서성이며 구경한 일 우습구나。
하늘 끝과 바다 끝을 다 쏘다녔거늘
뉘라 있어 한 걸음도 옮기지 않았다 할까 보냐。

강론

부처를 몸소 뵈옵고도 아는 이가 드물기에
다시 두 손으로 눈썹까지 비비는구나。
三月철에 꽃이 피니 이 누구의 놀음이며
九月철에 단풍드니 이 누구의 멋이던가。
千번 변하고 萬번 변하나 변하여서 가지 않고
千번 변하고 萬번 변하나 변하여서 오지 않는 소식 누구더냐。
하늘끝까지 바다끝까지 쏘다녔다지만
뉘라서 한 걸음인들 옮겼다 하랴。

주 一、三春…봄 석 달。따사로운 계절을 말함。

〔5〕 本文 悅齋居士 頌하되

阿耨池龍請佛齋러니 不知眞法供如來라。
慇懃只在眉毛上하니 大施門庭八字開로다。

번역 열재거사가 송하되

아뇩달지의 용이 부처님께 공양하려 했으나
참된 법으로 부처님께 공양함을 알지 못하네。
은근한 뜻 오로지 눈썹 위에 있으니
큰 보시의 문턱이 여덟 팔자로 열렸네。*一

강론

아뇩달지의 龍이 부처님께 供養하기를 원하였으나 그 法을 몰라 더듬거렸네。 三輪이 空寂하니 꾀공덕〔無漏功德〕인들 따로 있겠는가。 供養 中의 참 供養은 本來面目을 밝혀냄이네。 은근한 뜻이 오로지 눈썹 위에 있다는 건 分別없는 마음으로 부처님 뜻 받듦이네。

주 一、 八字로 열렸네∶문이 활짝 열린 모습。

〔6〕 **本文** 五祖戒出王語云하되 慙愧로다。

번역 오조계가 왕의 말을 들추어 내고는 이르되 「부끄럽구나」 하다。

강론 五祖戒는 「부끄럽구나」 하였다。 무엇이 부끄럽다는 말인가。 지난날 阿育왕이 빈두루尊者를 향하여 묻되 「듣건댄 존자께서 부처님이 오시는 것을 몸소 보셨다니 옳음이니까」는데 대해 尊者는 손으로 눈썹을 쓰다듬은 일이 부끄럽다는 것이다。 阿育왕의 물음도 천진난만한 물음이지마는 尊者의 답이 또한 천진난만하였기에 웃음을 참는 대신에 부끄럽다는 말을 빌려다 쓴 것이다。 그때 만약 阿育왕이 老長에게 물었더라면 老長은 시침을 뚝 따고 한 쪽 다리를 쭉 뻗은 다음 엄지발가락을 꼼지락 꼼지락 하였을 것이다。 이 이야기를 만약 내가 들었다면 나도 웃으면서 「부끄럽구나」 하였으리라。

〔7〕 **本文** 翠岩眞 拈하되 且道하라。 什麽處見고。 直饒雪天縹渺하고 湖光은 瀲蕩이라도 且莫說夢하라。

번역 취암진이 염하되 「말해보라。 어느 곳에서 뵙겠는가。 설사 눈 내리는 하늘이 까마득하고 호수의 빛이 해맑쑥할지라도 꿈속이라고는 말하지 말라」 하다。

강론 설사 눈 내리는 하늘이 까마득하다 해도 꿈속의 까마득함이요 호수의 빛깔이 헤말쑥하다 헤도 꿈속의 헤말쑥함이다。때문에 꿈속이라고는 말하지 말라 함도 오히려 꿈속에서 꿈속이라고는 말하지 말라는 것이다。왜냐면 一切法이 나의 光影이기 때문이다。

꿈을 꿈으로 알면 꿈은 꿈이 아니다。꿈을 꿈인 줄로 모르기 때문에 꿈은 꿈이다。버들가지처럼 흐느적거리는 꿈이여、꽃송이처럼 아름다운 꿈이로다。낚시 끝을 쫓는 꿈이여、칼날 위에 뒹구는 꿈이로다。이 꿈을 뉘라 먼저 깨쳤던고。깨친 이가 있으면 나오너라、만나보자。세존도 오늘에 이르기까지 꿈속에서 졸고만 계시는 중이네。히!

〔8〕 本文 承天琦 上堂擧此話云하되 大衆아 且道하라。尊者向什麼處見佛고。莫是撥開眉毛處見麼아。莫是僧堂前見麼아。莫是佛殿裡見麼아。莫是三門頭見麼아。莫是十二時中四威儀內見麼아。若也見得이면 許汝道尊者親見佛來어니와 若見不得이면 切不得道親見佛來니라。

번역 승천기가 상당하여 이 이야기를 들고 이르되 「대중이여、말해보라。존자는 어디를 향하여 부처님을 뵈었던고。눈썹을 치키는 곳에서 뵌 것이 아닐까。큰방 앞에서 뵌 것이 아닐까。불당 안에서 뵌 것이 아닐까。삼문 밖에서 뵌 것이 아닐까。十二時와 네 위의 안에서 뵌 것이 아닐까。만약 얻어 뵈었다면 존자께서 부처님 오시는 것을 몸소 뵈었다는 말을 그대들도 하도록 허락하거니와 만약 뵙지 못했다면 부처님 오시는 것을 몸소 뵈었다고 말하지 말라」 하다。

강론 承天琦가 上堂하여 이 이야기를 들고는 이르되 「大衆이여、 말해보라。 尊者는 어디를 향하여 부처님을 뵈었는가」 하고 외쳤다。 그렇다。 앞에 즈음하여 오지 않았고 뒤를 즈음하여 가지 않았고 이제를 즈음하여 머물지 않았으니、 어디를 향하여 부처님을 뵈었겠는가。 한 모습도 아니요 다른 모습도 아니요 또한 스스로의 모습도 아니요 남의 모습도 아니니、 어디를 향하여 부처님을 뵈었겠는가。 이 언덕도 아니요 저 언덕도 아니요 중간의 흐름도 아니니、 어디를 향하여 부처님의 실다운 모습을 뵙는다는 말인가。

이러기에 승천기도 외치기를 「눈썹을 비비는 곳에서 뵌 것이 아닐까。 큰방 앞에서 뵌 것이 아닐까。 불전 안에서 뵌 것이 아닐까。 三門 앞에서 뵌 것이 아닐까。 十二時와 四威儀에서 뵌 것이 아닐까」라고 한 것이다。 다시 말하자면 모든 모습에 있지 않으면서 또한 여의지도 않음을 뜻함으로써이다。 이럴진대 그대는 어디를 향하여 부처님을 몸소 뵈옵겠는가。 모르겠거든 서울 南山塔에게나 물어보아라。

〔9〕 **本文** 慈航朴 上堂擧此話云하되 賓頭盧가 是則是八字打開하고

兩手分付나 要且罕逢藻鑑이요 洎乎蓋覆將來에 依舊匙挑不上이로다。若是山僧인댄 當時에 見策起眉毛云 會麼련들 即向他道하되 將謂尊者忘郤이라 하리라。

번역 자항박이 상당하여 이 이야기를 들고는 이르되 『빈두로가 옳기는 옳아서 八자로 열어 젖히고 두 손으로 건네주었거니와 요컨댄 똑똑한 이를 만나기 드물었기에 마침내 걷어치움에 전과 같이 수저도 들어 올리지 못하는구나。 만약 나 같으면 당시에 눈썹을 세우면서 이르기를 「알겠는가」 하는 것을 보였을 때에, 얼른 그에게 말하되 「존자께서 모든 것을 다 잊으신 줄 알았읍니다」 했어야 할 것이다』 하다。

강론 慈航朴의 이야기다。 어느날 阿育王이 빈두로尊者에게 묻되 「듣건대 존자께서는 부처님이 오시는 것을 몸소 뵈오셨다하니 옳음이니까」 하였는데, 이에 존자가 손으로 눈썹을 쓰다듬고 良久했다가 이르되 「알아채었는가」 하였다。 왕은 답하되 「알아채지 못했나이다」 했더니 존자는 다시 이르되 「부처님이 오신 것을 몸소 보았군요」 한 대목에 慈航朴이 말하되 「옳기는 옳다。 눈썹을 八字로 열어 제쳐서 두 손으로 分付했거니와 똑똑한 이를 만나지 못했다」고 외친다。 아육왕과 빈두로존자의 問答이 그럴듯하기는 하나 뱀인지 용인지 分揀할 수 없다는 뜻일까。 도무지 우스꽝스러울 뿐이다。

55 撥開

이어 老長이 이르되『만약 나같으면 그때 눈썹을 곤두세우면서 말하기를「나는 존자께서 모든 것을 다 잊으신 줄 알았읍니다」했어야 할 것이다』하였다。좋은 말이다。아육왕은 부처있는 데서 부처를 찾으려 하였고 자항박은 부처없는 데서 부처를 드러내는 소식이로다。 그러나 아육왕의 칼과 빈두로존자의 창과 자항박의 철퇴는 어딘가에 기미〔幾〕가 서로 통하고 있음을 놓쳐서는 안될 것이다。

第七七、好 道

〔本文〕月氏國王이 聞罽賓國에 有一尊者하니 名은 祇夜多요 有大名稱이라 即與群臣으로 往造彼國하여 禮見問法할새 王이 既至修敬已畢하고 乃請하되 尊者는 當爲開演하소서。尊者曰 大王來時好道라 今去에 亦如來時니라 하다。

〔번역〕 월지국왕이*一 계빈국에 한 존자가 있으니 이름은 기야다요 덕망이 높음을 듣고 곧 여러 신하들을 거느리고 저 나라에 가서 뵙고 법을 물을새、왕이 이미 예를 닦아 마치고 이에 청하되 「존자여、마땅히 법을 열어 주십시오」 하다。 이에 존자가 가로되 「대왕이여、 오실 때에 길이 좋았으니 이제 가시는 데도 오실 때와 같으리이다」 하다。

〔강론〕 옛날 월지國王이 여러 臣下들을 거느리고 계빈國의 德望家인 기야다尊者를 찾아갔다。 王이 禮를 닦고 法을 물었다。 鄭重한 자리다。 尊者는 가로되 「대왕이여、 오실 때에 길이 좋았으니 이제 가시는 데도 오실 때와 같으리이다」 하였다。 텅 틔어서 거

룩함도 없으니 가고 옴이 없겠지마는 차별現象으로도 그렇다。좋은 因을 심으면 좋은 果가 세워진다는 것은 常識 밖의 일이 아니다。 그러기에 올 때 길이 좋았으면 갈 때 길도 좋을 것은 당연한 일이 아니겠는가。

이러히 사람으로서의 길은 뻔하다。 父母子息으로서의 길이 있고、國家民族으로서의 길이 있고、人類社會로서의 길이 있고、 또한 生死流轉으로서의 길이 있는 것은 「대왕이 오실 때에 길이 좋았으니 이제 가시는 데도 오실 때와 같으리다」라고 이른 것과 무엇이 다르랴。알겠는가。 그 길은 마음 속에서 찾을지언정 몸 밖에서 구하지 말라。 그럴진댄 華藏世界로 향하는 大道는 바로 눈앞에 펼쳐져 있느니라。

覓道幾多年
不臥坐睡中

도를 찾아 헤맨지 몇 해이던고。
눕지 않고 앉아 조는 가운데더라。

㊟ 一、月氏國王…이는 雜寶藏經 등에서 볼 수 있는 이야기이니、 존자의 법문을 듣고 오는 길에 신하들이 피로에 지쳐 원망하기를 「공연히 왕을 따라갔다가 고생만 한다。무슨 법문이 그런 것이 있으랴」하니 王이 듣고 꾸짖되 「그게 무슨 말이냐。내가 전생에 복을 지어 왕이 되

녔고 금생에 또 복을 지어 來生에도 今生같이 되라는 말씀이 아니냐」 하니 신하들이 감복하였다 함。 월지국은 서역에 있는 나라 이름。

〔1〕 **本文** 蔣山勤 頌하되

至簡至易하니 最尊最貴로다。
往還千聖頂𩕳頭요 世出世間不思議로다。
彈指圓成八萬門이요 一超直入如來地로다。

번역 장산근이 송하되

지극히 간단하고 지극히 쉬우니
가장 드높고 가장 귀하도다。
천 성현의 정수리를 가고 오니
세상과 세상 밖에서 불사의하구나。
손가락을 튕기는 사이에 八만 법문을 두루 이루고
한 번 뜀에 곧장 여래의 땅에 들어간다。

강론

지극히 어려우니 성현이 범부되기 쉽고
지극히 쉬우니 범부가 성현되기 어렵구나。

어렵고 쉬운 것을 몽땅 놓으라。
손가락 한 번 튕기는데 八萬 법문이 삐그덕 열리거늘
뉘라서 한 번 뛰어 부처땅에 들지 못할까보냐。

〔2〕 本文 又拈하되 佛法이 卽是世法이요 世法이 卽是佛法이라。以眞道而行이면 風行草偃이니라。

번역 또 염하되 「불법이 곧 세간법이요 세간법이 곧 불법이니라。 참된 도로써 행하면 바람 부는 대로 풀이 눕느니라」 하다。

강론
남자 여자를 떠나서 사람을 얻어내지 못하고
사람을 여의어서 남자 여자를 구하지 못한다。
뉘라도 사람의 도리만 닦아가면
바람이 부는 대로 풀은 눕듯이 법을 굴리면 사람이 따르느니라。
이것이 佛法이니 이것이 世法이요
이것이 世法이니 이것이 佛法이니라。

第七八、降 龍

〔本文〕 小乘毗沙論 云하되 有一聚落하니 毒龍所居라 時有五百尊者하여 往彼降他不得이더니 後有尊者하여 彈指一下에 其龍이 即降하다。

〔번역〕 소승 비바사론에 이르기를 「어떤 부락에 독한 용이 살았는데 五백 존자가 항복시키러 갔다가 이루지 못했다。 나중에 어떤 존자가 손가락을 한 번 튕기니 용이 곧 항복하였느니라」 하다。

〔강론〕 小乘毗婆沙論의 비유 이야기다。 聚落은 하나의 몸뚱이를 뜻함이요 毒龍은 貪·嗔·癡 三毒心을 뜻한다면、 五百尊者는 눈·귀·코·혀·몸을 뜻함이니 뒤의 한 尊者는 슬기를 뜻함으로 보자。

實로 그렇다。 하나인 몸뚱이를 굴리는 것은 하나의 슬기가 바탕이 되는 것이지마는 되돌아 그 슬기가 한 여김을 일으키고 이에 따라 눈·귀·코·혀·몸과 妥協을 일삼기에 三毒心을 降伏받지 못하는 것이다。 그러나 時節에 따라 본래의 슬기가 發動하면 三毒

인 龍은 붙을 자리조차 없는 것이니 어찌 降伏을 받는다 이르지 않겠는가。

貪瞋三毒是毒龍
智光一閃如氷解

탐·진 삼독이 이 독룡이니
지혜의 빛깔이 한 번 번쩍이면 얼음 녹듯하네。

〔1〕**本文** 瑯琊覺 拈하되 若據教乘인댄 自有科判이지만 瑯琊는 這裡에 即不然이라서 只這彈指도 也不消得이로다。 然雖如是나 且莫困魚止濼하고 病鳥棲蘆어다。

번역 낭야각이 염하되 「만약 경전에 의한다면 스스로 갈피가 잡히겠지만 낭야는 그렇지 않아서 거기에 손가락도 튕기지 않겠노라。 그러나 비록 이렇다 하더라도 고단한 물고기가 늪가에서 쉬거나 앓는 새가 갈대에 깃드는 짓은 말아야 한다」 하다。

강론 瑯琊覺의 말은 事理에 맞는 이야기다。 원래가 고단한 물고기는 늪가에 쉬지 말고 앓는 새는 갈대밭에 깃들지 말라 하였다。 몸이 고단한 물고기가 늪가에 쉬지 않고 있을 자리에 있는 것은 因緣과 時節을 굴림이요、 몸을 앓는 새가 갈대밭에 깃들지 않고 머물 자리에 머뭄도 時節과 因緣을 다룸이다。 만약 물고기가 고단하다 하여서 늪가에 처진다든지 새가 앓는다 하여서 갈대밭을 어정댄다면 사람의 손에 잡히기가 十中八九요、그 身勢는 남비 속이나 적쇠 위의 身勢를 면하지 못할 것이다。 이렇다보니 一念의 作用은 生死를 주무르는 神通이 아니고 무엇이겠는가。

〔2〕 本文 眞淨文 上堂擧此話云 諸禪德아 據此에 還有優劣也無아。若言無댄 五百衆이 盡其神力하여도 皆曰 不能이라 하고 此尊者는 一彈指而毒龍이 便伏이로다。旣有優劣인댄 如何可明고。於此明得하면 作介出格道人하여 動靜去來에 五眼이 不能覰하고 十力이 不能知라 堪受人天供養하여 日消萬兩黃金이어니와 於此未明인댄 山門에 今日作齋하여 供養羅漢이니 且隨隊하여 長連床上에 開單展鉢하라。下座。

번역 진정문이 상당하여 이 이야기를 들고는 이르되 「여러 선덕들이여、이에 의거하니 똑똑하고 용렬함이 있는가 없는가。 만약 없음이라 말함인댄 왜 五백 무리들이 신통력을 다하여도 다 가로되 「못했다」 하고 존자가 손가락 한 번 튕김에 독룡이 항복을 했는고。 이미 똑똑함과 용렬함이 있다면 어떻게 밝히겠는가。 이것을 밝혀낸다면 격을 뛰쳐난 도인이 될 수 있으리라。움직이고 고요하여 가고 오는데 五안[一]으로도 눈치채지 못하고 十력[二]으로도 알지 못한다。하늘과 사람의 공양을 얼마든지 받아서 날마다 황금 만 냥을 소비하겠지마는、이 일을 밝히지 못한다면 절에서 오늘 재[三]를 마련하여 나한들께 공양을 올리려 하노니 대중을 따라 식당에 들어가 밥상 끝에서 바루나 펴리라」하고는 자리에서 내리다。

강론 진정문의 이야기다。사람이란 본래로 똑똑하고 용렬함이 있는가、없는가。절대性 자리인 平等本體上으로는 優劣이 있을 수 없다。그러나 用心에 따른 슬기의 等次는 相對性에 속하기 때문에 스스럼없는 優劣은 있는 것이 當然하지 않겠는가。진정문의 말을 빈다면「五百 聖人들이 神通力을 다하여도 다 이르되 不能이라 하였는데 이 聖人은 손가락 한 번 튕기는데 毒龍이 항복을 하였으니 이미 優劣이 있음인댄 어떻게 밝혀 내겠는가」하였다。이것을 밝혀내면 동떨어진 道人으로서 動靜去來에 五眼과 十力도 감당 못할 뿐 아니라 하루에 萬兩을 써도 좋다는 것이다。말해보라。어떻게 하여야 優劣을 밝혀내겠는가。才幹을 바탕으로 하는 有心君子가 아니고 慈悲를 바탕으로 하는 無心君子로서 因緣과 時節을 自在로이 굴리는 지혜見를 가릴 줄 알면 優劣은 스스럼없이 밝혀지지 않겠는가。

63 降龍

注 一、다섯눈〔五眼〕…살눈〔肉眼〕·하늘눈〔天眼〕·슬기눈〔慧眼〕·법눈〔法眼〕·부처눈〔佛眼〕이니 이 다섯가지 눈으로 事와 理를 관조함。

二、十力…부처님께만 있는 열가지 心力·處非處智力·業異熟智力 등。

三、齋…공양을 말함。

〔3〕 本文 雲門杲 上堂擧此話云하되 五百尊者神通이 既與異方尊者一般이어늘 爲什麼降龍不得하고 異方尊者神通이 既與五百尊者一般이어늘 爲什麼却降得고。[*一] 乃擧拂子云 還會麼아。鴛鴦繡出은 從君看이어니와 莫把金針度與人이로다。擊禪床하다。

번역 운문고가 상당하여 이 이야기를 들고는 이르되 「五백 존자의 신통이 다른 존자와 일반이어늘 어째서 독룡을 항복시키지 못했을까。 다른 존자의 신통이 이미 五백 존자로 더불어 일반이어늘 어째서 쉽사리 용을 항복시켰는고」 하고는[*二] 총채를 번쩍 들면서 이르되 「알아채었는가。 수놓은 원앙새는 그대에게 보여주지마는 금바늘만은 남에게 주지 않으리라」 하고 선상을 치다。

강론 五百尊者의 神通이 같은 것도 아니며 안 같은 것도 아니다。 왜냐면 상대性이기 때문에 그렇다。 漢江 모래가 모래로서는 같으나 그 탯거리로서는 사그라질 때까지에는 길이 길이 달라질 것이니、 왜 그런가。 상대性은 서로가 얼싸안으면서도 갈등이 있기 때문이다。 그렇다면 어떻게 하겠는가。 이렇다。 五百尊者라는 말귀도 다 하나인 金針 위에서 놀아나는 分別樞 놀이라는 사실을 안다면 이에 是是非非를 따질 必要가 어디에 있겠는가。 말잔치에 속지 말고 바로 가자。

주 一、拂子 : 총채로서 처음에는 파리나 모기따위를 쫓는데 쓰이던 것이 차츰 禪師들의 威儀를 갖추는데 가지게 되었음。

二、金針 : 수를 놓는 데 쓰이는 금바늘인데 여기에선 누리의 一切萬法을 굴리는 지도리〔樞〕로 보는 것이 좋을 것이다。

〔4〕 本文 妙智廓 上堂擧此話云하되 且道하라。這一尊者가 有甚長處오。靑綠萬枝紅一點이여 動人春色이 不須多니라。

번역 묘지곽이 상당하여 이 이야기를 들고는 이르되 「말해보라。 그 한 존자는 무슨 장점이 있었던고。 푸릇푸릇한 만 가지에 한 점 붉은 꽃이여、 사람을 들뜨게 하는 봄빛이 더 많은 것도 아니련만」 하다。

강론 말해보라。 그 한 尊者는 무슨 長点이 있었던가。 허공으로 더불어 아무 長点도 없었다。 貪·嗔·痴 三毒인 分別心이 어디 다른 食口이던가。 펴면 손바닥이요 쥐면 주먹이지。 알겠는가! 靑山이 높으면 구름은 걸리게 마련이고 綠水가 길면 달은 잠기

降龍 66

게 마련이니、 입을 봉하고 본래로 뚜렷한 슬기를 發動시켜라。 아무리 青山綠水에 한점 붉은 景槪라도 오히려 사람의 마음을 들뜨게 한다면 애당초 없는 것만 같지 못할 때도 있느니라。 알간!

第七九、踏 泥

〔本文〕迦葉 一日踏泥次에 有一沙彌見하고 乃問尊者하되 何得自爲오。 迦葉云 我若不爲면 誰爲我爲오。

〔번역〕가섭이 어느날 진흙[*一]을 이기는데 어떤 사미가 보고 존자에게 묻되 「어찌 손수 하십니까」 하니、 가섭이 이르되 「내가 만약 하지 않으면 누가 나를 위해 하겠는가」 하다。

〔강론〕그렇다。 죽어도 내가 죽고 살아도 내가 산다。 뉘라서 내 대신 나고 죽어 줄 사람이 天下 어디에 있겠는가。 있으면 나오너라。 꼬락서니나 한 번 보게。 흥! 수염은 한 자가 길었는데 눈썹은 석 자나 길었구나!

67 踏 泥

去來任意不與他
回天轉地一念裡

가옴을 뜻에 맡겨 남으로 더불으지 않느니라。
하늘을 돌이키고 땅을 굴림은 한 여김의 속인 것을。

[주] 一、진흙을 이긴다고 하는 이 이야기는 벽을 바르기 위해 진흙을 밟는 일을 말함。옛날 절에서는 겨울을 나기 위해 가을에 진흙을 이겨서 벽에 발랐다。

〔1〕[本文] 法眼 拈하되 我當時若見이런들 拽來踏泥하리라。

[번역] 법안이 염하되 「내가 그때 봤더라면 끌어다 진흙을 이기게 했을 것이다」 하다。

[강론] 나도 法眼의 所見에 同感이다。 만약 내가 그때에 있었더라면 沙彌를 당장 끌어다가 진흙을 이기게 했으리라。 왜냐면 진흙을 알맞게 이기어 쓴다는 것은 알아도 진흙을 알맞게 이길 줄은 모르기 때문이다。

〔2〕[本文] 五祖戒 云하되 迦葉이 與沙彌로 說得道理하니 好라。

[번역] 오조계가 이르되 「가섭은 사미로 더불어 도리를 말한 것은 좋았느니라」 하다。

[강론] 五祖戒는 이르되 「가섭이 사미로 더불어 도리를 말한 것은 좋았느니라」 하였다。 무엇 때문인가。 沙彌는 이긴 진흙으로 벽을 바른다는 것은 알아도 그 진흙을 알

맞게 이길 줄은 모르기 때문에 法眼이 「끌어다가 진흙을 이기게 했더라면 좋았을 걸」 하고 이른 것이 아닌가。 老長과 法眼과의 所見이 맞는가 안맞는가。 알겠는가。 또한 높은 고개로다。

〔3〕 **本文** 洞山价云하되 莫要茶喫麽아。

번역 동산개가 이르되 「차를 마시고 싶지 않았던가」 하다。

강론 무슨 말씀、무슨 말씀！ 진흙을 이기면서도 차맛은 항상 있었기 때문에 진흙을 이긴 뒤에라도 차를 마시는 것이 아닌가。 알간！

第八〇、法　法

〔本文〕 迦葉 偈云하되

法法本來法이여　無法無非法이라。

何於一法中에　有法有不法이리오。

〔번역〕 가섭이 게송으로 이르되

법이란 법의 본래 법이여

법도 없고 아닌법도 없도다。

어찌 한 법 가운데서

법이 있고 법 아님이 있으랴。

〔강론〕

법이란 법의 본래 법이여

△말함도 法이요 다묾도 法이기 때문에 本來로의 法이다。

법도 없고 아닌법도 없도다。

△法 없음도 法이요 아닌법이 없음도 法이다。
어찌 한 法 가운데서
△말함과 다뭄과 있음과 없음인 한 法 가운데서
법이 있고 법 아님이 있으랴。
△法인 法이 따로 있고 法 아닌 法이 따로 있으랴。

法法本來無定法
無定法也是眞法
法從何處來
法從汝口來

법은 법인데 본래 정함이 없는 법이라。
정함이 없는 법이여、이 참법이로다。
법은 어디로 좇아오노。
법은 너 입으로 좇아온다。

71 法法

〔1〕**本文** 雲門偃 擧法法本來法云하되 行住坐臥가 不是本來法이요

一切處가 不是本來法이라。只如山河大地와 與你日夕着衣喫飯이 有什麼過리오。

번역 운문언이 「법은 법이되 본래의 법」이란 귀절을 들고는 이르되 「행주좌와가 본래의 법이 아니요 온갖 처소도 본래의 법이 아니다。 그러면 산·강·땅덩이와 그대가 날마다 밥 먹고 옷 입는 일에 무슨 허물이 있을 수 있으랴」 하다。

강론 운문언이 「法은 法이로되 본래 法」이란 귀절을 들고는 이르되、行住坐臥가 본래의 法이 아니요 一切處가 본래의 法이 아니다。 그러면 山河大地와 그대가 날마다 밥 먹고 옷 입는 일이 무슨 허물이 있겠느냐는 말이다。

그렇다。行住坐臥가 無定法이요 山河大地가 無定法일진댄 一切處가 어찌 無定法이 아니며、밥 먹고 옷 입는 것이 어찌 無定法이 아니랴。 그러기에 非法은 나날이 非法을 굴리고 있는 것이니 무슨 허물인들 있겠는가。그러기에 無定法을 無定法으로 굴리면 聖人이요 無定法을 定法으로 굴리면 凡夫이니라。 한 마디 던져보라。

〔2〕 **本文** 智海清 擧此話云하되 諸禪德아 雪嶺南山鼈鼻가 翱翔舞過新羅하고 雲門東海鯉魚가 步驟笑歸檀特이라 直得忉利天主宮殿이

震搖하고 堅牢地神身心이 惶怖로다。乃竪起拂子召云하되 你道하라。這箇還覺知麼아。拂開古佛三千界요 指出群生一片心이로다。

번역 지혜청이 이 이야기를 들고는 이르되「스님네여、설령의 남쪽 산에서 자라가 코를 너울거려 춤추며 날아 신라를[*一] 지났고、운문의 동쪽 바다에서 잉어가 겨음을 재촉하여 웃으면서 단특산으로[*二] 돌아가니、당장에 도리천왕의 궁전이 흔들리고 견뇌지신[*三]의 몸과 마음이 후들후들 놀라 떤다」하고、이어 총채를 세워 부르는 시늉을 하면서 말하되「너 말해보라。저것을 알겠느냐。총채는 옛부처님의 三천 세계를 열어주고 손가락은 중생들의 한 조각의 마음을 드러낸다」하다。

강론 智海清이 迦葉의 偈頌을 들고 이르는 이야기다。法이란 法의 본래 法이기에 雪嶺의 남쪽 산에서 이름뿐인 자라가 이름뿐인 코를 너울거려 이름뿐인 춤을 추며 이름뿐인 신라를 지나고、法도 없고 아닌 法도 없기에 雲門의 동쪽 바다에서 말귀뿐인 잉어가 말귀뿐인 걸음을 빨리하여 웃으며 말귀뿐인 檀特山으로 돌아가니 忉利天王의 宮殿으로 亭子 삼고 堅牢地神으로 侍女 삼되、불보살님을 청해다가 五萬 가지 風流에 맞춰 엉덩춤이나 추어볼까 하니、老長은 어디에 있는고。急急如律令하라!

주 一、新羅…支那에서 우리 歷史上의 新羅를 가리키는 말인데 먼 나라를 뜻함。

二、檀特山…印度의 北部地方에 있음。

三、堅牢地神…大地의 女神。

〔3〕 **本文** 徑山杲 示衆에 擧此話하고 拈起拄杖云하되 這箇는 是拄杖子라 那箇是本來法고。又云하되 這箇는 是本來法이라 那箇是拄杖子오。只今에 莫有斷得出底麼아。若斷得出하면 非唯自有出身之路라 亦乃不受人謾이요 若斷不出이면 雲門이 饒舌去也도 開口即失이요 閉口即喪이라 如是如是하다。遂卓一下云 一椎兩當이로다。復擧起云 看看하라。寒山拾得이 掃地倒하여 轉苕帚柄하여 把露柱一摑하니 踍跳上兜率陀天하여 觸破非非想天人鼻孔하니 毗盧遮那如來忍痛不禁하여 走入雲門拄杖子裡藏身하니 雲門一衆이 呵呵大笑云料掉沒交涉이로다。正當伊麽時하여 露柱與燈籠이 畫眉에 又增得多少光彩오。良久云하되 有意氣時添意氣요 不風流處也風流로다。

번역 경산고가 설법할 때 이 이야기를 들고는 주장자를 일으켜 세우면서 이르되 「저건 주장자이라 어느 것이 본래의 법인고」 하고 또 이르되 「저건 본래의 법이라 어느 것이 주장자인고。 지금 판단해 낼 수 있을까。 만약 판단해 낸다면 오직 몸만 뛰쳐 날 길이 있을 뿐 아니라 또한 남의 속임도 받지 않을 것이요、 만약 판단해서 뛰치지 못한다면 운문의 지껄임도 입을 열면 곧 잃고 입을 다물면 죽으리라。 이러하니 이러하다」 하고 한 번 치면서 이르되 「한 방망이로 두 개를 치는구나」 하다。 그리고는 다시 들어 일으키면서 이르되 『보아라 보아라。 한산과 습득이 마당을 쓰는데 빗자루를 거꾸로 잡고 흔들다가 노주를 붙들고 한 번 걷어차니 도솔천에 올라가서 비비상천 사람들의 콧구멍을 쥐어 질렀다。 비로자나불께서 아픔을 참지 못하여 운문의 주장자 속으로 뛰어들어 숨으니、 운문의 한 무리들이 깔깔거리고 웃으면서 이르기를 「마침내 어쩔 수 없이 되었구나」 하였다。 바로 이때 노주[*]와 등롱의 그림같은 눈썹에 또 얼마쯤의 광채를 더하리라』 하고 양구했다가 이르되 「의기가 있을 때에 의기를 더하면 풍류가 없는 곳에 풍류가 생기느니라」 하다。

강론 徑山杲의 이야기다。 하루는 주장자를 들고 이르되 「저것은 이 주장자라 어느 것이 이 본래法인고」 또 이르되 「저것은 이 본래法이라 어느 것이 주장자인고」 하였다。 참으로 그렇고 그렇다。 한 法이 본래로 宛然하기에 숱한 法이 自性天인 허공中에 歷然히 이루어지는 것이다。 이렇듯이 歷然한 한 개의 바늘일지라도 宛然한 自性天을 여의지 못하고 宛然한 自性天일지라도 한 개의 바늘을 여의지 못함이어늘 이에 어떻게 本來法과 拄杖子를 둘로 보겠는가。

때문에 이 도리를 알면 능히 生死苦海를 뛰쳐날 뿐 아니라 사람의 속임도 받지 않겠지마는、만약 그렇지 못하다면 雲門의 혓바닥이 萬個인들 무슨 쓸모가 있겠느냐는 말이다。雲門은 바로 徑山이다。이 言句中에 「사람의 속임도 받지 않겠지마는」 한 句節은 남에게 속임을 당하는 것보다 제가 저에게 속아 넘어간다는 뜻의 內容으로 보아진다。왜냐면 外道를 行하건 邪道를 行하건 그 動機는 어디에 있든、속고 안속는 것은 어디까지라도 自己 自身에 달렸기 때문이다。

老長은 「이러하고 이러하네」 하고는 禪床을 한 번 치면서 이르되 「한 망치로 두 개를 치는구나」 하였다。法과 非法을 몽땅 쓸어냈다는 말이다。그리고는 拄杖子를 다시 들어 일으키면서 이르되 「보라 보라。寒山과 拾得이 마당을 쓰는데 빗자루를 거꾸로 잡고 흔들다가 露柱를 붙들고 한 번 걷어차니 露柱는 차인 채로 도솔天에 올라가서 非想非非想天 사람들의 콧구멍을 쥐어 질렀다。비로자나佛께서는 아픔을 참지 못하여 雲門의 拄杖子 속으로 뛰어들어 숨으니 雲門의 大衆이 깔깔거리고 웃으면서 이르되 「마침내 어쩔 수 없이 되었구나」 하였다는 것이다。

老長의 빨간 혓바닥이 누린 이를 제쳐놓고 다섯 자나 입 밖에 뛰쳐나서 말았다 폈다 하며 티끌 일으키는 것을 보니 당장에 다섯 방망이를 후려갈겼으면 좋겠는데、「마침내 어쩔 수 없이 되었구나」는 한 마디의 말귀로 쓰러졌던 누리의 지도리〔樞〕가 버젓

이 되살아 났기에 용서한다。 알겠는가、 混沌한 가운데서 分明한 것을 챙겨라。 事와 理가 이렇게 똑똑하니 意氣가 있을 때에 意氣를 더하는 것이지마는 風流가 없는 곳에 風流가 생긴다는 이야기는 좋은 이야기라 하겠다。

㊟ 一、露 柱…道場의 장엄을 위하여 세운 돌기둥。

第八一、金 襴

〔本文〕 阿難問迦葉하되 世尊이 傳金襴外에 別傳何法고。迦葉이 召阿難한데 阿難이 應喏이어늘 迦葉云 倒却門前刹竿着하라。

〔번역〕 아난이 가섭에게 묻되「세존께서 금란가사를[*一] 전해주신 밖에 무슨 법을 전해주셨읍니까」하니、 가섭이「아난이여」불렀는데 아난이「예」하고 답하거늘 가섭이 이르되「문 앞의 깃대를 쓰러뜨리라」하다。

〔강론〕 하루는 阿難이 迦葉에게 묻되「세존께서 금란가사를 전해주신 이외에 따로 무슨 법을 전해 주셨읍니까」하였다。 아마 금란가사는 형식적이고 진짜 무엇인가 중요한 법을 말씀해 주셨으리라 믿고 있는 모양이다。 맹꽁이로다。 말귀로도 글귀로도 전할 수 없는 非法인 法을 어떻게 전하고 받아 들인다는 말인가。 답답하기로는 아난도 답답하지마는 가섭은 아난 이상으로 답답한 모양이니 나도 덩달아 답답하구나。 그러기에 가섭은 곧「아난이여」하고 불렀다。 지도리〔樞〕의 한 토막을 내어보였다。 지도리의 한 토막이면 지도리의 모두라고 이르겠다。 아난은「예」하고 대답하였다。 이 답

에는 가섭이 「아난이여」 부른 그 알맹이를 알아채지 못한 아난의 「예」에 지나지 않는다。 아깝다。 그때 만약 그 알맹이를 알아 채었던들 아난의 「예」 다음에 반드시 한 마디 말귀가 떨어졌을 것이다。 가섭은 부질없는 첫 關門의 失敗를 自認하고 다시 둘째 關門을 세워서 「문 밖의 깃대를 쓰러뜨리라」 하였다。 마른 하늘에 날벼락이다。 마침내엔 깃대도 절도 없고 아난 自身도 가섭도 없는 텅 비인 자리다。 이 바로가 「아난이여」가 나온 소식處요、 이 바로가 「예」가 나온 소식處임을 깨쳐 알았으니、 金襴가사밖의 金襴가사가 아니고 무엇이랴。

金襴袈裟也信標
法無定相無非心

금란가사는 이 신표이지마는
법은 정해진 모습이 없으니 이 마음 아님이 없네。

㊟ 一、金襴袈裟…부처님께서 입으시던 法衣。

〔1〕 本文 大覺璉 頌하되

金襴之外更何傳고。 召向門前倒刹竿이다。

金襴 80

入夜雪風吹大緊하니　滿天星彩月中寒이로다。

번역 대각련이 송하되

금란가사 밖에 무엇을 전했는고。
불러서 문 밖의 찰간대를 꺾으란다。
밤이 되니 눈보라가 세차게 부는데
온 하늘의 별빛이 달빛 속에 싸늘하다。

강론

금란가사 그밖에도 바릿대는 어쨌는고。
바릿대 다음에는 총채가 있으렷다。
아서라 알고보니 모습밖의 모습이라
부처님의 마음씨가 법가운데 큰법인걸。

〔2〕**本文** 大洪恩 頌하되

怛[*一]薩阿竭二千年에　密付親承盡浪傳이라。
直至而今成露布하야　刹竿依舊倚門前이로다。

번역 대홍은이 송하되

부처님 오신지 二천년에
은근히 주고받은 일 모두가 허사련가。
이제에 이르러 한 조각의 헝겊이 되었으니
깃대는 여전히 문 앞에 있구나。

강론

금란가사도 바릿대도 二천년이 넘어서니
갈기갈기 찢어지고 부스러졌네。
한 번 찍어 넘어뜨린 깃대만은
그때부터 절문 앞에 그대로 펄럭거리네。

주 一、怛薩阿竭…부처님

〔3〕 本文 雲居元 頌하되

鷄峰壞衲吾家物이라 一片淸風善護持로다。
倒却刹竿人不會하여 從敎天下亂針錐로다。

번역 운거원이 송하되

*一 계봉의 헤진 가사 우리집의 보물이니
한 가닥 맑은 가풍 잘 간수하여라。
깃대를 꺾으란 뜻 알아챈 이 없으니
천하 사람 어즈러이 송곳질 하게하라。

강론
계봉의 금란가사 말만은 있어도
지나의 혜능이 땅에 묻었네。
깃대를 꺾으란 뜻 몇이나 알았으리。
아는 이 마음속엔 항상 깃발 휘날리네。

주 一、鷄峰…鷄足山을 이르는 말이니、가섭이 부처님의 가사를 가지고 미륵불이 탄생하시기를 기다리고 있다는 곳。

〔4〕 本文 薦福逸 頌하되

花葉聯芳信有期어늘 飮光元검劃分披로다。
而今莫問當時事하라。 路上行人口是碑니라。
難難이로다。

天南天北叢禪侶가　　競辨門前倒刹竿이로다。

번역　천복일이 송하되

꽃과 잎이 무성함엔 분명코 철이 있으니
가섭이 불러서 혼란하게 아로새겼네。
지금에 그때 일을 묻지 마시오。
길 가는 사람들의 입이 곧 비석이라。
어렵고도 어렵구나。
하늘 남쪽 하늘 북쪽의 총림 안 스님들이
문 앞의 깃대 꺾는 일을 앞 다투어 설명하네。

강론

본래로 알 것도 없고 모를 것도 없는데
공연히 빙그레로 法界를 뒤집어 놓았네。
이제 그때 일을 물어 무엇하랴。
그러나 사람들은 스스로가 입비석이 되구나。
어렵지도 않고 쉽지도 않구나。
東西土의 禪僧들이여、

무삼 일로 문 밖의 깃대를 붙들고 놓을 줄 모르단가。

〔5〕 **本文** 定慧信 頌하되

金襴付後傳何物고。 迦葉呼名已泄機라。
言下便明猶鈍漢이어늘 刹竿倒却復奚爲리오。

번역 정혜신이 송하되

금란을 전한 뒤에 무엇을 주었던고。
가섭이 부를 때에 비밀이 누설됐네。
말 끝에 알았대도 여전히 둔한 자라。
깃대를 꺾은들 무슨 소용 있으랴。

강론

금란을 전한 것을 信標라 한다면
가섭이 부르신 건 心機라 하여두자。
아난은 멀겅히 허공만을 쳐다봄이던가。
절 깃대도 간 곳 없고 홀로 우뚝 하더구나。

〔6〕 **本文** 天童覺 頌하되

一著能廻一局棋하니 仙郎妙處只些兒라。
點開活眼分生殺하니 不作窮忙死馬醫니라。

번역 천동각이 송하되

한 알의 바둑이 판세를 돌이키니
선인의 묘한 솜씨 원래 이런 것일세。
눈동자를 활짝 열어 죽이고 살릴 줄 아니
바쁘고도 궁색한 사마의[*一] 면했네。

강론

한 점의 바둑이 판을 휩쓸듯
한 가닥 여김이 평생을 좌우한다。
옳은 말 한 귀절 놓치지 않으면
천당과 지옥이 눈 앞에서 부서지네。

주 一、死馬醫…죽은 말을 고치는 의원이니、말이 죽기전에 고치는 의원이 되지 못했다는 아쉬운 처럼 무슨일에 미치지 못한 아쉬운 무리라는 뜻。

〔7〕 本文 又頌하되

倒却門前刹竿著하니　一把推出誰藏縮고。

工夫磨琢老成人인댄　圓陀陀地無稜角하리라。

번역 또 송하되

문 앞의 절 깃대를 쓰러뜨리어

한 아름 밀어내니 뉘라서 갈무리 할꼬。

갈고 닦는 공부 쌓아 노인이 되었다면

둥글둥글 둥글어서 모서리가 없으리。

강론

문 앞의 절 깃대를 쓰러뜨리어

하늘땅의 기미가 솟아나구나。

어떤 못난 녀석이 이 뜻을 모르고

나날이 흙덩이 부처에게 매달리네。

〔8〕 本文 又頌하되

影略門前倒刹竿하니　箇中消息授傳難이로다。

玲瓏侍者能相委하니　盤走明珠珠走盤이로다。

번역 또 송하되

문 앞의 깃대 쓰러뜨린 일 이리저리 얼버무리니
그 속의 소식을 전해주기 어렵네。
영롱시자가*一 능히 아나니
소반이 구슬을 굴리고 구슬이 소반 위를 달린다。

강론

문 앞의 절 깃대 쓰러뜨린 것을 얼버무린다니
마소 마소 언제 내가 깃대지기 될려했나。
모든 시름 다 놓고서 문 밖으로 썩 나서니
앞에 가던 사람 손바닥에 여의주를 굴리며 빙긋이 웃고 오라 손짓하네。

주 一、玲瓏侍者…구슬의 영롱한 빛에다 인격적인 명칭을 붙여 구슬과 영롱은 불가분의 관계에 있음을 말하니、아난과 가섭의 관계를 상징함。

87 金襴

〔9〕 **本文** 東林揔 頌하되

金襴傳外更顢頇이라　漏泄天機倒刹竿이로다。

東震西乾扶不住하여　至今殃禍及兒孫이로다。

번역 동림총이 송하되

금란가사 전한 이외는 모두가 속임수인데
천기를 누설하여 절깃대를 쓰러뜨린다네。
동진과 서역에서 아무도 붙들지못해
지금까지 자손들이 재앙을 받고 있네。

강론

금란가사를 전한 외에는 모두가 속임수라니
문 앞 절 깃대 꺾은 소식 백 번 죽은들 알아채겠는가。
세상이 넓다해도 죽을 곳도 없으니
이 자손들을 두고 나 혼자 어이 가리。

〔10〕 本文 保寧勇 頌하되

象王行處絕狐蹤이어늘　象子雄雄繼此風이로다。
休說二千年後事하라。　縱經塵劫又何窮이리오。

번역 보녕용이 송하되

코끼리 가는 곳에 여우 자취 없어지니

씩씩한 코끼리새끼 그 풍도를 이었네。

二천년 뒤의 일을 말하지 말라。

미진겁을 지난들 다할 날이 있으랴。

강론

용은 용을 낳고 봉은 봉을 낳느니라。

털빛깔 좋다해도 닭이나 꿩일랑 태어나지 말라。

나중에 도마 위에 다질리고 다질려서

냄비속 뜨거운 물에 또다시 삶기리라。

〔11〕 **本文** 崑山元 頌하되

佛付金襴外에　別將何法傳고。

休言迦葉意하라。　曾爲阿難宣이로다。

執指應忘月이요　隨流復失源하리라。

旣遊天下路인댄　那步最爲先고。

金襴 90

번역 곤산원이 송하되

부처님이 금란가사를 전한 이외에
따로 어떤 법을 주셨는가。
가섭의 뜻이라고 말하지 말라。
일찍부터 아난에게 일러주셨네。
손가락에 집착하면 달을 잊을 것이요
흐름을 따르면 근원을 잃으리라。
이미 천하를 돌아다녔으니
어느 걸음이 첫걸음이던가。

강론

한 벌 밖에 없는 가사 또 무엇이 있겠나。
주었다면 마음이요 받았대도 마음이지。
가섭에게 묻지말라 빙그레 뿐이러니
뒷날에는 아난도 절 깃대와 바꿨니라。
千里江山에 萬年綠水니 어느 것이 먼저인가 다투지 말라。
고향 떠나 몇 十年인들 가는 길을 잊었으랴。
모든 시련 다 받고 돌아 볼 것 없으니 미련없이 가리라。 미련없이 훨훨 가리라。

〔12〕 本文 承天懷 頌하되

執云慶喜多聞士오。 家業相傳自不知로다。
郤問金欄外何物하니 刹竿倒著始無疑로다。

번역 승천회가 송하되

뉘라서 아난을 많이 안다 이르는가。
집안 일 전할 줄도 알지 못하네。
묻노니 금란가사 이외에 무엇을 전했는고。
절 깃대가 넘어진 일 비로소 의심없네。

강론

뉘라서 아난을 많이 안다 이르는가。
더욱이나 집안 소식에는 꿀 먹은 벙어린걸。
어찌타 깃대를 거꾸러뜨리니 十方이 텅 비었을새
부처님의 세계를 겨우 알기 시작했네。

91 金欄

〔13〕 本文 雪溪益 頌하되

琉璃殿上付金欄하니 棣蕚聯芳得二難이로다。

門外刹竿從放倒하여　免教南北問風幡이로다。

번역 삽계익이 송하되

유리궁전 위에서 금란가사를 전해주니
아가위와 꽃받침 고우나 둘이 온전키는 어렵네。
문 밖의 절 깃대를 마음대로 쓰러뜨려 *一
남방과 북방에서 바람과 깃발을 묻지 않게 하여라。

강론

유리궁전에서 금란가사를 전했으니
이는 절대性의 전갈이로다。
아가위와 꽃받침 두 가지가 온전치 못함은
이는 상대性의 소식이로다。
이리된 바에 문 앞의 깃대 거꾸러뜨린 일 물어 뭘 하겠는가。

주 一、남방과 북방에서 바람과 기틀을 묻지 말게 하라…六祖대사가、중들이 바람이 흔들리는가 깃발이 흔들리는가 하는 시비에서 「모두 아니다。마음이 흔들린다」했으니、여기서는 마음의 정체를 놓치지 말라는 뜻으로 쓰임。

〔14〕 **本文** 慈受 頌하되

頭陀飮光多聞慶喜로다。 合掌擎拳難兄難弟로다。
一朝狹路兩相逢하여 裂轉雙睛無處避로다。
便向門前倒刹竿하니 丈夫自有衝天志로다。

번역 자수가 송하되

두타행을 하는 가섭이요
아는 것이 많은 아난이라。
쥐면 주먹이요 펴면 손바닥이니
형이니 또 아우라고 부르기 어렵구나。
하루 아침에 좁은 길에서 만나니
두 눈을 부릅뜨며 피할 곳이 없구나。
재빨리 문 앞에 나가서 절 깃대를 쓰러뜨리니
대장부 원래부터 하늘 찌를 기개있네。

강론

두타행으로서는 가섭이요

다문제일로는 아난이다。
손을 쥐면 주먹이요 주먹을 펴면 손바닥이니
가섭 있는 곳에 아난 있고 아난 있는 곳에 가섭 있네。
좁은 길에 서로 만나도
맑은 눈동자에 너와 내가 녹아나리。

〔15〕 **本文** 崇勝珙 頌하되

倒却門前刹竿이어늘 誰傳迦葉金襴고。
若問別傳何物인댄 善財更把指彈하리라。
雖然松檜滿山이나 幾人能見歲寒고。

번역 숭승공이 송하되

문 앞의 절 깃대를 쓰러뜨렸거늘
누가 가섭에게 금란가사를 전했던고。
만약에 따로이 무엇을 전했는가 하면
*1 선재는 또다시 손가락을 튕기리라。

소나무 전나무가 산에 가득하다 하지만
몇 사람이나 겨울이 추웠음을 알더냐。

강론

문 앞의 절 깃대를 거꾸러뜨렸던들
금란가사는 무엇을 하랴。
만약 무슨 비결이라도 있었더라면
善財는 두 번 다시 方便을 썼겠는가。
萬法이 다 나의 굴림새련만
몇이나 이 도리를 알겠는가。

주 一、선재는 또다시 손가락을 튕긴다…손가락을 튕기어 정신을 차렸는데 또 튕긴다 하니 겹치기가 된다는 뜻。

95 金襴

〔16〕本文 白雲昺 頌하되

金襴之外更何傳고하니 背角泥牛痛下鞭이로다。
哮吼一聲魔膽裂하여 翻身踏破碧潭煙이로다。

번역 백운병이 송하되

금란가사 이외에 무엇을 전했는고 하니
등에 뿔난 진흙소에게 호된 채찍 내린다。
외침소리 외마디에 마군이 기절해서
푸른 못 물결속에 곤두박질해서 숨네。

강론

금란가사 이외에 무엇을 전했는고 했더니
엉뚱한 새김에는 날벼락이 떨어지는구나。
와지끈! 한 소리에 온갖 분별이 사라지니
三界 밖에 우뚝스러우면서도 내가 나를 못 찾겠네。

〔17〕 本文 心聞賁 頌하되

意根滅盡領金欄이요 法藏傍邊倒刹竿이로다。
若謂頭陀知落處댄 自家猶被眼睛瞞하리라。

번역 심문분이 송하되

의근이 다 멸해 금란가사를 받았고

97 金襴

법문의 고방 옆에서 절 깃대를 쓰러뜨린다。
만약에 가섭이 제 자리를 알았다고 한다면
자신도 오히려 남의 속임을 받게 되었으리。

강론 六情이 滅却하였기에 금란가사를 받았고、法藏이 傍照하였기에 깃대를 거꾸러뜨린 것이다。그러나 이에 다달아 비로자나佛의 境界로서는 두 가지의 落處가 있으니、첫째의 落處는 가섭이 부처님에게 속임을 받은 것이요、둘째의 落處는 아난이 가섭에게 속임을 받은 것이다。알겠는가。소를 타고 소를 찾는 格이요、아기를 업고 아기를 찾는 格이니 어찌 두 개의 落處가 아니랴。깊이 살피고 살펴서 한 마디 일러라。그러나 이 落處는 넘어서야 할 落處니 이름뿐인 落處라 할까。에익!

〔18〕本文 寒岩升 頌하되

八十婆生兩箇兒하니　讀書萬卷一無遺이라
又還彈得波斯舌하고　同誦他家沒字碑로다。

번역 한암승이 송하되

八十 세의 할머니가 쌍동이를 낳았는데
만 권의 서적을 남김없이 다 외우며

겸하여 파사*一의 음악을 연주하고
글씨없는 비석도 줄줄 읽어 내리네。

강론 八十老婆가 이제야 두 아들을 둔 줄 알고 八正道로 行을 삼으니 이에 萬卷書籍과 音樂에도 통하지 않음이 없을 뿐 아니라 새겨지지 않은 비석도 줄줄 읽는다니 본래의 슬기를 들냄이 아니겠는가。 이 소식인지라 본래의 無垢淸淨法身이 색신을 나툼으로써 人生살이가 굴리어지는 것이건만 문득 이 사실을 잊어버리고 境界에 당질려서 일어나는 妄念을 眞心으로、줄곧 변하는 幻身을 眞身으로 알기 때문에 바보놀이를 하는 것으로 보아 두자。

주 一、波斯…인도 외방에 있던 나라、즉 페르샤。

〔19〕 本文 介庵朋 頌하되

金不博金이요　水不洗水라
倒却刹竿은　靈龜曳尾로다。

번역 개암붕이 송하되
금은 금으로 바꾸지 못하고

물은 물을 씻지 못한다。

거꾸러뜨린 절 깃대는

영특스런 거북이[*一] 꼬리를 끌음이로구나。

강론 금으로 다시 금을 바꿀 것도 없지마는 물로 물을 씻을 수도 없다。 절문 앞에 다 佛事를 알리기 위하여 세우는 깃대를 거꾸러뜨림은 이 바로가 영특스런 거북이 꼬리를 진흙에다 끌어서 아난으로 하여금 가는 길을 가리키는 셈이 되었다。 좋은 時節에 좋은 方便이라 않겠는가。 이 깃대를 거꾸러뜨림으로 말미암아 마침내엔 無定法이 아난에게로 옮기어진 것이다。

주 一、龜曳尾…자연스럽고 당연한 현상이란 뜻。

〔20〕 本文 無盡居士 頌하되

慶喜門前倒刹竿하니　金襴傳外有何傳이리오。

天然外道無師證이나　爭奈威音佛已前고。

번역 무진거사가 송하되

아난이 문 앞에서 절 깃대를 쓰러뜨리니

금란가사 이외에 무엇을 전했던고。
천연외도가 스승없이 깨달았으나
위음불 이전은 어찌 하리오。

강론
아난이 절 깃대를 거꾸러뜨렸기 망정이지
만약 금란가사를 받았더라면 갈기갈기 찢었으리라。
스승없이 알아챈 것을 外道라면
威音王 이전 부처님은 이찌지!

〔21〕 **本文** 悅齋居士 頌하되

前箭猶輕後箭深하니　除非知有揔難任이로다。
栴檀片片無前後요　句句單明幾箇心고。

번역 열재거사가 송하되
앞의 화살은 오히려 가벼우나 뒷화살은 깊었으니
그런 줄 아는 이 아니면 견디기 어렵다。
전단향 조각조각은 앞뒤가 없거니와

마디마디로 밝히는 것은 몇 개의 마음인고。

강론

깨치기 앞 공부 짓긴 오히려 가벼우나
깨친 뒤의 보림에는 깊어만 가구나。
새가 지저귀고 꽃이 피는데 무슨 틀인들 있던가。
말귀마다 밝혀지니 마음이란 몇천 개인지 알아 무엇하리。

〔22〕 **本文** 汾陽昭 拈하되 不問那知리오。

번역 분양소가 염하되 「묻지 않으면 어찌 알겠는가」 하다。

강론 法은 묻는데 있다。 그러기에 중생이 아닌가。

〔23〕 **本文** 五祖戒 云하되 露。

번역 오조계가 이르되 「드러났구나」 하다。

강론 「드러났구나」 하였으니 무엇이 드러났는가。 아무 것도 없는 것이 「드러났구나」 한 것이다。 나는 「숨었구나」 하리라。

〔24〕本文 翠岩芝 云하되 千年無影樹요 今時沒底靴라。

번역 취암지가 이르되「천 년이나 묵었던가 그림자없는 나무요, 오늘에 이르러도 바닥없는 신이더라」하다。

강론

千年이나 묵어도 그림자가 없으니
허공으로 더불어 壽命이 같고
오늘에 이르러도 바닥 없는 신이니
큰 땅으로 더불어 人生이 같으니 바로 天長地久하니 永遠한 人生이라 할까。

〔25〕本文 黃龍南이 上堂云하되 金襴을 已傳이어늘 阿難은 尙懷猶豫하여 刹竿을 未倒하니 迦葉이 未免攢眉로다。諸上座여 且道하라。倒那箇刹竿고。初機晩學이 罔測하니 盖是尋常에 久在叢林하여 十箇有五雙이 莽鹵니라。去聖時遙에 人多懈怠로다。

번역 황룡남이 상당하여 이르되「금란가사는 이미 전해 줬거늘 아난이 아직껏 망서리어서 절 깃대를 쓰러뜨리지 못했으므로 가섭의 눈썹이 찌푸림을 면치 못했다。여러 상좌님네여 말해보라。 어느 절 깃대를 거꾸러뜨렸는고。 처음 배우는 학인은 어리둥절하겠지만 대체로 오래도록 총림에 있어도 열 개에 다섯은 흐리멍텅하니라。 가신 성인들과의 동안이 멀어서 사람들이 게으름을 많이 피우는구나」 하다。

강론 黃龍南의 이야기다。「금란가사는 벌써 전해졌거늘 아난이 아직껏 망서리어서 절 깃대를 거꾸러뜨리지 못하므로 가섭의 눈쌀이 찌푸려짐을 면하지 못했다」는 것이다。

頭陀第一人者인 가섭과 多聞第一人者인 아난은 같은 부처님의 弟子로서 좋은 兄弟와 같은 徒伴이다。 그러나 人生觀에 대하여는 千萬里나 떨어진 사이다。 아난은 多聞第一人者로서 金襴가사가 가섭에게 넘어간 事實에 기가 찼을 것이다。 아니 千萬 길의 구렁텅이에 떨어진 느낌이었을 것이다。 허공에 가득한 無形의 金襴가사는 꿈에도 생각하지 못하고 단 한 벌뿐인 有形의 金襴가사니 더구나 말할 나위가 있겠는가。

가섭도 딱하기만 하였다。 時節이 오기를 기다리면서 눈썹을 곤두세웠다。 생각타가 한 方便을 세운 것이 「아난이여」 불렀다。「예」 하고 아난의 답이 떨어지기도 전에 「절 깃대를 거꾸러뜨려라」 외쳤다。 아난은 이로부터 크나큰 懷疑가 絶頂에 이른지 며칠만에 마음속 깊이 박힌 妄想 分別의 깃대는 꺾이어 넘어졌다。 이것이 佛法인가 이것이 佛法이 아닌가 조차도 사라졌다。 이로 말미암아 第二祖의 자리를 이어받은 것이 아니겠는가。

선사도 이러기에 이어 이르되 「말해보라。어느 절 깃대를 거꾸러 뜨렸는고。처음 배우는 학인은 어리둥절 하겠지만 오래도록 총림에 있어도 열 개에 다섯은 흐리멍텅하니라。가신 성인들과의 동안이 멀어서 사람들이 게으름을 많이 피우구나」하였다。奥妙를 極한 도리를 밝히기는 어려운 것이다。그러기에 初學人이 어리둥절할 뿐 아니라 叢林에 오래있는 學人中에서도 十中에 半은 어리둥절하다는 것이니 身心을 다하여 努力하라는 뜻이다。

〔26〕 本文 長蘆賾 擧此話云하되 諸仁者여 看他兄弟心眼相見하고 言氣相投하라。所以로 佛法流芳이 直到今日이어니와 如今有底는 向倒刹竿處商量하니 還曾夢見迦葉麼아。旣不如是댄 又作麼生고。乃顧左右云하되 家醜를 不得外揚이니라。

번역 장로색이 이 이야기를 들고는 이르되 「여러분이여、저 형제는 마음을 서로 보고 말귀가 서로 통하는지라 이러므로써 불법이 펴져서 오늘에 이르렀거니와 지금 어떤 이는 절 깃대를 쓰러뜨린다는 일에 대해 생각을 하나니、일찍 꿈엔들 가섭을 보았겠는가。이미 그렇게 못할진댄 또 어찌하여야 되는가」하고、좌우를 돌아보면서 이르되 「집안의 추한 꼴을 밖에 드러내지 말라」하다。

강론 長蘆賾의 말이다。저 兄弟의 心眼이 相見하고 言氣가 相投함을 看破하는가。이로 因하여 佛法은 今日에 이르렀지마는 아직도 어떤 이는 절 깃대를 쓰러뜨리는 데 대하여 나름대로의 이야기로 歲月을 보낸다。可惜한 일이다。깃대는 깃대요、道는 道다。아난은 가섭의 명령에 의하여 깃대를 쓰러뜨릴 때에 道를 이룰 契機는 되었을지언정 깃대 自體가 道는 아니며 따라 가섭의 마음도 아닐 뿐 아니라 아난의 마음도 아니다。

이렇듯이 아난이 절 깃대를 쓰러뜨린 것은 좋으나 그 뒤로부터는 숱한 깃대가 東西土의 많은 사람들의 가슴에 뿌리를 내리고 있는 것을 생각하면 가섭을 뵈올 面目도 서지 않는다。왜냐면 그 뜻에 어긋나기 때문이다。장로색은 이러기에 「집안의 추한 꼴을 밖에 드러내지 말라」 이르는 것이 아니겠는가。

〔27〕 本文 佛眼遠 上堂擧此話云하되 大衆아 若無者箇公案인댄 生死熾然하리라。白雲師翁이 道하기를 金襴之外에 復何傳고。弟應兄呼豈偶然가。倒却門前刹竿着하니 免教依舊倚墻邊이니라。大衆아 會得麼아。倚墻邊倚墻邊이여 寂滅光中禮白蓮이로다。

번역 불안원이 상당하여 이 이야기를 들고는 이르되 「대중이여、만일 이런 공안이 없었던들 생사윤회가 번성했을 것이다。백운병 사부가 말하기를「금란가사 밖에 다시 무엇을 전했는고」하니 형이 부르고 아우가「예」하고 대답한 일이 어찌 우연이겠는가。문 앞의 깃대를 쓰러뜨리라 하여서 여전히 담곁에 기대있는 꼴을 면하게 했다。대중이여、알겠는가。담곁에 기대있음이여、담곁에 기대있음이여、적멸의 광명 속에서 흰[*一] 연꽃에 절함이로다』하다。

강론 生死문제를 풀어 헤치는 데는 公案이 절대의 重要 武器다。公案으로서는 出家人의 公案과 在家人의 公案이 달라야 한다。出家人은 出家人에 알맞는 公案이 있어야 하고 在家人은 在家人에 알맞는 公案이 있어야 하지 않겠는가。在出家를 막론하고 公案이 굴리어지는 것은 그 還境에 따라서 手段과 方便도 다르게 마련이기 때문이다。

佛眼遠도 이르되「만약 저 公案이 없었던들 生死는 熾然하리라」하였다。白雲禪師의 말을 빌지 아니해도 아우인 아난이 묻기를「金襴가사 밖에 다시 무엇을 전했는고」에 대하여 형인 가섭이「문 앞의 깃대를 쓰러뜨리라」는 답에 깨친 것이 어찌 우연한 事實이겠는가。意路가 相通하고 義氣가 通合하기 때문이다。그러기에 가섭은 아난으로 하여금 담곁에 기대어 서 있는 꼴을 면하게 한 것이다。담곁에 기대어 멀거니 서 있음이여、마치 寂滅光中에 白蓮을 향하여 절함이로다。

주 一、白蓮…흰 연꽃이니 부처님의 눈매。

第八二、作 舞

〔本文〕 阿難一日白佛言하되 今日出城하여 見一奇特事니다。佛云 見何奇特事오。阿難云 入城時에 見一攢樂人作舞러니 出城에 總見無常이니다。佛云 我昨日入城에 亦見一奇特事로다。阿難云 未審見何奇特事니꼬。佛云 我入城時에 見一攢樂人作舞러니 出城時에도 亦見樂人作舞로다。

〔번역〕 아난*1이 어느날 부처님께 여쭙되 「오늘 성 밖에 나가서 기이한 일 하나를 보았읍니다」 하니、 부처님께서 이르시되 「무슨 기이한 일이었느냐」 하시다。 이에 아난이 이르되 「성에 들어올 때엔 한 패의 풍악장이들이 모여 춤을 추는 것을 봤는데、 성에서 나갈 때엔 모두가 죽었더이다」 하다。 이에 부처님께서 이르시되 「나도 어제 성에 드는데 기이한 일 하나를 보았었다」 하시니、 아난이 이르되 「어떤 기이한 일이었읍니까」 하니 이에 부처님께서 이르시되 「내가 성에 들어올 때에 한 패의 풍악장이가 모여 춤을 추는 것을 봤는데 성을 나갈 때에도 또한 그들이 춤추는 것을 봤었느니라」

하다。

〔강론〕 아난이 어느날 부처님께 여쭙되 「오늘 城 밖에 나가서 기특한 일 하나를 보았읍니다」 하였다。 奇特事라면 별난 일을 뜻한다。 부처님은 이르시되 「무슨 별난 일이냐」 하셨다。 이에 아난이 이르되 「성 안으로 들어올 때에 한 패거리의 풍악쟁이들이 모여 춤을 추는 것을 보았는데 城에서 나갈 때엔 모두가 죽었더이다」 하였다。 기이하다면 기이한 일이라 하겠다。 이에 부처님이 이르시되 「나도 어제 奇特한 일 하나를 보았다」 하시니 아난이 이르되 「어떤 기특한 일이니까」 하자、 부처님이 이르시되 「내가 성에 들어올 때에 한 패거리의 풍악쟁이가 모여 춤을 추는 것을 봤는데 성을 나갈 때에도 그들이 춤추는 것을 봤었느니라」 하셨다。 기이한 일이라면 이것도 기이한 일이 아닐 수 없다。

춤을 추던 패거리들이 몽땅 죽은 것을 기이하게 본다면 이 패거리들이 몽땅 살아서 춤을 추는 것도 기이한 일일 수밖에 없다。 다시 말하자면 살아서 이리 뛰고 저리 뛰는 것도 기이하지마는 이리 뛰고 저리 뛰다가 눈・귀・코・혀・몸뚱이가 꼼짝도 않고 얼음 녹듯 사그라지는 것도 기이하다는 것이다。 아난은 이 패거리들이 죽음을 향하여 사그라짐을 보았고、 부처님은 이 패거리들이 삶을 향하여 달림을 보셨다。 삶을 나툼이 기이한 일이겠지마는、 죽음을 나툼도 기이한 일이 아니겠는가。 왜냐면 나고 죽음은 無相法身이 色相身을 나투어서 人生을 굴림이기 때문에 더구나 기이하다。 이렇듯이 兩

理은 生死 兩門을 열어제쳐서 無位眞人의 소식을 크게 외치심이련마는 아는 이가 있는가, 없는가!

生死生死非生死
先天先地一古佛

생사는 생사이나 생사가 아니로다。
하늘을 먼저하고 땅을 먼저한 한 분의 옛 부처일레。

주 一、普曜經에 나오는 이야기。

109 作舞

〔1〕本文 大覺璉 頌하되

入城見舞出無常하니　却是靈山旨趣長이라。
若使阿難知舞意련들　蒼天三哭甚無妨이로다。[*一]

번역 대각련이 송하되

성에 들 제 춤을 보고 나갈 제 죽음이니
문득 영산회상의 뜻을 읊이네。

만약 아난이 춤추는 뜻을 알았더라면
아이고 하며 세 번 울어도 방해롭지 않으리。

강론

삶의 춤이런가 죽음의 춤이런가、알고도 모르는 것이 춤이로다。
靈山會上에 꽃 드신 소식 알기 어려워라。
아난의 속셈을 모르는 건 대가섭뿐인 것을。
무삼 일로「아이고」하며 울어도 방해롭지 않다 이르는고。

㊟ 1、蒼天…통곡 소리。

第八三、本　來

〔本文〕阿難 偈云하되

本來付有法이러니　付了言無法이라。
各各須自悟니　悟了無無法이니라。

〔번역〕 아난이 게송에 이르되

본래는 있는 법을 전하는데
전한 뒤엔 없는 법이라 하네。
각각 스스로가 깨달으니
깨달으면 법 없음도 없느니라。

〔강론〕 法은 法이나 본래로 無定法이다。 본래로 無定法이기에 누리의 一切處에 두루한다。 이 法은 千 번 변하고 萬 번 변하나 변하여서 가지 않고、千 번 변하고 萬 번 변하나 변하여서 오지 않기에 의젓하여서 움직이지 아니한다。 이러기에 法이요、이러기에 非法이요、이러기에 非非法이라 한다。

本來 112

法法本無法
非法非非法
千變萬變變不去
千變萬變變不來

법은 법이나 본래 없는 법이라
법이 아니며 법 아님도 아닌 법이로다。
천 번 변하고 만 번 변하나 변하여서 가지 않고
천 번 변하고 만 번 변하나 변하여서 오지 않네。

〔1〕 本文 黃龍南 擧此話云하되 後來子孫이 不肖하여 祖父田園을 不耕不種하고 一時荒廢하여 向外馳求하니 縱有些少知解라도 盡是浮財不實이라 所以作客이 不如歸家요 多虛가 不如少實이니라。

번역 황룡남이 이 이야기를 들고는 이르되 「후손이 변변치 못해서 조상의 논밭을 갈지도 않고 심지도 않아 일시에 황무지로 만들어 버리고 밖으로 떠돌아 다니니、설사 조그마한 지혜(知解)가 생겼을지라도 모두가 뜬 재물이요 실다움이 아니다。그러므로 나그네 신세가 집에 돌아가는 것만 못하고, 많은 헛 것이 적은 실다움만 못하니라」하다。

[강론] 사람은 누구나가 다 淸淨 自性인 心田은 갖추어져 있다。 이 淸淨 自性인 心田은 본래로 十方을 꿰뚫어서 三世를 얼싸안고 아무 느낌도 없는 이 色身을 통하여 스스럼없이 萬法을 굴린다。 이럼에도 거리낌이 없이 後來 子孫들은 祖父에게 물려받은 田園을 갈지도 심지도 아니할 뿐 아니라 씨도 뿌리지 않았으니 雜草는 자랄대로 자라서 荒蕪地밖에 더 되겠는가。 왜 그러냐면 본래로 갖추어진 그 靈智자리를 깜쪽같이 잊어버리고 어떠한 모습을 推仰하면서 몸 밖을 향하여 달리기 때문이다。 이렇진댄 훌륭한 田園의 故鄕山川을 등지고 平生을 통하여 客地에서 客地로만 떠도는 나그네의 身勢를 免하지 못하는 것이니 뒷날 숨을 거둘 때 어디를 향하여 가겠는가。

113 本來

第八四、本 來 心

〔本文〕 優波毱多尊者 偈云하되

心自本來心이니　　本心非有法이라。

有法有本心이나　　非心非本法이니라。

〔번역〕 우바국다존자가*[1] 게송에 이르되

마음은 스스로 본래의 마음이니

본래의 마음은 법이 있음 아니니라。

법이 있으니 본래의 마음 있음이나

마음도 아니요、 본래의 법도 아니니라。

〔강론〕 우바국다尊者의 이야기다。 一切萬法은 全性體의 現像이다。 거기에 슬기가 깃들고 깃들지 않은 데에 따라 有情 無情이란 말귀가 생기고、 그 슬기의 둔하고 날카로움에 따라 賢愚로도 나뉘어진다。 그러나 이 마음씨인 성품은 있음에 속하지도 않고 없음에 속하지도 않으면서 항상 쓴다。 잘 쓰면 부처요、 못 쓰면 중생이다。 더 잘못 쓰면 축생이니 쓰기에 따라 千變萬化의 現像을 나툰다고 봐야 하겠다。 이렇듯 마음은

본래로부터의 마음이기 때문에 乾坤을 알했고, 법은 본래로부터의 법이기 때문에 十方을 꿰뚫었구나。

心自本來心
本心非非法
法自本來法
本法非非心

마음은 본래로부터의 마음이니
본 마음은 법이 아님도 아니네。
법은 본래로부터의 법이나
본래의 법은 마음 아님도 아니네。

㊟ 一、優波毱多…부처님의 제四代 法孫。

〔1〕 本文 黃龍心 擧前句云하되 黃龍이 又爭敢壓良爲賤이리오。 擧後句云 微塵諸佛이 瓦解氷消로다。 諸人이 擬向甚處하여 見祖師오。 各請歸堂하라。

번역 황룡심이 앞의 귀절을 들고는 이르되 「황룡이 또 어찌 어짐을 억눌러 천함을 삼으리오」 하고는, 뒷 귀절을 들고는 이르되 「가는 티끌 수의 모든 부처님들이 얼음 녹듯 사그라졌구나。 여러분은 어디를 향하여 조사를 뵈오려 하는가。 각기 방으로 돌아가라」 하다。

강론 黃龍心이 「마음은 스스로 본래의 마음이니 본래의 마음은 법이 있음 아니니라」 한 앞 귀절을 들고 이르되 「황룡이 어찌 어짐을 억눌러 천함을 삼으리오」 하였다。「본래로부터 뚜렷하고 휘영청한 절대性 자리에 어찌 상대的인 法을 세울려는가」 라는 뜻이다。「법이 있으니 본래의 마음이 있음이나、마음도 아니요 본래의 법도 아니니라」 한 뒷 귀절을 들고 이르되 「가는 티끌 수의 모든 부처가 얼음 녹듯 사그라졌구나。 여러분은 어디에서 조사를 뵈오려 하는가」 하였다。「법도 있고 본래의 마음도 있음이나、마음도 아니요 본래의 법도 아니니、법으로서인 티끌 수의 부처가 어디에 세워지겠는가。 때문에 모든 부처가 얼음 녹듯 사그라졌구나 한 것이다」라는 뜻으로 우선 보아두자。

實로 그렇다。 참 부처와 참 조사를 뵈올려면 상대性인 法을 걷어잡고 절대性자리로 향하여야 할 것이다。 다시 말하자면 상대性은 실답지 않은 것이기는 하나 그 실답지 않은 것을 걷어잡지 않으면 또한 한 가닥의 절대性자리인 부처와 조사님네들도 찾아

뵈옵지 못하기 때문이다。 그러기에 老長은 이르되 「각각 방으로 돌아가라」 한 것이 아닌가。

第八五、出 家

〔本文〕 提多迦 嘗爲長者하여 名曰 香衆이라 初求出家어늘 毱多尊者乃問하되 汝爲身出家아 爲心出家아。 香衆曰 我自出家는 非爲身心而求利益이니다。 毱多曰 不爲身心이면 復誰出家오。 香衆曰 夫出家者는 無我我니 故로 即心不生滅이요 心不生滅이 即是常道故로 諸佛도 亦常心이라 無形相하며 其體도 亦爾니다。 毱多曰 汝當大悟하여 心自明朗하면 於佛法中에 度恒沙衆하리라。

〔번역〕 제다가가[*一] 일찌기 장자일 때에 이름이 향중이라, 처음 출가하려 할 때 우바국다존자가 묻되 「그대는 몸을 위한 출가냐, 마음을 위한 출가냐」 하다。 향중이 가로되 「저의 출가는 몸과 마음을 위해서 이익을 구하는 것이 아닙니다」 하다。 국다존자 가로되 「몸과 마음을 위하지 않는다면 다시 누가 출가를 하는가」 하니, 향중이 가로되 「대저 출가라는 것은 나 없는 나이니 까닭에 곧 마음이 생기고 사그라지지 않고, 마음이 생기고 사그라지지 않음이 곧 떳떳한 도이기 때문에 모든 부처님도 또한

떳떳한 마음이라 형상도 없고 그 바탕도 그러합니다」하다。 이에 국다가 가로되 「그대가 크게 깨달아서 마음이 밝아지면 불법 안에서 많은 중생을 건지리라」하다。

〔강론〕 제다가가 일찌기 長者로 있을 때의 俗名이 香衆이다。 처음으로 出家하기 위하여 우바국다에게 가니 尊者가 묻되 「그대는 몸을 위한 出家냐、마음을 위한 出家냐」하였다。 요즘 사람들은 마음의 出家보다 몸을 위한 出家가 많다는 이야기로 巷間에 쑥덕공론이 파다한 모양이다。 물어 볼만한 말이다。 그러나 향중의 대답은 다르다。「저의 출가는 몸과 마음을 위해서 이익을 구하는 것이 아닙니다」하였다。 出家하기 전에 벌써 聖賢의 자리를 떠나지 않은 말이다。

尊者가 다시 뉘의 出家냐는 물음에 답이 대단하다。「대저 出家란 나 없는 나 입니다」하였다。 휘영청한 자리라는 뜻이다。「그러므로 마음이 生滅치 않고 마음이 生滅치 않는 것이 곧 이 떳떳한 道인 까닭으로 모든 부처님도 또한 떳떳한 마음이라 형상도 없으며 바탕도 또한 그러니다」하였다。 이에 우바국다는 香衆을 극찬하였으니、과연 大道를 한 마디로 드러낸 말이라 하겠다。 出家도 이 程度의 마음씨가 되어서 하여야지、막연한 出家는 마침내 큰 悲劇을 가져오는 수가 얼마든지 있다고 보아진다。

大界無際是常道
心不生滅眞出家

누리는 가장자리가 없으니 떳떳한 도요 마음이 생기고 사그라짐 없음이 참출가이니라。

㊟ 一、提多迦：부처님의 제五代 法孫。

〔1〕 本文 芭蕉 拈하되 譬如琴瑟箜篌하여 雖有妙音이나 若無妙指하면 終不能發이니라。

번역 파초가 염하되 「비유컨데、거문고와 공후에 비록 묘한 소리가 있지만 만약 묘한 손가락이 없으면 마침내 소리를 내지 못하는 것 같으니라」 하다。

강론 아무리 좋은 樂器가 있기로니 만질 줄을 모르면 무엇하겠는가。 이와 같아야 사람도 제 마음가짐이 어떠함에 따라 부처도 되고 중생도 되는 것이며、즐김터〔極樂〕도 짓고 뇌롬터〔地獄〕도 짓는다。 이렇다면 본래 없는 나와 내 것을 놓고 되돌아 나 없는 나로서 모든 法輪을 굴리는 것이 참 나라 하지 않겠는가。

第八六、無　心

〔本文〕彌遮迦尊者 偈曰

無心無可得이니　說得不名法이니라。

若了心非心이면　始解心心法이니라。

〔번역〕미차가존자[*一]가 게송에 가로되

마음이 없으면 가히 얻음도 없나니

얻는다 하더라도 법이라 하지 못하니라。

만약 마음이 아닌 마음인 줄 알면

비로소 마음과 마음법을 알리라。

〔강론〕

본래로 휘영청한 소식을 마음이라 치자。

그 소식이 그 소식인데 얻고 버림이 있겠는가。

사람이 만약 얻어낼 수 있다면

이것은 꿈 속에 또다시 꿈을 꿈이니라。

眞心本來不可得
怡似自眼自不見

참 마음은 본래로 좋이 얻어내지 못하느니
영판 제 눈을 제가 못 보는 것 같으니라。

[주] 一、彌遮迦…부처님의 제六代 法孫이니 뜻을 번역하면 獸音 곧 짐승의 소리임。

〔1〕 [本文] 晦堂心 擧前句云하되 祖師門戶를 已是擊開로다。繡出鴛鴦은 任爾諸人覷看이어니와 且道하라。金針은 落在甚麼處오。復擧後句云하되 會麼아。南山輕薄一聲雷가 從頭喚起昆蟲睞로다。

[번역] 회당심이 앞 귀절을 들고 이르되 「조사의 문호를 이미 쳐서 열었도다。원앙새 수 놓은 것은 여러분 마음대로 구경하오마는、말해보라。금바늘은 어디에 있는고」하고、다시 나중의 귀절을 들고는 이르되 「알아내었는가。남산에서 희미하게 들리는 한 우뢰 소리가 처음부터 벌레의 잠을 깨우는구나」 하다。

[강론] 晦堂心이 앞의 無心句를 들고 이르되 「祖師의 門戶는 이미 열어 제쳤으니 원앙새 수 놓은 것은 여러분의 마음대로 구경하지마는、말해보라。금바늘은 어디에 있는고」

하였다。이 무슨 뜻인가。상대적인 華藏世界가 곳곳에 이뤄졌고、이뤄지고、이뤄질 것인데 모두가 절대의 金針으로 하여금 수 놓아진 것으로 생각하여 보자。이렇다면 절대의 금바늘은 무엇을 뜻하는 것이며、또한 남에게 보여줄 수 있는 금바늘일까。수를 놓는다는 前提 밑에서 금바늘이란 이름을 함부로 쓰기는 하지마는、말해보라。무엇을 금바늘이라 이르는가。北을 향하여서 南을 보라。거기에는 세 살 난 할망구가 八十 난 손자의 옷고름을 달아주는 바늘이 있느니라。

第八七、心　同

〔本文〕 婆須蜜尊者 偈云하되

心同虛空界요　示等虛空法이라

證得虛空時에　無是無非法이니라。

〔번역〕 바수밀존자*一가 게송으로 이르되

마음이 허공계와 같아서

평등한 허공법을 알려 주나니

허공을 증득할 때에

옳은 법、그른 법、모두 없으리。

〔강론〕

마음이 허공界와 같은 것이 아니고 바로 허공界로다。

이러히 허공法을 알면 어찌 저와 내가 둘이겠는가。

해도 달도 땅덩이도 모두가 다 나의 全性體 中의 假變이요

돌도 나무도 바람도 구름도 남의 것이 아니거늘

뉘라 나의 허공을 가리켜 옳그름을 따지랴。

心是虛空性
鐵壁同時透

마음이 허공성이라
철벽도 함께 뚫리리。

주 一、婆須蜜…부처님의 제七代 法孫이니 天友라 번역함。

125 心同

〔1〕 本文 黃龍心 擧此話云하되 便伊麽休去라도 停橈把纜하고 且向灣裡泊船이로다。若據衲僧門下인댄 天地懸隔이니 且道하라。衲僧門下에 有甚長處오。榔栗橫擔不顧人하고 直入千峰萬峰去로다。

번역 황룡심이 이 이야기를 들고는 이르되 「그렇게 쉰다 하여도 노를 멈추고 닻줄을 잡아 물굽이에 배를 멈춤이라。만약 납승문하에 의거한다면 하늘과 땅 사이이니 말해보라。납승의 문하엔 무슨 좋은 곳이 있는고。주률지팡이를 비스듬히 메고 사람들을 돌아다 보지 말고 곧장 천 봉우리 만 봉우리로 들어갈지니라」 하다。

강론 마음의 當處가 텅 비인 줄을 眞實로 안다면 숱한 번뇌와 망상도 스스럼없이 쉬어질 것이다。번뇌와 망상은 지독한 分別의 낳은 바이니 이 分別이 사라지는 것을 쉰다는 말로 대신하는 이야기다。이렇듯이 쉰다는 말귀는 어디까지라도 分別에서 일으키는 번뇌와 망상을 없앤다는 것이지 절대로 삶을 엮어가는 데의 그 手段과 方便까지도 굴리지 말라는 것이 아니다。이 手段과 方便은 슬기를 바탕으로 하여서 언제나 조촐하면서 꿋꿋하고 언제나 말쑥하면서 의젓한 탯거리라야 한다。

이러기에 黃龍心이 이르되「그렇게 쉰다 하여도 노를 멈추고 닻줄을 당기어 물굽이〔灣〕에 배를 멈추는 것뿐이로다」한 것이다。옳은 말이다。만약 쉰다는 말귀에 얽붙이어 손도 발도 꼼짝 않는다면 배는 어디로 떠돌겠는가。때문에 生死문제를 풀어 헤칠려는 學人으로는 항상 평등한 허공에 앉아서 평등한 허공을 스스럼없이 잘 쓸 줄을 알아야 한다。이 허공을 쓴다는 사실은 바로 즉률지팡이를 비스듬히 허리에 끼고 妄想덩이들과의 妥協을 아예 끊으면서 곧장 千峰萬壑같은 지도리〔樞〕를 향하여 들어가는 사람의 관계할 바이지 知見풀이에 놀아나는 二乘人의 가까이 할 바가 아니다。

〔2〕**本文** 長靈卓 上堂云하되

心同虛空界여　　箇中有買賣로다。
示等虛空法이여　　處處皆周匝이로다。

證得虛空時여　全收復是誰요

無是無非法이여　一離還一合이로다。

汝等諸人이 還知落處麽아。良久云하되 不因霜雪苦면 那辨歲寒心이리오。

번역 장령탁이 상당하여 이르되

「마음이 허공계와 같음이여、

그속에 팔고 사는 일이 있구나。

평등한 허공 법을 보임이여、

곳곳이 다 두루 둘렀구나。

허공을 증득할 때라 함이여、

*1 온전히 거둘 사람 다시 뉘인고。

옳음도 없고 그름도 없음이여、

하나를 여의면 되려 하나가 합치니라」

「그대들은 되돌아 알맹이를 알겠는가」 양구했다 이르되 「서리와 눈의 괴로움을 겪지 않고 어찌 시절의 차가운 마음을 알리오」 하다。

강론

마음의 허공界가 텅 비었기에 온갖 법이 굴리이니
평등한 허공法을 보임이 아니던가。
사람들아、내 스스로가 허공임을 인증할 때
뉘라 있어서 이 사실을 거둬들이리。
살펴보라。이 허공性에 옳고 그름의 먹구름인들 어디에 따로 있겠나。
하나를 여의면 하나가 합쳐지는 것은 지도리〔樞〕의 굴림새니라。
어즈버야! 서리와 눈의 차가움을 알았던가。
기러기는 떼를 지어 북녘 하늘로 날아가네。

注 一、全收…事物에 대한 절대적 肯定。

〔3〕**本文** 育王諶 云하되

心同虛空界여 無內亦無外로다。
示等虛空法이여 觸處皆周匝이로다。
證得虛空時여 當仁不讓師로다。
無是無非法이여 百川唯海納이로다。

若然者인댄 山花는 不費栽培力하여도 自有春風管帶仍니라。

번역 육왕심이 이르되

「마음이 허공의 세계와 같다 하니
안도 없고 또한 바깥도 없구나。
평등한 허공법을 보인다 하니
당질리는 곳마다 모두에 두루했구나。
허공을 증득할 때라 하니
어진 일을 맞아 스승에게 양보치 않는구나。
옳음도 없고 그름도 없는 법이라니
백 갈래의 내〔川〕가 오로지 바다로 들어가는구나。
만약 그렇다면 산의 꽃은 가꾸는 힘을 쓰지 않아도 의례히 봄바람이 손질을 한다」
하다。

강론
마음이 허공계와 같음이여、
그러기에 허공界가 내 눈 속에 다 들어오지요。
평등한 허공법을 보임이여、

129 心同

心 同 130

그러기에 나를 찾아 天下를 헤매어도 못찾지요。
허공을 증득할 때여、
그러기에 두 다리 쭉 뻗고 잠을 자지요。
옳음도 없고 그름도 없는 법이여、
그러기에 옳음은 옳음이 아니고 그름은 그름이 아니지요。
옳구나! 萬法이 다 하나로 돌아가니
萬法이 다시 하나로 쫓아 오구나。
산에 꽃이 피는 것도 제 멋이요
봄바람을 그대로 두는 것도 제 멋이네。

第八八、爾 從

〔本文〕 脇尊者 因富那夜奢作童子時來에 乃問하되 爾從何來오。曰 我心非往이니다。祖云하되 爾住何所오。曰 我心非止니다。祖云 爾不定耶아。曰 諸佛도 亦然이니다。祖云 爾非諸佛이로다。曰 諸佛도 亦非니다。

〔번역〕 협존자[*一]는 부나야사[*二]가 동자일 때 이에 묻되 「너는 어디로 좇아 왔는가」 하니、 가로되 「나의 마음은 가지도 않았읍니다」 하다。 조사가 이르되 「너는 어느 곳에 머무는가」 하니、 가로되 「나의 마음은 그치지도 않았읍니다」 하다。 조사가 이르되 「너는 마음이 가라앉지 않았는가」 하니、 「모든 부처님들도 또한 그러합니다」 하다。 조사가 이르되 「너는 모든 부처가 아니니라」 하니、 가로되 「모든 부처라 해도 또한 그릇이니다」 하다。

〔강론〕 脇尊者와 富那夜奢童子와의 問答이다。 부나야사童子가 왔을 때 脇尊者가 물어 이르되 「너는 어디로 좇아 왔는가」 하니、 童子는 답하되 「나의 마음은 가지도 않

았읍니다」 하였다。 좋은 물음이요、 좋은 답이다。 青山이 우뚝하니 綠水는 길 수 밖에! 尊者는 이르되 「너는 어느 곳에 머무는가」 하니 童子가 답하되 「나의 마음은 그치지도 않았읍니다」 하였다。 잘 묻지 못함이요、 잘 답하지 못함이다。 왜냐면 問은 答處에 있고 答은 問處에 있기 때문이다! 尊者 이르되 「너는 마음이 가라앉지 않았느냐」 하니 童子 답하되 「모든 부처도 또한 그러니다」 하였다。 허공을 향하여 一句를 던지니 해는 西山에 지고 달은 東天에 뜸이로다! 尊者 이르되 「너는 모든 부처가 아니니라」 하니 童子 답하되 「모든 부처라 해도 또한 그름이니다」 하였다。 한 주먹으로 부처와 조사를 치니 보리路를 향하여 열반林을 치고 열반路를 향하여 보리林을 침이로다!

爾本從何來
乾坤未定時

너는 본래 어디로 왔나。
하늘과 땅이 정해지지 않은 때로다。

㈜ 一、脇尊者…평생동안 겨드랑을 땅에 대지 않았으므로 부르는 이름이니 부처님의 제十代 法孫。 原名은 파르수바이니 五百 비구를 모아 世友들과 함께 제四結集을 한 것이 유명함。
二、富那夜奢…부처님의 제十一代 法孫이니 脇尊者의 제자。 번역하면 좋은 소문이란 뜻。

〔1〕 **本文** 翠岩芝 拈하되 祖師與童子가 一問一答이 揔欠會在로다。如今에 作麽生會오。 妙喜云하되 直饒如今會得이라도 更叅三生六十劫이라 하니라。

번역 취암지가 염하되 『조사는 동자로 더불어 한 번 묻고 한번 답함에 다 모자람이 있구나。 이제에 어떻게 알아내겠는가。 묘희가 이르되 「지금 당장에 알아내었다 할지라도 다시 三生이나 六十劫을 참구하여야 된다」 하였느니라』 하다。

강론 脇尊者와 부나야사의 一問一答은 學人으로서 깊은 觀心을 가지지 않을 수 없는 문제다。 實로 이 문제는 文字言句를 걷어 잡기는 하나 그 뜻은 文字言句 밖에서 認證하여야 하기 때문이다。 이러기에 翠岩芝도 소리를 크게 하여서 외치되 「존자와 동자의 문답을 서로가 도무지 알아채지 못하고 있구나」 하였다。 말귀는 잘 알겠지마는 深奧한 그 뜻은 알아채기가 지극히 어려울 뿐 아니라 더구나 사람에게 그 뜻을 밝히는 데는 더욱 어렵다는 뜻일 것이다。 老長은 이어 이르되 「지금 당장에 알아내었다 할지라도 다시 三生이나 六十劫을 참구하여야 된다」 하였으니 이 얼마나 드높은 고개였기에 이런 말이 뛰쳐 나오겠는가。 홍! 잔소리 말고 三時로 六바라밀이나 닦아라。 알간!

第八九、長 壽

〔本文〕 馬鳴祖師 一日有一外道하여 索論義할새 集國王大臣하고 幷及四衆이 俱會論場이라。 馬鳴云하되 汝義는 以何爲宗고。 外道云하되 凡有言說을 我皆能破니다。 馬鳴이 乃指國王云하되 當今國土康寧하고 大王이 長壽하시니 請汝破之하라。 外道屈伏하다。

〔번역〕 어느날 마명조사[*一]에게 한 외도가 와서 논의를 하자고 하므로 국왕대신과 사부대중이 자리에 모였다。 마명이 이르되 「그대의 주의는 무엇으로써 마루〔宗〕를 삼는고」 외도가 이르되 「무슨 말이든지 나는 모두를 부수는 것으로 마루를 삼습니다」 하다。 이에 마명이 국왕을 가리키면서 이르되 「지금 국토가 태평하고 국왕이 장수하시니 그대는 부수어 보라」 하니、 외도가 굴복하다。

〔강론〕 하루는 馬鳴祖師에게 한 外道가 찾아와서 討論을 請하자 國王 大臣과 四部大衆이 모였는데 外道의 氣勢는 꿋꿋하였다。 무엇인가 자기 나름대로의 主義와 자기 깜양대로의 主張이 確立되어 있다고 믿었기 때문이다。 그러나 正道가 아닌데야 어떻게

하라。 馬鳴조사가 묻기를 「그대의 主義는 무엇으로써 마루〔宗〕를 삼는가」 하였다。 한번 살필 때 客氣가 旺盛함을 느꼈으므로 먼저 물었으리라。 外道는 서슴지 않고 이르되 「무슨 말이든지 나는 모두를 부수는 것으로 마루를 삼습니다」 하였다。 이 外道는 온갖 言說이 菩提相인 줄도 모르고 마구잡이 부수는 것만으로 能事를 삼았으니 이 또한 世俗的인 才幹에도 미치지 못함을 알 수 있다。 馬鳴은 자리를 같이한 國王을 가리키며 이르되 「지금 國土가 太平하고 國王이 長壽하시니 그대는 부수어 보라」 하고 言說을 굴렸다。 이 外道는 어떻게 되었는지 꼼짝을 못했다。 싫건 좋건 이 말에 誹謗을 위한 誹謗을 하였다면 그 外道의 목은 땅에 댕강 떨어졌을 것이다。 外道의 主張은 馬鳴 앞에 氷消瓦解가 되었으니 어디를 향하겠는가。 아마 한 치도 못되는 固執을 세운다면 波旬이밖에 더 되겠는가。 나름대로의 觀念이란 一分의 값어치도 없음을 알겠다。

能破言說是爲宗
眞是夢中大痴漢

온갖 말 부수는 것으로 마루 삼음은
참으로 꿈속에서도 크게 어리석은 녀석일러라。

註 一、馬鳴…부처님의 제十二代 法孫으로 大師의 說法을 듣고 말같이 생긴 사람이 울었다하여서 지어진 이름。大乘불교의 提唱者。

〔1〕**本文** 法眞一 頌하되

六師叛正起干戈하여 自謂無能奈我何로다。
九十六宗令結舌하여 不消一曲太平歌로다。

번역 법진일이 송하되

六師*一가 반란의 무기를 들었으나
스스로가 무능해서 어쩔 수 없다 하네。
九十六宗*二 모두의 입을 막아서
한 곡조도 쓰지 않고 태평가 부르네。

강론 六師는 부처님이 처음 出現하실 當時에 九十六宗 中에서도 世俗적이기는 하나 뛰어난 邪道들의 代表級이다。 이 六師들이 말아내는 혓바닥에 따라 수千 수 萬의 혓바닥은 社會의 風潮까지도 어지럽혔으니 大端한 氣勢였다。 그러나 世尊의 出現으로 말미암아 그의 弟子들이 거의가 世尊에게 歸依하였으니 들떴던 社會는 비로소 조용해졌다。 조용해졌으니 나름대로의 太平歌는 스스럼없이 부르게 마련이 아니겠는가。

137 長壽

흥! 六根이 제자리에 앉으면 主人公은 龍床에 오르느니라。 알간!

㊟ 一、六師…外道의 스승 六人。

二、九十六宗…外道의 宗派가 九十六派로 나뉜 것。

第九〇、針 投

〔本文〕 龍樹大士 見迦那提婆來하고 先令侍者로 將一鉢水하야 置面前한데 迦那提婆乃以一針投之하니 樹가 大喜하다。

〔번역〕 용수*一、대사께서 가나제바가 오는 것을 보고、먼저 시자를 시켜 한 바루 물을 떠다가 그의 앞에 놓게 하였는데、가나제바가 한 개의 바늘을 던졌더니 용수가 크게 기뻐하다。

〔강론〕 하루는 부처님의 十四代 法孫인 龍樹大士가 애꾸눈인 弟子 가나제바가 들어오는 것을 보고 侍者를 시켜 바릿대에 물 한 그릇을 떠다가 그의 앞에 놓게 하였다。애꾸눈의 弟子 가나제바가 들어오더니 아무 말 없이 스승의 그 물과 같은 德의 밑바닥을 알아채고 바늘 한 개를 바릿대 안에 던지니、용수大士가 크게 기뻐했다。무슨 까닭이냐。師弟間의 人事는 法에 따라서 극진한 禮儀가 있어야 하는데 입을 벌리지 않고 人事는 끝이 났다。그 스승에 그 弟子다。

스승은 물이요 제자는 바늘이다。바늘이 잠긴 물이요、물에 얼싸안긴 바늘이다。물과 바늘의 用處는 다르다。그러나 目的은 하나다。하나인 目的을 위하여 물을 쓸 때

물을 쓰고 바늘을 쓸 때 바늘을 쓰지마는, 그 目的 하나를 위한 물이요, 하나를 위한 바늘이다。

가나제바는 무얼 어정거리고 있는가。 바늘로 스승의 웃는 입이나 꿰매고 발이나 씻겨드리지 않고! 그러나 좋다。 할 이야기는 다 했으니 이제 와서 입을 꿰맨들 무엇하랴! 세 번 절하고 바늘을 주머니에 넣어 두라。

投針也鉢水
師弟共一笑

바늘을 던짐일따녀, 바루물에
사제가 같이 한 번 웃어대네。

㊟ 一、龍 樹…부처님의 제十四代 法孫인데 大乘佛教의 碩學。

139 針 投

〔1〕 本文 瑯琊覺 頌하되

龍猛盂中水요 提婆毳上針이로다。
人人爭得失이요 箇箇話疏親이로다。
不覩雲中鴈이면 焉知沙塞深이리오。

農人移片礫러니　礫下獲黃金이로다。

번역 낭야각이 송하되

용수는 바루 안의 물이요
제바는 털 위의 바늘이네。
사람마다가 얻음과 잃음을 따지는 데서
말끝마다에 친하고 성김을 미루어 가네。
*一 운중 고을의 기러기떼를 보지 않았더라면
어떻게 모래벌판의 넓음을 알까 보냐。
농부가 묵은 주춧돌을 옮기더니
*二 주춧돌 밑에서 황금을 얻었네。

강론 용수는 바루 안의 물이요、제바는 털 위의 바늘이다。 바루 안의 물은 먹는 것이요 털 위의 바늘은 꿰매는 것으로서 제각기 그 用處는 다르다。 그러나 한 스승과 한 제자가 한 목적을 위하여 한 手段이요 한 方便을 굴리는데、得失이 어디에 있겠으며 親疎인들 어디에 있겠는가。 오로지가 雲中의 기러기떼를 보아서 사막의 넓음을 알고、農夫가 묵은 주춧돌을 옮기다가 금항아리를 캐내듯이、어떠한 契機가 마련됨으로 하여서 龍樹의 바릿대 물에 迦那提婆가 바늘을 던진 義趣도 깨쳐 알게 될 뿐만 아니라 누리의 지도리〔樞〕도 어떻다는 것을 알아채게 될 것이니, 크게 살피고 살펴야 하지 않겠는가。

주 一、雲中…고을 이름이니, 지금의 山西城지방。 이 귀절은 아는 이라야 안다는 뜻。
二、주춧돌〔磉〕…밭 가운데 있는 묵은 돌을 말함이니 무쉬결에 얻는다는 뜻。

〔2〕 **本文** 心聞賁 頌하되

漏傳長樂未央靜하고 月瀉甘泉大液秋라。
夜半樂聲廻步輦하니 喚廻三十六宮愁로다。

번역 심문분이 송하되

삼경소리 장락궁에[*一] 들리니 미앙이[*二] 고요하고
달이 큰[*三] 길〔甘泉〕을 비추니 강물은 가을빛 일러라。
한밤중의 풍악소리는 임금이 옴이던가。
三十六궁에서는 저마다가 한숨을 짓더구나。

강론

長樂宮의 큰 집들이 고요하다 이르지마는

달은 三更이던가、 가을바람이 문을 스칠 때 가슴이 선듯하네。
世間에 산도 좋고 물도 좋고 또한 그럭저럭 사는 것도 좋건마는
길이길이 속 터놓고 지낼 임 오시는 듯 안오시니
멀겅히 벽이나 쳐다 볼까。

㊟ 一、長 樂…당나라 대궐 이름。
二、未 央…당나라 대궐 이름。
三、甘 泉…길의 이름이니、장락궁에서 뻗은 큰 거리。

第九一、銅 鈴

〔本文〕僧伽難提 因風吹銅鈴鳴하여 乃問하되 鈴鳴耶아 風鳴耶아。童子曰 非風鈴鳴이요 我心鳴耳니다。祖曰 非風鈴鳴이면 心復誰乎아。童子云하되 俱寂靜故요 非三昧也니다。祖云하되 善哉善哉라 繼吾道者는 非子而誰오。

〔번역〕 승가난제가[*一] 바람결에 풍경이 울리는 것으로 인하여 이에 묻되 「방울이 울리는가、바람이 울리는가」하니、동자 가로되 「바람도 방울도 울리는 것이 아니라 내 마음이 울립니다」하다。조사 가로되 「바람도 방울도 울리는 것이 아니면 마음이란 누구이겠는가」하니、동자 이르되 「모두가 고요적적하기 때문이요、삼매인 경지도 아닙니다」하다。조사가 이르되 「좋고도 좋구나。나의 도를 이어받을 이는 네가 아니고 누구이겠는가」하다。

〔강론〕 승가난제가 바람결에 풍경이 울리는 소리를 듣고 童子에게 묻되 「방울이 울리느냐、바람이 울리느냐」하였다。뭐라고 답하겠는가。방울이 바람에 흔들려서 우는

것이 아닐까。 한 마디 일러보라! 눈망울이 바로 잡히지 않은 어중이 떠중이들은 平生을 다하여도 이 事實을 事實대로 답하지 못할 것이다。 童子는 서슴없이 이르기를 「바람도 방울도 울리는 것이 아니라 마음이 울립니다」 하였다。 奇想天外의 答이다。 방울이 바람에 흔들려서 소리가 나는 것은 天下人이 公認할 것인데、 바람이 울리는 것도 아니요、 방울이 우는 것도 아니요、 다만 내 마음이 울리는 것이라니 이것이 어찌 正答이라 할 수 있을까。 觀念上 맞지 않는 말이라 하여서 빈축이나 살 것이다。

어찌하여서 마음이 우는가。 그 事實을 대라! 참으로 슬기로운 사람이 아니면 알기 어려운 事實이다。 달마大師의 「生而知之」라야 한다는 말에 實感이 난다。 자! 자세히 살펴보라。 눈으로 보는 것이나 귀로 듣는 것이 다 自身의 無限한 마음자리가 직접 그 빛이 안되고 직접 그 소리가 안되면 어떻게 소리를 인정하고 빛깔을 인정하겠는가。 생각해 보라。 물도 마셔본 사람이라야 뜨겁고 차가운 것을 아는 것처럼、 제 귀가 소리 안되고 제 눈이 빛 안되고는 절대로 다른 것을 보고 듣지는 못하는 것이다。 反映이 아니냐 하겠지마는 우선 그 反映自體를 생각해 보자。 어떤 것이 反映이냐。 소리가 오는 거냐、 내 마음이 가는 거냐。 잘 살피고 살펴라。 이것은 電波나 혹은 靈波가 가고 오는 앞 소식인 줄로 알고 思索하라!

승가난제도 이 事實을 알고 「모두가 寂靜인 까닭이요、 三昧의 경지도 아닙니다」라는 童子의 말 끝에 「옳은 말이다。 나의 道를 이어받을 이는 네가 아니고 누가 있겠는가」 하였다。 좋은 弟子를 얻었으니 八字치고는 上八字입니다그려。 허!

非風鳴兮非銅鳴

我心不鳴誰敢鳴

바람이 울지 않고 구리방울도 울지 않음이여!

나의 마음이 울지 않으면 누가 감히 울겠는가。

㊟ 一、僧伽難提…부처님의 제十七代 법손되는 조사이니 번역하면 衆首。

145 銅鈴

〔1〕 本文 悅齋居士 頌하되

非風非鈴이라 水綠山青이요

非風非幡이라 綠水青山이로다。

(此錄이 兼擧風幡話)

번역 열재거사가 송하되

바람도 방울도 아니라 하니

물이 연푸르고 산이 푸르네。

바람도 깃발도 아니라 하니

연푸른 물과 푸른 산이로다。

〔여기에 바람과 깃발이 나부끼는 일도 함께 한다〕

강론 물이 연푸르고 산이 푸름이여、

어머니 女兄弟의 아들 딸은 무엇이지! 姨從四寸이다。

연푸른 물과 푸른 산이여、

아버지 女兄弟의 아들 딸은 무엇이지! 姑從四寸이다。

〔2〕 本文 芭蕉 拈하되 尊者가 大似憐兒不覺醜로다。

번역 파초가 염하되 「존자가 크게 아기를 귀여워하다가 추해지는 꼴을 깨닫지 못하는 것 같구나」 하다。

강론 파초는 격정이 泰山 같다。 왜냐면 여기에서 知見풀이가 모두인 양 알고 떠벌리다간 뒷날의 兒孫들을 크게 망칠 것 같아서 이르는 말이나、 뉘라도 이 고개를 넘지 못하면 家鄕으로 돌아갈 길이 막힐 터이니 어쩔 수 없이 넘길 건 넘겨야지요。 너무 격정마사이다。

第九二、無 人

〔本文〕 迦耶舍多 至月氏國하여 見鳩摩羅多하되 問是何徒衆고。祖云하되 是佛弟子라。 彼聞佛號하고 心神이 悚然하여 即時閉戶이어늘 祖 良久에 叩其門하되 彼曰 此舍에 無人이로다。 祖曰 答無者誰오。 彼聞語異하고 遽開門迎接하니라。

〔번역〕 가야사다존자가[*一] 월지국에 이르러 구마라다를[*二] 보았는데 묻기를 「이들은 어떠한 무리입니까」 하니、 조사 이르되 「부처님의 제자들이니라」 하다。 그는 부처님의 명호를 듣고는 심신이 놀라와서 즉시에 문을 닫거늘 조사가 양구했다가 그 문을 두드리니、 그가 가로되 「이 방에는 사람이 없읍니다」 하다。 조사 가로되 「없다고 답하는 이는 누구인가」 했더니、 그는 말이 이상함을 듣고 얼른 문을 열어 맞이하다。

〔강론〕 부처님의 제十八代 法孫인 迦耶舍多祖師가 弟子 一行을 이끌고 나중에 부처님의 第十九代 法孫이 될 鳩摩羅多尊者를 보았다。 아마 그 弟子 一行의 탯거리가 悠然하였던 것으로 느꼈던지 尊者는 「이 어떠한 무리이니까」 물었다。 祖師는 서슴지 않

고 「佛弟子라」 하였더니, 그는 佛號를 듣고 心神이 悚然하여 곧 門을 닫아버렸다。 왜 문을 닫았을까。 佛道는 觀念이 아니고 整然한 理論이라는 것이 俗評이다。 俗評이라기보다는 正論이리라。

尊者는 문을 굳게 닫아 걸고 부처님의 弟子로 自稱하는 이 人物들을 點檢함직도 하다。 닭이냐 봉이냐, 뱀이냐 용이냐。 건드려보지 않고 어떻게 알겠는가。 만약 迦耶舍多祖師가 손가락 한 개 꼼짝 아니하고 이 門을 열어제치지 못하면 마침내에 鳩摩羅多尊者에게 한 방망이 맞지 않을 도리가 없었을 것이다。 그러나 그는 堂堂한 부처님의 弟子로서 大衆을 이끄는 祖師다。 良久를 했다가 문을 두드렸다。 門을 두드릴 때 벌써 낚싯줄은 방에 던져졌다。 방안의 尊者는 이르되 「이 방에는 아무도 없읍니다」 하고 미끼를 덥석 물었다。 祖師는 이르되 「없다고 답하는 이는 누구인가」 하고 낚싯줄을 당기니, 닫히었던 문도 스스로 열리면서 尊者는 방을 뛰쳐 나와서 祖師 一行을 맞아 들였으니 재미있는 問答의 風景이라 않겠는가。

閉門說無人
合眼呼覓我

문을 닫고 사람이 없다 말함은
눈을 감고 나를 찾으라 함이네。

주 一、迦耶舍多…부처님의 제十八代 法孫이니 번역하면 소문이 멀리 퍼진 사람。
二、鳩摩羅多…부처님의 제十九代 法孫이니 번역하면 이름이 고운 도련님。

〔1〕 **本文** 汾州昭 代云하되 泊合忘却이로다。

번역 분주소가 대신 이르되 「하마터면 깜박 잊을 뻔했구나」 하다。

강론 가야사다가 尊者의 방문을 두드리니 尊者가 이르되 「이 방에는 아무도 없느니라」 하였다。 실로 그렇다。 色身이 無情物로서 나의 所有物이 아니니 그렇고、 法身 또한 빛깔도 소리도 냄새도 없으니 무엇을 걷어잡고 내라 하랴。 참으로 잊을 뻔했구나! 만약 잊었더라면 三千大千世界도 잊을 뻔하였으니 큰일날 뻔했네!

〔2〕 **本文** 雲居元 頌하되

此舍無人應者誰오。 開門相見絕狐疑라。
那堪更問從前夢이리오。 又落靈山第七槌로다。

번역 운거원이 송하되

이 방에 사람이 없다고 응답한 이는 누구인가。
문을 열고 마주 보고서야 의심이 끊겼구나。

옛부터의 꿈을 어찌 다시 물으리오。
다시 영산의 일곱 째 망치에 떨어졌네。

강론

묻는 이는 뉘며 답하는 이는 뉘던고。
문을 열어 보고서야 의심이 풀렸구나。
옛날에 사권 일을 꿈속이라 말하리。
靈山會上 第七槌는 第七識에 떨어졌네。

第九三、泡　幻

〔本文〕 婆修盤頭尊者 偈云하되

泡幻同無碍라　如何不了悟오。
達法在其中하니　非今亦非古로다。

〔번역〕 바수반두존자[*一]가 게송에 이르되

거품과 꼭두 모두가 걸림 없거늘
어째서 깨닫지 못하는가。
법이 그 가운데 있음을 깨달으면
이제도 옛도 아니니라。

〔강론〕 거품과 꼭두는 실다운 것이 아니다。 왜나면 自體性이 없기 때문이다。 山河大地를 비롯하여 허공中에 이루어진 假變象은 모두가 自體性이 없는 泡幻으로 더불어 매한가지다。 이 假變象의 出没은 계속 先後가 있고、 先後가 있기에 時空이 생기고、 時空이 생기기에 古今이란 觀念도 세워지지마는、 그러나 假變적인 先後요、 時空이요、

古今이나 이에 따른 觀念 또한 假變적인 觀念이 아니고 무엇이겠는가。

이렇듯이 허공中에 둥둥 떠 있는 땅덩이 위에서 삶을 엮어가는 衆生들은 假變적인 觀念 속에서 假變적인 現象을 眞實相인양 여기고 文學도 哲學도 심지어는 宗教까지 지어내는 판이니 어느 때를 기다려서 누리의 참 面目을 接하겠는가。이러기에 老長도 이 도리를 깨쳐 「法이 그 가운데 있는 줄을 알면 이제도 옛도 아니라」는 것이다。

泡幻假變象
古今從此來

거품과 꼭두가 거짓 변하는 형상인데
이제와 옛은 일로 좇아 오는 것이네。

㊟ 一、婆須盤頭…부처님의 제二十一代 법손이니、번역하면 遍行 즉 여러가지 수행을 두루 닦는다는 뜻임。

〔1〕 本文 雲峰悅 擧此話하고 驀拈拄杖云하되 三世諸佛六代祖師와 天下衲僧鼻孔이 摠在這裡로다。又打香卓一下云 南瞻部洲요 北鬱單越이로다。

번역 운봉열이 이 이야기를 들고서, 갑자기 주장자를 번쩍 들면서 이르되 「三세의 모든 부처님들과 六대(代)의 조사와 천하 납승들의 콧구멍이 모두가 이 속에 있느니라」 하고, 또 향대를 한 번 치고서 이르되 「남섬부주와 북울단월이니라」 하다。

강론 雲峰悅이 이 이야기를 들고서 갑자기 拄杖子를 번쩍 들면서 이르되 「三世諸佛과 六代祖師와 天下衲僧의 콧구멍이 모두가 이 속에 있느니라」 하였다。 다시 말하자면 三世諸佛과 支那의 六代祖師와 그 밖의 天下衲僧의 生命이 老長의 拄杖子 속에 있다는 말이다。 옳은 말이다。 拄杖子를 하나의 金剛法으로 친다면 三世諸佛과 支那의 六代祖師와 天下의 善知識인들 어찌 의젓한 一法의 泡幻이 아니겠는가。 무슨 까닭으로써이냐。 누리는 하나의 法이요、 非法이다。 이 하나인 法을 拄杖子로 대신하여서 말하기 때문에 條理가 整然한 이야기가 아니겠는가。

雲峰悅은 또 香臺가 놓인 卓子를 한 번 치면서 이르되 「南贍部洲와 北鬱單越이니라」 하였다。 하나의 法에서 이뤄진 法性土이니 이 또한 老長의 주장자를 여의겠는가。 알겠는가! 이제 老長의 주장자는 몽땅 나의 콧구멍 안에 있으니、 어찌 할랑고、어찌 할랑고!

〔2〕 本文 瑞光本 擧此話云하되 旣非古今인댄 作麼生是其中고。 還會麼아。 三世諸佛도 出在其中이요 六代祖師도 出在其中이요 天下老

和尙도 出在其中이요 一大藏敎도 出在其中이니 若達其中하면 無法不通이라 可謂言言見諦요 句句朝宗이니라。咄!

번역 서광본이 이 이야기를 듣고는 이르되「이미 옛과 이제가 아니라 했거늘 어느 것이 그 속인가。알겠는가。三세의 부처님도 그 가운데서 나왔고、六대의 조사도 그 가운데서 나왔고、천하의 노화상도 그 가운데서 나왔고、일대장교도 그 가운데서 나왔으니、만약 그 가운데를 깨달으면 통하지 못할 법이 없으리니 가위 말귀 말귀에서 진리를 보고、귀절 귀절이 마룻대를 뵈임이로다」하고는「칵!」소리를 외치다。

강론 瑞光本이 이 이야기를 듣고는 이르되「이미 옛과 이제가 아니라 했거늘 어느 것이 그 속인가」하였다。좋은 말이다。누리의 지도리〔樞〕는 一大圓明性으로서 비롯이 없으니 있음〔有〕에 속하지 않고、마침〔終〕이 없으니 없음〔無〕에 속하지 않거늘 옛〔古〕과 이제〔今〕인들 어떻게 成立이 되겠으며 따라서 古今이 成立되지 않는데 그 中인들 어디에 세워지겠는가。

그러나 만약 槪念적이나마 古今을 認定한다손 치더라도 이렇다。만약 古가 있다면 今이 있음으로 말미암아 있는 것이니 古는 반드시 今에 있어야 할 것이요、만약 今이 있다면 古가 있음으로 하여금 있는 것이니 今은 반드시 古에 있어야 할 것이다。이렇듯이 古今이란 名字는 비록 번듯이 있으나、이제는「아닌이제」니 또한 옛도「아닌 옛」으로서 이름뿐인 古今이 分明한 것이니 中도 이름뿐인 中이 아니겠는가。

때문에 老長도 이르되「이미 옛과 이제가 아님인댄 어느 것이 그 가운데인가」하고 외친 것이다。 그렇다면 三世諸佛도 아닌 그 가운데서 나왔고、六代祖師도 아닌 그 가운데서 나왔고、天下老和尙도 아닌 그 가운데서 나왔고、一大藏經도 아닌 그 가운데서 나온 것이니、만약 아닌 그 가운데에 통달하면 法에 통하지 않음이 없다는 것이니、이러므로 하여서 말귀 말귀에서 眞理를 보고、귀절 귀절이 마룻대니라 하여도 理解가 되지 않겠는가。

〔3〕 本文 又擧此話云하되 旣非今古인댄 是什麼오。還會麼아。以拄杖卓一下云 幻出也로다。

번역 또 이 이야기를 들고는 이르되「이미 고금이 아니라 했으니、무엇인고。알겠는가」하고、주장자를 한 번 구르면서 이르되「꼭두가 나온다」하다。

강론 老長은 다시 이르되「이미 古今이 아니라 했으니 무엇인고。알겠는가」하고는 주장자를 한 번 구르면서 이르되「꼭두가 나온다」하였으니、이 무슨 꼭두인가。내가 만약 이 자리에 있었더라면「꼭두가 아니고 꿈을 꿈이로다」했으리라。알겠는가! 그렇다면 중은 절로 가서 목탁이나 치고、장사치는 장터로 가서 모개덩이나 헤아려라。 칵!

〔4〕**本文** 佛眼遠 上堂擧前二句云하되 眼裡瞳人이 吹叫子로다。擧後二句云 六隻骰子滿盤紅이로다。大衆아 時人이 爲什麼坐地看楊州*一오。鉢盂着柄新翻樣이요 牛上騎牛笑殺人이로다。

번역 불안원이 상당하여 앞의 두 귀절을 들고는 이르되 「눈알속의 그림자 사람이 자식을 찾아 울부짖는다」 하고, 뒤의 두 귀절을 들고는 말하되 「여섯 조각의 주사위가 소반에 가득히 붉었구나。대중아, 요새 사람들이 어째서 앉은 자리에서 양주를 보는가。바루에다 자루를 붙이니 새로운 모양이 생겼고, 소등에다 소를 실으니 우스워 죽겠네」 하다。

강론 佛眼遠의 이야기다。남의 눈에 비친 自身을 제 자식으로 알고 돌아오라고 울부짖는 어리석음도 있지마는, 여섯 조각의 주사위 놀음판이 그대로가 살림살이의 모두임을 모르는 것도 어리석은 짓이다。이런 所見일진댄 앉아서 風物이 좋은 楊州를 보지 못하듯이 어찌 人生의 去來事를 짐작이나 하겠는가。또한 바루에다 자루를 붙이니 밥그릇도 아니요, 다리미도 아닌 꼴이요, 소등에 소를 실으니 탕건 위에다 탕건을 씌우는 꼴이라 어리석음도 이 정도라면 되돌아 하나의 멋으로 보아질까。사람이란 어디까지 어리석은 물건이며, 어디까지 슬기로운 물건인가。알면서도 모를 일이다。

주 一、楊州…화려하고 격조높은 도시。따라서 높은 벼슬。

〔5〕**本文** 白雲昺 上堂擧此話云하되 諸仁者여 四大五蘊이 是泡幻이요 見聞覺知是泡幻이요 十二處十八界二十五有와 山河大地有情器世間이 無不是泡幻이라 那箇是無碍오。若也見得하면 方知道終日忙忙에 那事無妨이어니와 苟或未然인댄 易尋溪上路나 難覓洞中天이니라。

번역 백운병이 상당하여 이 이야기를 들고는 이르되 「여러분, 四대와 五온이 거품과 꼭두요, 보고·듣고·느끼고·아는 것이 거품과 꼭두요, 十二처·十八계·二十五유와 산·강·땅덩이·유정·무정이 거품과 꼭두 아닌 것이 없는데 어느 것이 걸림없는 것인가。만약 안다면 바야흐로 종일토록 바빠도 어느 일에도 방해로울 것이 없음을 알 것이어니와, 진실로 혹 그렇지 않으면 개울 위의 길을 찾기는 쉬우나 골짜기 안의 하늘을 보기란 어려우리라」 하다。

강론 白雲昺의 이야기다。사람의 몸뚱이인 四大五蘊도 거품이나 꼭두이지만 見聞覺知도, 十二處·十八界·二十五有와 山河大地도, 有情·無情이 다 거품이요 꼭두임을 안다면 온갖 法에 걸림이 없다고 말했다。그렇다。허공중에 이뤄진 欲界·色界·無色界뿐 아니라 즐김터〔天堂〕와 괴롬터〔地獄〕도 거품이나 꼭두에 지나지 않는 것이며、해·달·별과 산·물·나무·풀 따위도 다 꼭두지마는、사람의 몸뚱이와 畜生의 몸뚱이도 꼭두 아님이 없고、심지어 불보살의 거룩한 몸매도 또한 꼭두가 아니던가。이에 따라 봄·들음·깨침·앎도 거품이요 꼭두이지마는、三毒心과 三善根도 꼭두이니 모습이 있고 이름이 붙는 것은 꼭두 아님이 없다。무슨 까닭이냐。自體性인 슬기가 없기 때문이다。

第九四、心　隨

〔本文〕摩拏羅尊者 偈云하되

心隨萬境轉이나　轉處實能幽라。
隨流認得性하면　無喜亦無憂니라。

〔번역〕마[*1]노라존자가 게송에 이르되

마음이 만 경계를 따라 굴리이나
굴리이는 곳마다 모두가 그윽하도다。
흐름을 따라 성품을 인증하면
기쁨도 없고 또한 근심도 없느니라。

〔강론〕

경계에 따라 마음이 굴리이기 때문에 울기도 하고 웃기도 한다。
그러나 울고 웃는 그 자리는 그윽하면서도 아무 것도 없네。
살펴보라。이 도리를 알면
기쁜 것은 무엇이며 슬픈 것은 무엇인가。
다만 고요적적한 자리에서 공연스레 제가 물을 출렁거려 노닥질할 따름인걸。

轉處實能幽여　　不謝煩惱用이로다。

隨流認得性이여　　菩提日日長이로다。

구르는 곳마다 실다운 그윽함이여、
뇌로움 씀을 사양하지 않네。
흐름에 따라 성품을 인정하여 얻음이여、
보리는 날로날로 자라는구나。

주 一、摩拏羅…부처님의 二十二代 법손이니、번역하면 大神力이라 한다。이 게송은 그의 제자인 학륵나(鶴勒那)에게 일러준 것이다。

〔1〕本文 知非子 頌하되

曹溪自云全無伎倆이나　　薦取老僧百草頭上이라니

我有一句하니　　隨波逐浪이니라。

無憂無喜任天眞하니　　不斷煩惱菩提長이로다。

번역 지비자가 송하되

*一 조계는 스스로 이르기를 아무런 재주도 없으니

노승은 백 가지 풀 위에서 알았느니라。
나에게 한 귀절이 있으니
나불을 따르고 물결을 쫓는다。
걱정도 기쁨도 없이 본래에 맡기니
뇌롬을 끊지 않아도 보리는 자란다。

강론 曹溪는 스스로 이르되「아무런 재주도 없으니 老僧의 百 가지 풀 위에서 알았느니라」 하였다。

慧能이 아무런 伎倆도 없었기에 망정이지 만약 있었더라면 손은 발이 되고 발은 손이 되었을 것이다。

왜냐면 百千 가지 妄想덩이 위에서 뇌롬의 뿌리를 無心으로 척척 캐어내다 보니、그 當處가 텅 틔었음을 알아채었기 때문이다。

知非者도 이르되「나에게 한 귀절이 있으니、나불을 따르고 물결을 쫓는다」 하였다。

知非子도 아무 伎倆이 없었기에 망정이지 만약 있었더라면「굴리이는 곳마다 모두가 그윽하므로 흐름을 따라 성품을 인증한다」는 귀절은 꿈에도 몰랐을 것이며、몰랐기 때문에 기쁨도 걱정도 본래의 天眞面目에 맡길 줄도 몰랐을 뿐 아니라 되려 뇌로움을 끊는다고 自性 三佛만을 괴롭혔을 것이다。

참으로 學人의 分으로는 이 대목에서 心機一轉하여야 할 것이다。 흐리멍텅한 곳에서 똑똑함을 얻어내듯이 뇌로움 속에서 보리道를 밝혀낼 줄 알아야 한다。 왜냐면 보리와 뇌롬의 성품이 하나기 때문이다。

注 一、曹溪…六祖 慧能大師가 살던 곳으로 여기서는 六祖를 뜻함。

〔2〕 本文 雲門偃 因僧問하되 如何是轉處實能幽니꼬。師云하되 吃了舌頭라 老僧이 倒走三千里로다。又問如何是隨流認得性이니꼬。師云하되 饅頭餡子가 摩訶般若波羅蜜이니라。又有時에 答云하되 東堂月朗西堂暗이니라。

번역 운문언에게 어떤 중이 묻되 「어떤 것이 굴리어지는 곳마다 실다이 그윽함이니까」 하니、선사가 이르되 「혀끝을 더듬으니 노승은 三천리를 달아나야 되겠다」 하다。또 묻되 「어떤 것이 흐름에 따라 성품을 인증하여 얻음이니까」 하니、선사가 이르되 「찐만두가 마하반야바라밀이니라」 하고、어떤 때엔 이르되 「동당엔 달이 밝은데 서당엔 어두우니라」 하다。

강론
물음……어떤 것이 굴리어지는 곳마다 실다이 그윽함이니까。
답……혀끝을 더듬으니 늙은 중은 三千里를 달아나야 되겠다。

고요적적함이여、 만 법에 두루하니 실다이 그윽함이란 말귀도 끊어진 소식이네。
혀끝을 더듬음이여、 입을 벌리면 틀려짐이기에 늙은 중이 귀까지 막고 三千里나 뛰는구나。

물음…어떤 것이 흐름을 따라 성품을 인증하여 얻음이니까。

답……찐만두가 마하반야바라밀이니라。 또는 동당에 달이 밝으니 서당은 어두우니라。

성품을 인증하여 얻음이여、
떠도는 구름을 걷어잡고 그 성품을 깨쳐 앎이로다。
찐만두가 마하반야바라밀이여、
술 한 잔 들고 쌀맛을 느낌이로다。
東堂에 달이 밝으니 西堂은 어둠이여、
밝음과 어둠이 하나인 성품이나 둘로 나툼을 봄이로다。

〔3〕**本文** 上方岳 上堂擧此話하고 拈起柱杖云하되 柱杖子는 是境이라 那箇是性고。 識得境이면 何處에 有性이며 識得性이면 何處에 有境고。 師良久 拈起柱杖云 看看하라。 柱杖子踣跳上三十三天하여

聽梵王帝釋이 說般若波羅蜜하고 却往南贍部洲北鬱單越하여 叱喝諸方老和尙不會末後句로다。 見하라。諸仁者여 不薦인댄 後에 却向上方手內하여 指東劃西道하리라。這一隊飯帒子가 若有孔竅댄 向後鼻孔이 遼天이요 若無孔竅댄 朝打三千하고 暮打八百하리라。師以柱杖一時趂散하다。

번역 상방악이 상당하여 이 이야기를 들고 주장자를 들어 올리면서 이르되 「주장자는 이 경계인지라 어느 것이 성품인가。경계를 알았다면 어디에 성품이 있으며、성품을 알았다면 어디에 경계가 있느냐」하고、선사는 양구했다가 주장자를 들어올리면서 이르되 「보아라、보아라。주장자가 껑충 뛰어서 三十三천에 올라 제석천왕의 반야바라밀 말씀을 듣고 다시 남섬부주와 북울단월로 가서 제방의 노화상들이 마지막 뒤끝귀절을 알아채지 못했다고 꾸짖는다。 보라。어진이들이여、들내지 못할진댄 뒤에 상방의 손바닥에다 동을 가리키고 서를 그으면서 일러주리라。이 한 패거리의 밥푸대들이 만약 구멍이 뚫리었다면 나중에 콧구멍이 하늘을 찌를 것이요、만약 구멍이 없다면 아침에 三천 방망이 저녁에 八백 방망이를 때리리라」하고 선사가 주장자로써 일시에 내쫓다。

강론 上方岳이 上堂하여 이 이야기를 들고 拄杖子를 들어 올리면서 이르되 「주장자는 이 경계인지라 어느 것이 이 성품인고」 하였다。 拄杖子는 境界임에 틀림이 없다。 그러나 나의 성품이 한낱 拄杖子가 안되어서는 天地가 모두 拄杖子라도 拄杖子임을 보지 못한다。 알겠는가! 저기 저만치 빨간 꽃이 있다 하자。 그 빨간 꽃을 보는 것은 나의 성품이 빨갛게 되었기 때문에 빨갛게 보이는 것이다。 이와 마찬가지로 내가 拄杖子를 대할 때 나의 성품이 한낱 拄杖子가 되었기 때문이니 이럴진대 나의 성품이 한낱 拄杖子라 하여서 異論이 있을 수 없다。 이러므로 말미암아 境界를 알았다면 어디에 성품이 따로 있겠으며、 성품을 알았다면 어디에 境界가 따로 있겠는가。 까닭에 古聖도 心境이 한결같다고 이르는 것이다。

알겠는가! 이와 같아야 선사는 良久를 했다가 도로 拄杖子를 들어 올리면서 이르되 「보아라、 보아라。 拄杖子가 껑충 뛰어서 三十三天에 올라 梵王帝釋이 반야바라밀을 說함을 듣고、 다시 南贍部州와 北鬱單越로 가서 諸方의 老和尙들이 末後句를 알아채지 못했다고 꾸짖을 것이다」 하였다。 이 말귀를 象徵的인 말귀로만 듣지 말자。 無情物인 色身을 몽땅 놓고 슬기인 法身의 자리에서 생각해 보자。 三界를 주름잡을 지혜와 勇力도 갖출 수 있지 않겠는가。 그러면 이 末後句의 소식인댄 어떤 것이냐。 말해보라。 흐름을 따라 성품을 인증하면 기쁨도 없고 또한 걱정도 없느니라는 소식이니 이것을 모르면 아침에 三千 번을 때리고 저녁에 八백 번을 때려도 그대로 얻어맞는 수

밖에 다른 도리가 없다。알겠는가!

〔4〕本文 智海逸 上堂擧此話云하기를 入鄕隨俗하되 君子可入은 致在一邊하고 雲門이 道하되 逐物意移라니 是何人境界오。良久에 拈起柱杖云 祖師來也로다。南頭賣貴하고 北頭賣賤하니 一文兩箇요 兩文三箇라 多口阿師가 無敢鬪破지만 山僧이 今日에 試鬪破看하리라。遂擲下柱杖云 侍者야 扶起柱杖하여 付與雲門禪師하여 打草鞋行脚去하라。山僧은 領衆歸堂喫茶하리라。

번역 지혜일이 상당하여 이 이야기를 들고는 이르되 『시골에 들어 풍속을 따르고 군자가 한 켠에 지성껏 함도 좋겠거니와 운문은 말하기를 「사물을 따라 뜻이 옮긴다」 하니 어떤 사람의 경계인고』 하고 양구했다가 주장자를 번쩍 들어 일으키며 이르되 「조사가 왔다。남쪽에서 비싸게 사다 북쪽에서 싸게 파니、한 푼에 두 개요 두 푼에 세 개로다。말 많은 중은 감히 이빨을 대지 못하지만 내가 오늘 씹어 깨뜨려 보리라」 하고 선뜻 주장자를 던지면서 이르되 「시자야、주장자를 집어다가 운문선사에게 주어서 짚신 신고 행각에 나서게 하라。나는 대중을 데리고 방으로 가서 차나 마시리라」 하다。

강론 智海逸이 上堂하여 마노라尊者의 偈頌을 들고는 이르되『시골에 들어 風俗을 따르고 君子답게 한 地域을 거느리는 것도 좋기는 좋거니와「事物을 따라서 옮긴다」라고 이른 것은 雲門의 境界로 보아도 좋을 것이다』老長은 여기까지 말을 이어온 다음 良久 끝에 拄杖子를 세워 들고 이르되「祖師가 오셨다。 南쪽에서 비싸게 사다 北쪽에서 싸게 파니 한 푼에는 둘씩이요 두 푼에는 셋씩이다」하고 떠들어 댄다。 배우기 어려운 南方의 最上乘도리를 北方에서는 都賣값으로 마구잡이 넘기는 판이니、文殊의 境界가 아니며 普賢의 境界가 아니고서야 어찌 이렇게 되겠는가。

老長은 또다시 이르되「말많은 중들은 감히 이빨도 대지 못하지만 내가 오늘 씹어 깨뜨려 보리라」하고는 선뜻 拄杖子를 던지면서 이르되「시자야、주장자를 집어다가 雲門선사에게 주어서 짚신을 신고 行脚에 나서게 하여라。 나는 무리를 데리고 방으로 가서 차나 마시리라」하였다。 雲門은 雲門의 境界를 쓰고 老長은 老長의 境界로 있겠다는 뜻이다。

〔5〕 本文 保寧勇 擧此話拍禪床一下云하되 保寧이 作一頭水牯牛去也니 還有相隨者麼아。 若相隨得인댄 鼻孔이 在甚麼處오。 若相隨不得인댄 保寧이 自起自倒去也하리라。 乃云有意氣時添意氣요 不風流處也風流로다。

번역 보녕용이 이 이야기를 듣고 선상을 한 번 치면서 이르되 「보녕은 한 마리의 검은 암소가 될 터인데 따라와 줄 사람이 있겠는가。 따라와 준다면 콧구멍이 어디에 박혔는가。 따라와 주는 이가 없다면 나 혼자 넘어졌다 일어났다 하리라」 하고, 이어 이르되 「의기가 있을 때에 의기를 더하고 풍류가 없는 곳에 제대로가 멋진 풍류로구나」 하다。

강론 保寧勇이 어느날 上堂 說法할 때 한 번 禪床을 치면서 이르되 「보녕은 한 마리의 암소가 될 터인데 따라와 줄 사람이 있겠는가」 하였다。 뒷세상에는 새끼를 낳는 암소의 몸을 받겠다는 말이다。 四相의 그물 속에 얽힌 사람으로는 엄청난 이야기다。 「사람이 새끼까지 낳아야 할 암소의 몸을 받다니 우선 그 이야기부터가 끔찍스럽구나」 하고 몸서리칠 사람이 대부분일 것이다。 어느 정도의 공부가 지어졌다손 치더라도 이 대목에 다다르면 도망치기 바쁠 것이니 미한 중생의 분수로서야 다시 말할 나위가 있겠는가。

實로 그렇다。 生死에 굴리이지 않고 生死를 굴릴 줄 아는 大道人의 分上이 아니면 이와같은 재주는 피우지 못하는 것이다。 변하며 가는 色身만이 모두인양 거기에 얽붙어서 굴리어지던 알이〔識〕는 五蘊이 뭉개어지면 五識도 따라 사그라지는 것이다。 그러나 그 버릇만은 없는 듯이 있어서 술 취한 사람이 東西南北을 모르면서도 집을 찾아가듯이 좋아했던대로 다시 어떠한 몸뚱이를 받게 되는 것이니 어찌 제 몸뚱이의 去來

事에 내하여 꿈엔들 짐작이나 하겠는가。 참으로 두려운 일이다。 여기에서 설혹 가는 곳을 모른다 하더라도 개 돼지나 뱀 지네나 굼벵이 지렁이 따위의 몸이라도 받으면 어떻게 하자는 것인가。

노장은 그렇지 않다。 境界에 당길려서 일어나는 마음을 쓰기는 쓰되 그 當處는 마음이 굴리이는 곳마다가 그윽하여서 의젓한 소식임을 알 뿐 아니라 항상 놓치지 않기 때문에 앞으로 나툴 그 모습도 뜻에 맡겨 나툴 수도 있고 없앨 수도 있는 것이니、예를 들면 학춤을 출 때 학의 탈을 쓰고、사자춤을 출 때 사자탈을 쓰는 것과 마찬가지라 하겠다。 까닭에 암소가 될려는 나를 따라와 줄 사람이 있겠는가 이른 것이다。 만약 이에 따라붙일 사람이 있더라도 여기에는 條件이 있다。 무엇인가。 생각하고 분별하며 숨을 들이쉬고 내쉬는 콧구멍이 없어야 된다는 것이다。 그러리라。 모습놀이에 놀아나는 놈팽이들이 어찌 이 소식에 얼씬이나 하겠는가。 참으로 意氣가 있을 때 意氣를 더하고 風流가 없는 곳에 風流를 들내는 지혜兒가 못되면 암소의 그림자도 구경하지 못하리라。 검은 암소여! 검은 암소가 가는 곳에 연꽃이 피고 연꽃에는 부처가 있네。

〔6〕 **本文** 眞淨文 上堂擧此話云하되 好타。 諸禪德아。 伊麼也得하고 不伊麼也得하고 伊麼不伊麼인들 捴得이어늘 如來說一合相이 卽非一合相이라니 須菩提여 好與三十棒이로다。

번역 진정문이 상당하여 이 이야기를 듣고는 이르되 「좋구나, 여러 선덕들이여. 이래도 좋고 저래도 좋고 이래도 저래도 모두 좋거늘, 여래께서 하나로 뭉친 모습〔一合相〕은 하나로 뭉친 모습이 아니라 했으니, 수보리여, 서른 방망이 때려주는 것이 좋겠구나」 하다.

강론 모르면 이건 나쁘고 저건 좋다. 그러나 참으로 누리의 지도리〔樞〕를 알면 이것도 「멋」이요 저것도 「멋」이다. 흘러가는 물이 좋으니 우뚝 솟은 산도 좋은 것이요, 빨간 꽃도 좋으니 푸른 잎도 좋은 것이 아니겠는가. 왜냐면 모든 법이 다 全性體인 一合相에다 뿌리를 두고 한 가닥씩인 有無情을 나투어서 까마득한 허공을 놀이터로 삼고 되돌아 온갖 모습을 굴린다는 그 事實自體가 너무나 奇異하고 너무나 微妙하고 너무나 靈特한 소식이기 때문이다.

이러기에 金剛經에서 수보리가 이르되 「세존이시여, 여래께서 말씀하신 바 三千大千世界도 곧 世界가 아니고 이 이름이 世界이니 무슨 까닭으로써이겠읍니까. 만약 世界가 실다이 있음일진댄 곧 이 一合相일지나 여래께서 말씀하신 一合相은 곧 一合相이 아니요 이 이름이 一合相이니다」 하였다. 그만 그대로가 眞宗妙道의 굴림새인 것을 空然히 수보리는 「一合相은 곧 一合相이 아니요 이 이름이 一合相이니다」 하고 平地에 風波를 일으켰으니 당연히 三十棒은 쳐야 하겠다는 것이다.

第九五、蘊 空

〔本文〕 師子尊者 因罽賓國王이 仗劒問曰 師得蘊空否아。對曰 已得이로다。王曰 既得蘊空인댄 離生死否아。對曰 已離로다。王曰 就師乞頭得否아。對曰 身非我有온 豈況頭耶아。王이 便斬之하니 白乳高丈餘라 王臂自落하니라。

〔번역〕 사자존자에게*一 계빈국왕이 칼을 짚고 묻되 「스님은 다섯 쌓임이 비었음을 아십니까」 하니, 대꾸하여 가로되 「이미 압니다」 하다。왕이 가로되 「이미 다섯 쌓임이 비었음을 안다면 나고 죽음을 여의었읍니까」 하니, 「이미 여의었읍니다」 하다。왕이 가로되 「스님의 머리를 빌고자 하는데 어떠하옵니까」 하였더니, 대꾸하여 가로되 「몸도 내것이 아니거늘 어찌 항차 머리리요」 하다。왕이 목을 베니 흰 젖의 높이가 열자 남짓한데 왕의 팔이 스스로 떨어졌다。

〔강론〕 動物의 몸뚱이는 것〔色〕·느낌〔受〕·새김〔想〕·거님〔行〕·알이〔識〕인 다섯 쌓임〔五蘊〕이 합쳐져서 이루어진 것이다。사람도 마찬가지로 다섯 쌓임의 當處가 비어

서 적적하지마는 한낱 마음씨의 씀씀이로 말미암아 이루어지는 것이니, 첫째 萬法의 텟거리가 「것」이요, 둘째 感情의 나툼이 「느낌」이요, 셋째 思索에 잠김이 「새김」이요, 넷째 行爲의 일으킴이 「거님」이요, 다섯째 아는 作用이 「알이」다。 어찌하였든 빛깔도 소리도 냄새도 없는 말쑥한 성품의 그림자요 메아리임에는 틀림없다。

그러나 이 그림자요 메아리가 없다면 본래의 모습이요 본래의 소리는 나툴 길조차도 없다。 까닭에 사람들은 빛깔도 소리도 냄새도 없는 참 소식이요 참 알맹이를 없음으로 돌린 채 여기에서 피어나오는 거짓 메아리와 거짓 꼭두를 참으로 아는 것은 迷人의 分上으로 어쩔 수 없을 것이다。 하지만 事實이 아닌데야 어찌 하겠는가。

옛날 印度의 계빈國王도 모습이 모두인 양 아는 패거리중의 한 사람이다。 그는 칼을 빼어 들고 부처님의 제 二十四代 法孫인 師子尊者와 맞섰다。 高貴한 國王의 몸뚱이도 꼭두요 그림자요 메아리와 같다는 말귀에 분통이 터진 것이 아니었을까。 王은 묻되 「스승은 다섯 쌓임이 비었음을 아십니까」 하였다。 尊者 대꾸하여 가로되 「이미 압니다」 하였다。 어리석음은 어리석음을 낳지마는 슬기는 슬기를 낳는다。 王은 묻되 「이미 다섯 쌓임이 비었음을 안다면 生死를 여의었읍니까」 하였다。 生死를 여의지 못했으면 어찌 事實을 事實대로 말했으랴。 대꾸하여 가로되 「이미 여의었노라」 丈夫의 一句보다。 王이 가로되 「스승의 머리를 빌고자 하는데 주시겠읍니까」 했다。 어리석음의 끝에는 毒밖에 나올 것이 없느니라。 대꾸하여 가로되 「몸도 내 것이 아니거늘 항차 머리일까 보냐」 하였다。千秋萬代로 眞身을 살리는 한 가닥의 약방문이다。王이 尊者의 목을 베니 흰 젖이 한 길을 뿜어 올랐고、王의 팔은 저절로 떨어졌다는 것이다。참으로 어렵고도 드높은 고개로다。휘영청한 슬기가 아니면 어찌 칼 밑에 머리를 던졌겠으며、칠통같은 어리석음이 아니면 어찌 감히 칼을 들고 尊者의 목을 치겠는가。이것이 사람이요、이것이 사람이네。

四大五蘊本非實
生死緣風無休時

사대와 오온이 본래로 실답지 않으니
죽고 사는 인연의 바람은 쉴 때가 없구나。

㊟ 一、師子尊者…부처님의 제二十四代 법손이 되는 조사。

173 蘊空

〔1〕 **本文** 佛眼遠 頌하되

楊子江頭楊柳春에 楊花愁殺渡頭人이라。
一聲殘笛離亭晩하니 君向瀟湘我向秦이로다。

번역 불안원이 송하되

양자강 언덕에는 푸릇푸릇 봄버들인데
버들꽃은 강 건너는 길손의 수심만을 더하구나。
한가닥 피리소리에 저물어가는 정자를 떠나니
그대는 소상으로 나는 진으로 갈까。

강론

양자강 언덕에도 버들잎이 푸르던가。
강물에 굴리이는 모래알도 봄빛을 머금었네。
갈 곳 없는 나루터 나그네에게 피리소리 내지말라。
들뜬 마음 가는 길 가로막고 슬퍼하느니라。

〔2〕 本文 雲門杲 頌하되

殺人須是殺人漢이라 當下一刀成兩段이로다。
頭臂雖虧劒刄鋒이나 何似秦時轅轢鑽이리오。

번역 운문고가 송하되

사람을 죽임은 모름지기 사람을 죽일 놈이라야 하나니
한 칼에 당장 두 토막을 낸다。

머리와 팔이 칼날에 끊기기는 했으나
*一 진시황 때의 도락찬과 같을 수야 있으랴。

[강론]

죽이건 살리건 나에게 맡겨라。
진시황도 한 칼로 두 동강을 내리라。
萬里長城을 쌓던 轆轢鑽도 쓸모 없는데
四生六度를 지어내는 五蘊의 轆轢鑽은 어디에다 쓰겠나。

[주] 一、秦時轆轢鑽…진시황이 성을 쌓을 때 돌을 굴리던 기계이니, 지금은 쓸모없이 되었으므로 쓸모없는 것을 비유。여기서는 五蘊이 공했다는 그 자체까지 부인하는 데 쓰임。

〔3〕 [本文] 竹庵珪 頌하되

船子下揚州하고 浮萍逐水流라。
一聲河滿子여 千古動悲愁로다。

[번역] 죽암규가 송하되

나룻배는 양주로 내려가고
부평초는 물을 따라 떠다니는데

한 마디 하만자(河滿子)[*一]소리에
천고의 슬픔을 자아내네。

강론

나룻배를 타고 西天으로 가든 新羅로 가든 멋대로 하렴。
너는 아직 浮萍草의 道를 못 보았구나。
愁心歌 한 곡조에 슬픔은 왜 짜내노。
千萬 가지 높낮음의 가락은 소리탕(音響)의 알 바일러라。

주 一、河滿子……노래의 이름。

〔4〕本文 育王諶 頌하되

五蘊俱空하고　　一劍尤快로다。
擬議躕躊하면　　氷消瓦解하리라。
百千三昧圓融無碍하고　　神通自在로다。
師子尊者無端無端이요　　罽賓國王回耐回耐로다。
遂喝一喝云 三十年後에 有人擧在로다。

177 蘊 空

번역 육왕심이 송하되
다섯 쌓임이 모두 비었고
한 칼은 더욱 날카롭다。
망설이거나 주저하면
얼음 녹듯 기와 풀리듯 하리라。
백천 가지 삼매가 원융하여 걸림 없고
만 가지 신통이 자유자재하다。
사자존자는 까닭없는 짓을 했고
계빈국왕은 참을성이 없구나。
그리고는 한 번 할을 하고 이르되 「三十년 후에 누군가가 이 일을 들어 말하리라」 하다。

강론
다섯 쌓임이 비었기에 한 칼의 기미가 새파랗도다。
망설이거나 주저하지 말라。 모두가 그림자요 꼭두인 것을。
百千三昧기에 가고 옴이 있고
圓融無碍기에 거룩과 무릇이 있지 않겠나。
罽賓國王은 수박씨를 까서 한 입에다 털어 넣었고

사자尊者는 머리를 끊기었으나 佛淨土를 크게 이룩하였구나。
罽賓國王은 칼을 들었으나 지옥을 지었구나。
三十年 뒤에 또 또다시 三十年 뒤에 이 이야기는 끊일 때가 없으리。

〔5〕 **本文** 慈航朴 頌하되

金爐香盡漏聲殘하니 翦翦輕風陳陳寒이라。
春色惱人眠不得이라 月移花影上欄干이로다。

번역 자항박이 송하되

금화로에 향불이 다하고 누수*一 소리도 쇠잔한데
사뿐사뿐 산들바람 구비구비 싸늘하네。
봄빛깔이 나를 꼬아 잠 이루지 못하는데
달은 꽃 그림자를 옮겨다가 난간 위에 놓는다。

강론

향로에 연기가 사라지니 부처님 얼굴도 가시는듯
산들바람이 지나는데 푸른 기미는 큰 방에 넘치구나。
앉아볼까 서볼까、 나도 모르는 아득한 생각 찾을 길 없으니
난간에 옮겨놓은 꽃 그림자도 있는둥 마는둥 하더라。

注 一、漏 水…물시계。

〔6〕 **本文** 心聞賁 頌하되

了後酬償話始圓이어늘 本來空是惡因緣이로다。
而今斬斷無消息하니 且得怨家離眼前이로다。

번역 심문분이 송하되

깨달은 뒤에 문답을 했어야 이야기가 원만했을 터인데
본래부터 빈 것이다 하니 나쁜 인연 되었구나。
지금에 목을 끊어 소식이 없게 하니
원수가 눈 앞에서 사라져 갔네。

강론

깨친 뒤에야 입만 방긋하여도 속속들이 알건마는 본래의 도리를 모르면서 비었다 비었다 하는 식은 惡緣만을 지어내네。四大 肉身은 나의 所有物이 아닌 管理物이니 마침내 불구덩이나 흙구덩이에 넘겨 버리면 뉘라서 나를 향하여 좋다 그르다 말할 이 있겠는가。

〔7〕 **本文** 寒岩升 頌하되

苦海茫茫幾許深고。 前波後浪自浮沈이라。
一言懺盡三生業하고 但念南無觀世音이로다。

번역 한암승이 송하되

괴롬의 바다 끝이 없어 얼마나 깊은고。
앞뒤 물결 출렁출렁 저절로 떠다녔네。
한 마디에 三생의 업 모두를 참회하니
다만 나무관세음만 생각하네。

강론

울고 웃고 하다가 마침내 青山의 한 줌 흙이 되니 어찌 괴로움이 아니랴。
죽기 전에 머리카락은 왜 희어지며 뼈마디는 왜 쑤시는고。
어떤 분이 三生의 業을 참회하라기에
오로지 나의 부처인 나무관세음보살의 명호만을 모시리라。

〔8〕 **本文** 介庵朋 頌하되

未擧便先知라 君東我亦西로다。

紅霞穿碧落이요　白日繞須彌로다。

번역 개암붕이 송하되

들기 전에 문득 먼저 알았네。
그대는 동쪽으로 나는 서쪽이로다。
붉은 노을은 푸른 하늘을 꿰뚫고
이글거리는 해는 수미산을 감도네。

강론

들기 전에 문득 먼저 알았다니 그 안 것을 내놔 보소。
그대는 東쪽으로 나는 西쪽으로라니 中心은 어디인데 東과 西가 있읍디까。
붉은 노을은 푸른 하늘을 꿰뚫었다니 뚫린 자리에는 허공도 없겠군요。
이글거리는 해는 수미산을 감돈다니 수미世界는 밤낮도 없겠네。
좋을시고、좋을시고。날아가는 까치도 노래를 하네!

〔9〕本文 玄沙 拈云하되 大小師子尊者가 不能與頭作主로다。 玄覺云하되 玄沙伊麼道가 要人作主아 不要人作主아。若也要人作主인댄 蘊即不空이요 若不要人作主인댄 玄沙伊麼道가 意在什麼處오。試斷看하라。

번역 현사가 염하되 「점잖은 사자존자가 머리를 주어 우두머리가 되지 못했구나」 하니, 현각이 이르되 「현사가 그렇게 말한 것은 사람들로 하여금 우두머리가 되기를 바란 것인가, 아닌가。 만약 사람들의 우두머리가 되기를 바란 것이라면 다섯 쌍임이 비지 못할 것이요, 만약 사람들의 우두머리가 되기를 바라지 않았다면 현사가 그렇게 말한 뜻이 무엇이겠는가 판단해 보라」 하다。

강론 玄沙가 이르되 「점잖은 사자尊者가 머리를 주어 우두머리가 되지 못했구나」 하였다。 그렇다。 法性身의 分으로 보아서 五蘊인 色身의 當處가 빈 것이니 머리를 주어도 좋고 안 주어도 좋다면 어찌 하여서 주는 것은 擇하고 안 주는 것은 擇하지 않았는가。 만약 당시에 칼 든 계빈國王의 눈동자를 바로 쏘아보면서 이르되 「칼을 든 자 뉘인가」 하고 외치지 못하고 함부로 머리를 던져주어서 우두머리 노릇을 못하고 法이 땅에 떨어지도록 하였느냐는 말이다。 어쨌든 새파란 칼날 밑에 無心으로 목을 늘어뜨린 것은 千兩 값어치의 利益은 얻었으나, 머리가 앞에 떨어져서 구르는 것은 萬兩 값어치의 損害를 보았다고 하겠다。

이를 評하여 玄覺이 이르되 「玄沙가 그렇게 말한 것은 사람들로 하여금 우두머리가 되기를 바란 것인가, 아닌가。 만약 사람들의 우두머리가 되기를 바란 것이라면 五蘊이 비지 못할 것이요, 만약 사람들의 우두머리가 되기를 바라지 않았다면 玄沙가 그렇게 말한 뜻이 무엇이겠는가。 판단해 보라」 하였다。 자! 玄覺의 말한 뜻이 무엇인가。 無我인 尊者가 無我인 衆生을 건지기 위한 一念은 변함없는 우두머리가 아니고 무엇이겠는가。 다 色身을 貪하는 데서 오는 말귀로 보아두자。

〔10〕 **本文** 玄覺 徵云하되 且道하라。 斬着가 斬不着가。

번역 현각이 밝혀 이르되 「말해보라。 목을 벤 것인가、 베지 못한 것인가」 하다。

강론 허공으로서인 師子尊者의 목을 어찌 치겠는가。 그러나 그 影光으로서인 목은 베인 것이나 實로 베어도 벰이 아닌 벰이라 하겠다。

〔11〕 **本文** 汾州昭 別云하되 知師不恪이로다。

번역 분주소가 따로이 이르되 「스승께서 인색하지 않으신 줄은 알았읍니다」 하다。

강론 인색하고 인색하지 않음이 어디 목에 달렸던가。 인색할 때 인색하지 않고 인색하지 않을 때 인색하여 보이는 것은 참으로 장부漢이 아니면 감당하여내기 어려운 일이다。

〔12〕 **本文** 雪竇顯 拈하되 作家君王이 天然有在로다。

번역 설두현이 염하되 「작가[*一]인 군왕이 천연스럽게 굴었구나」 하다。

강론 作家인 君王이 天然스럽게 굴었으면 師子尊者와 罽賓國王의 去來는 줄 것도 받을 것도 없소이다 그려。

주 一、作 家…凡夫를 聖人으로 만들 줄 아는 사람을 이르는 말이니 宗師。

〔13〕**本文** 翠岩芝 拈하되 當時에 祖引頸하고 王은 擧劍이라 恁麽時에 有人諫得住런들 至今無人斷得此公案하리라。 如今衲僧은 作麽生斷고。

번역 취암지가 염하되 「그 당시 조사는 목을 내밀고 왕은 칼로 치려 할 때에、누군가가 멈추시라고 간했더라면 오늘까지 아무도 이 공안을 풀지 못했을 것이다。 지금의 납승들은 어떻게 판단하려는가」 하다。

강론 因緣이 그렇고 時節이 그렇고 處所가 그러한데 어찌 諫할 사람이 있겠으며、설혹 있어서 諫했더라도 칼 밑에 머리는 구르게 마련이리라。

〔14〕**本文** 芭蕉 云하되 賣寶에 遇着瞎波斯로다。

번역 파초가 이르되 「보물을 팔려는데 눈 먼 파사*一를 만났구나」 하다。

강론 師子尊者가 보물을 팔아야 하겠다는데 머리를 덤으로 주었구나。한 마당의 꿈을 뉘와 더불어 이야기하랴。에잌!

주 一、波 斯…페르샤를 말하는데 그족 사람이 보물을 잘 감별할 줄 안았기 때문에 보물감별사를 가리키는 말로 쓰임。여기서 눈 먼 파사는 대왕。

〔15〕本文 瑯琊 拈하되 罽賓好一口劒이 爭奈劒上無眼이리오。尊者好箇獅子가 且不解返擲이로다。

번역 낭야가 염하되 「계빈왕의 한 자루 좋은 칼이 날 위에 눈이 없었으니 무엇에 쓰랴。존자의 좋은 사자 기질이 도로 던질 줄 몰랐으니 딱하구나」 하다。

강론 계빈국왕은 칼날에 눈이 없었기에 사자존자의 목을 쳤고 사자존자는 사자의 외침이 없었기에 목이 끊겼으니、그러기에 하나를 얻음에 하나는 잃었구나。

〔16〕本文 翠岩宗 拈하되 諫則髑髏遍野요 不諫則陸地生埋하리라。要會麼아。擧不顧即差互니라。

번역 취암종이 염하되 「간한즉 해골이 들을 덮을 것이요、간하지 않은즉 뭍에 산채로 묻히었으리라。알고자 하는가。말을 꺼내도 돌아보지 않으면 지나쳐 버리리라」하다。

강론 諫하는 것은 諫하지 않는데 있고、諫하지 않는 것은 諫하는데 있느니라。諫·不諫은 오로지 時節과 因緣에 있기 때문에、諫한즉 해골이 들을 덮을 것이요 諫하지 않은즉 뭍에 산채로 묻히리라는 말이다。알겠는가! 이 도리를 모르면 간해도 죽고 안 간해도 죽는다는 事實을 알기가 어려우니、먼저 살아도 삶이 아니요 죽어도 죽음이 아니라는 도리부터 깨달아야 할 것이다。

〔17〕 本文 雲門杲 上堂擧此話하고 連擧黃龍新云하되 要問雪竇하노니 旣是作家君王인댄 因甚臂落고。師云 孟八郞漢이 又伊麼去也로다。

번역 운문고가 상당하여 이 이야기를 들고 이어 황룡신이 이른 「설두에게 묻노니[*1] 이미 작가인 군왕이라면 어째서 팔이 떨어졌는고」까지를 들고는 선사 이르되 「맹팔랑한도 또 저렇게 하는구나」하다。

강론 法은 法이나 自體性이 없는 法이다。自體性이 없기에 누구라도 法을 굴린다。비록 계빈국왕이 作家라 할지라도 제 自身이 굴리는 法에 제 팔이 떨어질 경우에는 떨

187 蘊空

어져야 하지, 그렇지 않다면 법이 굴리어질 때 법이 굴리어지는 것이 아니다。여기에는 作家인 孟八郞漢도 正法 앞에는 어쩔 수 없는 것이니, 그러기에 法은 고맙고 무섭고 믿어지는 것이 아닌가。

㊟ 一、孟八郞漢…맹씨댁 여덟째 아들이란 뜻이니 그가 몹시 용맹했었으므로 용맹스런 사람을 이르는 말。

第九六、默 論

〔本文〕 婆舍斯多 因與外道無我尊論議할새 外道曰 請師默論하고 不假言說이니라。祖曰 不假言說이면 孰知勝負리오。尊曰 但取其義니라。祖曰 汝는 以何爲義오。曰 無心爲義니다。祖曰 汝旣無心인댄 安得義乎아。云 我說無心은 當名非義니다。祖曰 汝說無心은 當名非義어니와 我說非心은 當義非名이니라。云 當義非名인댄 誰能辨義오。祖曰 汝名非義라니 此名何名고。云 爲辨非義요 是名無名이니다。祖曰 名旣非名이요 義亦非義라면 辨者是誰며 當辨何物고。如是往返五十九翻에 外道杜口信伏하다。

〔번역〕 바사사다가*一 무아존이란 외도와 토론을 하는데 외도가 가로되 「청컨대 스님께서는 다묵(默)으로 토론하고 언설을 빌리지 맙시다」 하니、 조사가 가로되 「말을 빌리지 않으면 뉘가 승부를 알겠는가」 하다。 무아존이 가로되 「다만 그 정의만을 취함이니다」 하니、 조사 가로되 「너는 무엇으로써 정의라 하는가」 답하되 「무심을 정의로 삼습니

다」 조사 가로되 「네가 이미 무심인댄 어떻게 정의를 얻겠는가」 이르되 「내가 무심이라 말하는 것은 당장의 이름일지언정 정의는 아닙니다」 조사 가로되 「네가 말하는 무심은 당장의 이름이지 정의는 아니거니와 내가 말하는 아닌 마음은 당장의 정의지 이름은 아니니라」 이르되 「당장의 정의이기는 하나 이름이 아닐진댄 누가 능히 정의를 가려냅니까」 조사 가로되 「너는 이름을 정의가 아니라 하니、 이 이름은 무엇을 이름함인가」 이르되 「가려내는 것은 정의가 아니니、 이것이 이름 없는 이름이니다」 조사 가로되 「이름이 이미 이름이 아니요、 정의도 또한 정의가 아니라면 판가름하는 이는 이 누구이며 당장에 무엇을 가려내겠는가」 이와 같이 문답하기 五十九번을 뒤집은 뒤에 외도는 말이 막히어 굴복하다。

〔강론〕 부처님의 二十五代 法孫인 바사사다 祖師와 外道인 無我尊과의 討論이다。 하루는 外道인 無我尊이 祖師를 찾아뵙고 「청하옵건대 스님께서는 다뭄으로 討論을 하여 봅시다。 言說을 빌리지 말구요」 하였다。 혀를 굴리지 않고 法의 定義를 다뤄보자는 것이니 無我尊은 無我尊대로의 自信이 서있는 모양이다。 그러나 틀렸다。 건너다보면 질터라고 첫 말의 「다뭄으로 討論을 하여 보자」는 것까지는 그대로 보아 둔다 할지라도、 두번째의 「言說을 빌리지 말구요」란 말귀는 言說을 빌었으니 벌써 싹은 노랗다고 보아야 옳다。 祖師는 가로되 「말을 빌리지 않으면 뉘가 勝負를 알겠는가」 하였다。 옳은 말이다。 말은 보리씨이다。 이러므로 法은 입을 열어도 그르치지마는 봉하여도

범하는 이유가 여기에 있다。

外道는 가로되「다만 그 定義를 取할 따름이니다」하였다。둥치를 자르려면 가지부터 걷어잡아야 하는 줄을 모르는가 보다。祖師는 이르되「너는 무엇으로써 定義를 삼는가」하였다。그 識見의 깊고 얕은 정도를 짐작한 모양이다。外道는 가로되「無心으로 定義를 삼나니다」하였다。옳기는 옳다。그러나 만약 有·無가 서로 통하는 無心이 아니고 오로지 無心만을 위한 無心이면 벌써 死句에 속하는 無心이니 어디에서 活句인 無心을 찾겠는가!

祖師의 눈은 번쩍거린다。「네가 이미 無心인댄 어떻게 定義를 얻겠는가」하였다。참으로 無心을 위한 無心이라면 無記空으로서 돌멩이나 나무토막과 무엇이 다르랴。이런 式의 無心을 無心病이라 하여둘까。默言을 主張한 外道는 다뭄을 잊은 듯이「내가 말하는 無心은 당장의 이름일지언정 定義는 아닙니다」하였다。도대체가 당장의 이름이 어찌 定義의 表示가 아니고 무엇이란 말인가。祖師는 어린아이 타이르듯이「네가 말하는 無心은 당장의 이름이요 定義는 아니어니와、내가 말하는 아닌 마음(非心)은 당장의 定義지 이름이 아니니라」하였다。一念이 萬劫이니 어찌 이름과 定義를 둘로 보고 是是非非를 論하느냐는 뜻이다。

어리둥절하여진 外道는 이르되「당장의 定義이기는 하나 이름이 아닐진댄 뉘가 능히 定義를 가려낼까요」하였다。답답도 하다。이름을 여읜 定義를 어디에서 찾는가。

祖師는 기가 찬 듯이 「너는 이름을 定義가 아니라 하니 이 이름은 무엇을 이름함인가」 하였다。 형체가 있으면 그림자가 있고 그림자가 있으면 형체는 반드시 있느니라。 外道는 짐짓 한 마디 하여 보는 것 같다。「가려내는 것은 定義가 아니요、 이것이 이름이 없는 이름이니다」 하였다。 억지 中에도 대판 억지다。 아니、 天下에 이름없는 이름이 어디에 있담。 祖師는 이미 外道가 갈 곳까지 간 줄을 알고 이르되 「이름이 이미 이름이 아니요、 定義 또한 定義가 아니라면、 가려내는 이는 이 뉘며 당장에 무엇을 가려내겠는가」 하였다。 外道는 말이 없다。 말이 있을 수가 없으니 참으로 입을 다문 것이다。 알겠는가。 알고 입을 다묾과 모르고 입을 다묾은 그 거리가 얼마나 되지。 한 마디 던져보라。 알간!

開口錯亦封口犯
不假言說誰辨得

입을 열어도 틀리지마는 다물어도 범하느니
말을 빌지 않으면 뉘가 판단하여 언어내리。

㊟ 一、婆舍斯多…부처님의 제二十五代 법손되는 조사이니、 번역하면 난생(難生) 즉 나기 어렵다는 뜻이 됨。

〔1〕 本文 芭蕉 拈하되 譬如象馬𢤱戾難調라 加諸楚毒하여 至于徹骨이라사 方乃調伏이로다。

번역 파초가 염하되 「비유컨대 코끼리나 말이 사나와서 길들이기 어렵거든 온갖 채찍질을 해서 뼈에 사무치게 하여야 비로소 길드는 것 같다」 하다。

강론 사나운 코끼리나 말을 길들이는 데는 모진 회초리가 안성마춤이요, 나고 죽는 문제를 풀어 헤치는 데는 선지식의 한 마디 말에 달렸네。

〔2〕 本文 明安 拈하되 蚌鷸相持라가 死在漁人之手로다。乃云何用勞言고。

번역 명안이 염하되 「황새와 조개가 서로 싸우다가 어부의 손에 모두 죽는구나」 하고, 다시 말하되 「어찌 수고로운 말이 쓸모 있으랴」 하다。

강론 황새와 조개가 싸우다가 어부의 손에 잡혀 죽는다。
여기에 어찌 여러 말이 쓸모 있으리오。

사람과 횡새와 조개를 한 저울에 달아보자。어느 쪽이 나으며 어느 쪽이 모자란가를。

〔3〕 本文 雲門杲 拈하되 婆舍斯多가 何用忉忉오。當時에 若見他道請師默論하고 不假言說이라면 便云義墮也라 하리라。卽今에 莫有要與妙喜默論者麽아。或有箇衲僧이 出來道하되 義墮也라면 我也知你在鬼窟裡作活計라 하리라。

번역 운문고가 염하되『바사사다는 어째서 분주하게 굴었을까。당시에 만약 외도가 말하기를「청컨대 스님、다뭄으로써 말합시다。말을 빌리지 맙시다」한 것을 보았더라면 얼른 이르기를「의리에 떨어짐이라」했어야 한다。이제라도 누가 나와 더불어 다뭄으로써 토론하려는 이가 있는가。어떤 납자가 나와서 말하되「의리에 떨어졌다」한다면、나는「네가 여전히 귀신굴 속에서 살림을 하고 있음을 알라」하리라』하다。

강론 雲門杲가「무엇 때문에 바사사다는 분주하게 굴었을까」하고 말했다。이에 만약 외도가 말하기를「청컨대 스님은 다뭄으로 토론하고 말을 빌리지 맙시다」한 것을 보았더라면 얼른 이르기를「義理禪에 떨어졌다」했어야 한다는 것이다。옳은 知見

이다。實로 따져보면 본래로 말이 말 아닌데、아닌 말〔非說〕을 설정하여 놓고 거기에 들어 앉아서 헤어나지 못하는 꼴밖에 안된다。입을 다물면 어떠하며 입을 열어 놓으면 어떠하랴。본래의 휘영청한 허공性을 알면 그만이지 구름이 끼었다 하여서 허공이 아니며 어둠이 깔렸다 하여서 山河가 아니랴。

바사사다는 無我尊에게 必要 이상의 동정心을 쓴다。雲門杲는 다시 이르되『그러나 이제 만약 누가 나와서 다뭄으로 토론을 하려는 이가 있는가。어떤 衲者가 나와서 말하되「義理禪에 떨어졌다」한다면 나는「네가 바로 도깨비굴 속에서 살림을 꾸리고 있음을 알라」하리라』하였다。앞에도 도깨비굴이요、뒤에도 도깨비굴이다。왜 그런가。머리털끝 만치의 思量이 있어도 도깨비굴을 벗어나지 못한다。휘영청한 본래의 소식에 무슨 義理가 붙겠는가。그저 제 살림을 꾸려갈 뿐이다。

第九七、轉 經

〔本文〕 般若多羅尊者 因東印度國王齋에 王이 乃問하되 諸人이 盡轉經이어늘 唯師는 爲甚不轉이니꼬。尊者云 貧道는 出息에 不涉衆緣하고 入息에 不居陰界라 常轉如是經百千萬億卷이니다。

〔번역〕 [*一]반야다라존자가 동인도국왕의 공양에 갔더니 왕이 묻되 「다른 사람들은 모두 가 경을 읽는데 스님만은 어째서 경을 읽지 않으십니까」 하니、존자가 이르되 「빈도는 숨을 내쉴 때에 뭇 인연에 간섭되지 않고、숨을 들이쉴 때에 五음과 十八계에 있지 않나니 항상 이와 같은 백·천·만·억권의 경을 굴립니다」 하다。

〔강론〕 반야다라尊者가 하루는 東印度국왕의 供養에 가셨다。그때 왕이 尊者에게 묻되 「모든 사람들은 經典을 읽는데 오직 스님만은 이제서 경전을 읽지 않습니까」 하였다。경전을 읽는 것과 굴리는 것은 다르다。읽는 것은 文字와 言句를 읽고 외우는 것이라면 굴림이란 文字言句의 뜻을 알아채어서 그대로 行하는 것을 일컫는다고 우선 알아두자。경전은 부처님의 말씀으로 이뤄진 經典의 文字言句를 읽음으로써 마침내 그 文字言句의 뜻을 알아채어서 굴리게 되는 것이 차례라면 차례이겠지마는、그러나 智人의 분수

로는 처음부터 경전을 굴리는 方向으로 마음새를 가진다。 왜냐면 읽는 사람은 言行의 一致가 안되지마는 굴리는 사람은 言行의 一致를 본다。 言行의 一致를 보면 벌써 그 사람은 한 권의 경전이라 일러도 그릇되지 않는다。

尊者는 마음 속으로 대단히 중요한 물음이라고 느꼈을 것이다。 국왕을 향하여 이르되 「貧道는 숨을 내쉴 때에 뭇 因緣에 간섭되지 않고 숨을 들이쉴 때에 것〔色〕·느낌〔受〕·새김〔想〕· 거님〔行〕· 알이〔識〕인 다섯 쌓임〔五蘊〕과 六根·六境·六識인 十八界에 있지 않나니 이와 같은 百千經典을 굴립니다」 하였다。 국왕이여! 경전을 읽음이 아니고 굴린다는 소식을 알아채었는가。 참으로 人間으로 태어나서 언어 듣기 어려운 말을 언어 들었으니 얼마나 多幸한 일인가。

看經不如讀經
讀經不如轉經

경을 보는 것은 경을 읽음만 같지 못하고
경을 읽는 것은 경을 굴림만 같지 못하느니라。

㊟ 一、般若多羅…부처님의 제二十七代 법손으로 동인도사람。 중이 되어 불여밀다를 만나 숙인(宿因)을 말하다가 그의 법을 물려받고、 뒤에 향지국에 가서 교화 하다가 그 나라 왕자 보데 다라를 만나 중을 만들어 보대달마라 이름지어 법을 전해주다。 여러 전등록에는 소나라 효무제 대명 一年에 죽었다 한다。

〔1〕本文 天童覺 頌하되

雲犀玩月璨含輝하고 木馬遊春駿不羈로다。
眉底一雙寒碧眼이 看經那到透牛皮리오。
明白心超曠劫하고 英雄力破重圍로다。
妙圓樞口轉靈機하니 寒山忘却來時路하고
拾得相將携手歸로다。

번역 천동각이 송하되

구름 외뿔소가 달구경을 하는데 찬란한 광채를 머금고
나무말이 봄놀이를 하는데 쾌히 달려 걸림없네。
눈썹 밑 한 쌍의 차고 푸른 눈동자가
경을 본들 그 어찌 쇠가죽을 꿰뚫으랴。
밝고 흰 마음이 광대한 겁 초월하니
영웅이 힘을 다해 겹겹이 포위를 깨뜨리네。
묘하고 뚜렷한 지도리의 입으로 영특스런 기틀을 굴리니
한산이 오던 길을 잊었을 때엔
습득이 마중가서 손을 잡고 돌아오네。

강론

달빛구름 외뿔소가 푸른꿈을 안고오니
봄소식에 나무말은 별빛밟고 오는구나。
어즈버야 이내몸도 사람몸을 받았고야。
휘영청한 나의기미 어이그리 잊었던고。
오늘에야 알겠구나 하늘땅의 임자임을。
굴려보세 굴려보세 읽던경전 굴려보세。
한산은 무삼일로 오는길을 잊었던고。
습득을 내세워서 나아갈길 밝힘이네。

〔2〕 本文 法眞一 頌하되

不居陰界不攀緣하니 豈在中間及二邊이리오。
常轉是經千億卷하니 曾無一字落言詮이로다。

번역 법진일이 송하되

五음과 十八계에 있지 않고 인연에도 안 끌리니
중간이나 두 쪽에 머무를 리 있으랴。
언제나 이런 경전 천 억 권을 외우나

한 글자도 말귀에 속하는 바 없었네。

강론 누리의 지도리〔樞〕는 五蘊에도 있지 않고 十八界에도 있지 않고 因緣에도 번지지〔攀〕 않는다。 왜냐면 누리의 알맹이인 지도리의 소식은 古今을 여의고、凡聖을 여의고、明暗을 여의고、有無와 知不知를 여의고、一切를 여윈 자리이기 때문이다。 다만 五陰이나 十八界는 그 사람 스스로가 지은 바 대로의 버릇과 슬기에 따라 나투는 여김의 씀씀이에 지나지 않는 것이니、알고보면 이름자는 있을지언정 실다운 성품이 없는 것이다。 실다운 성품이 없기에 嚴格히 따져서 五陰이나 十八界는 꼭두의 장난이라 일러서 異議가 있을 수 없다。

때문에 이 도리를 알면 어찌 있다 없다는 이름자에 붙이고、중간에 붙이고、五陰이나 十八界의 兩邊에 붙이겠는가。 이러므로 반야다라尊者는 五陰과 十八界에 머물지 않나니、숨을 내쉴 때나 들이쉴 때에 百千萬億卷의 경전을 굴려도 글자나 말거리에 속한 바가 없다는 것이라고 이른 것이 아닌가。

〔3〕 本文 悅齋居士 頌하되

常轉如是經하고 只說者箇法이라。
落向白鷺洲하고 住在黃牛峽이로다。

번역 열재거사가 송하되
항상 이런 경을 굴리면서
다못 그런 법을 말했네。
갈 때엔 백로주로*一 향하고
머무를 땐 황우협에*二 깃든다。

강론 항상 詩를 좋아하는 사람은 그 버릇에 따라 잠을 잘 때도 詩境의 風光을 여의지 못하는 것처럼、항상 경을 읽는 것이 아니라 굴려 행하는 버릇을 놓치지 않으면 몸을 바꿔도 부처나라에 들어갈 것은 事實이 아니겠는가。

주 一、白鷺洲…중국 江蘇省 江寧縣 서남쪽 양자강 중류에 있는 삼각주。李白은「二水中分 白鷺洲」라 읊었는데 유명한 관광지。여기서 떨어진다 함은 저녁 노을이 백로주에 내리는 것。예사로운 일을 비유한 말。

二、黃牛峽…중국 호북성 선창현 서쪽에 층층 바위가 겹쳐진 계곡。최고봉은 마치 사람이 칼을 이깨에 세워 메고 뒤에는 소를 끌고 가는 것 같다。사람의 부분은 검고 소의 부분은 누르며 골짜기가 여러 굽으로 굽고 물이 맑은데 배를 띄워 며칠을 물을 따라 흘러가면서도 소를 끌고가는 사람이 보인다 함。여기서는 노을을 읊은 싯귀이니「노을이 공중에 머무를 때、황우협에 굴려 멈춘다」한 풍경시를 인용하여 가장 예사로운 경지임을 염롱(拈弄)하였음。

〔4〕**本文** 汾州昭 拈하되 却勞尊者心力이로다。

번역 분주소가 염하되 「도리어 존자의 마음만을 수고롭게 하였구나」 하다。

강론 世間에서는 대개가 讀經을 일삼는 것이 보통이지마는 尊者는 바로 轉經 곧 경을 굴리기 때문에 이런 말 한다는 것을 수고롭게 하였다는 것이리라。

〔5〕 本文 智海逸 上堂擧此話云하되 此語大甚迳廷하여 不近人情이로다。忽若道勞而無功이라 하면 又作麽生고。者裡는 即不然하리라。出息에 但隨衆緣하고 入息에 而居陰界라 奉勸百千萬人하노니 每年共轉一遍하라。於此見得하면 兩手分付요 於彼에 見得하면 一手分付니 諸禪德아 試請辨看하라。

번역 지혜일이 상당하여 이 이야기를 들고는 이르되 『이 말씀들이 너무나 동떨어져서 사람의 감정에 가깝지 못하구나。만약 갑자기 말하기를 「수고로웠으나 공이 없다」고 한다면 또 어찌 되겠는가。나로서는 그렇지 않아서 숨을 내쉴 때에 그저 뭇 인연을 따르고、숨을 들이쉴 때에 五음과 十八계에 머문다。삼가 백·천·만인에게 권하노니 「해마다 다 함께 한 차례씩 경을 굴리자」하리라。여기에서 보아 얻으면 두 손으로 내어주는 것이요 저기에서 보아 얻으면 한 손으로 내어주는 것이니、여러 선덕이여、시험삼아 판단해 보라』 하다。

강론 智海逸의 이야기다。『이 말씀들이 너무나 동떨어져서 사람의 감정에 가깝지 못하구나。만약 갑자기 말하기를 「수고로웠으나 공이 없다」한다면 어찌 되겠는가』하였다。「숨을 내쉴 때에 뭇 인연에 간섭되지 않고 숨을 들이쉴 때 五陰과 十八界에 머물지 않으면서 百千萬億의 경을 읽는다」는 그 말이 너무나 크고 너무나 동떨어졌다는 말이다。사실은 그렇다。그렇다 하여도 生死문제를 다루기 위하여는 이만한 마음씀이는 없을 수 없다。때문에 「먼저 수고로웠으나 공이 없다」고 한 것도 이해는 간다。

그러나 老長은 반야다라와는 반대인 듯이 숨을 내쉴 때는 뭇 인연에 따르고 숨을 들이쉴 때에는 五陰과 十八界에 있어야 한다고 일렀다。이렇다면 兩論中에서 하나를 擇하여야 할 것이니 어느 것을 取할까이다。學人들은 말해보라。어느 쪽을 取하겠는가。이야기는 兩論으로 벌어졌으나 實은 兩論이 아니다。반야다라는 숨을 들이쉬고 내쉴 때에 그 境界에 머물지 말고 그 假相임을 인증하라는 뜻이요、智海逸은 그 假相임을 인증은 하되 그 境界에는 머물지 말라는 뜻이니、이 같음이냐 이 다름이냐。또는 이것을 見得하면 兩手로 分付하고 저것을 見得하면 一手로 分付를 한다니、分付면 分付지 여기에 一手 兩手는 무슨 쓸모가 있겠는가。이에 時俗을 시끄럽게한 죄를 다스려야 하겠다。尊者에게 三棒、老長에게 六棒을 내려쳐라。알간!

〔6〕本文 長蘆賾 上堂擧此話云하되 且道하라。如何是如是經고。良久云하되 時人鼻孔頭로 幾箇知消息고。

번역 장로색이 상당하여 이 이야기를 들고는 이르되 「일러보라。어떤 것이 이같은 경인가」하고 양구했다가 이르되 「요새 사람이 코끝으로 몇이나 그 소식을 알려는지」 하다。

강론 經名을 꼭 알고 싶으냐。이러히경〔如是經〕이니라。이 도리를 알지 못하면 콧구멍이 百 개가 있은들 어디에다 써먹겠는가!

〔7〕本文 佛印請 上堂擧此話云하되 諸人은 且道하라。經題는 道箇什麼오。若也識得經題去하면 則王城切漢하고 梵宇排空하며 句偈文彩縱橫하고 理趣甚深顯現하리니 所以로 始終頓漸이 箇中盡已全收요 藏通別圓이 此外更無餘法이니라。如是見得하면 龍宮海藏이 周沙界요 金軸琅函이 不在他니라。

번역 불인청이 상당하여 이 이야기를 들고는 이르되 『여러분은 일러보라。경의 제목은 무엇이던가。만약의 경우 제목을 알면 왕성이 한수(漢水)를 건너지르고 범우(梵

宇)가 허공을 물리칠 것이며, 귀절과 게송의 문채가 가로 세로 벌어지고 진리가 심히 깊어서 환하게 드러나리라。 그러므로 「시교(始教)[*一]・종교(終教)[*二]・돈교(頓教)[*三]・점교(漸教)[*四]가 그 속에 모두 포함되어 있고 장교(藏教)[*五]・통교(通教)[*六]・별교(別教)[*七]・원교(圓教)[*八]가 이 밖에 딴 법이 아니니라」 하노니, 이렇게 본다면 용궁해장이 항하사세계에 두루[*九]하고 금축낭함이 딴 곳에 있지 않으리라』 하다。[*一〇]

강론 나는 이미 이러히경(如是經)이라 했는데 이번엔 佛印請이 이 經의 이름을 무엇이라면 좋겠느냐는 것이다。 만약 제목을 알면 天下는 하나가 될 것이요, 하늘과 땅도 하나가 된다는 뜻이다。 그렇지 않아도 「허공은 하나이니 지도리(樞)도 하나요 지도리가 하나니 목숨도 하나」라는 것을 잘 알고 있기 때문에 如是經이라 이름을 대었는데 그렇다면 老長이 한 마디 일러보소。

「始終頓漸을 그만두고 藏通別圓도 다 보내고 한 마디 일러라。 이 자리는 말잔치 자리가 아니니 무엇이라 하겠는가。 言句나 文句가 나올 수 없는 자리다。 그러나 文言句를 빌리지 않으면 어쩌겠는가。 後學을 위하여 한 마디 일러라。 무엇인가。 물어도 물어도 말이 없으니 이것이 經名임에는 틀림이 없지마는 혀를 굴려서 權道를 또 한번 굴리고 ○○經이라 하여두자。

㈜

一、始教…賢首五教의 제二교이니、교리의 내용으로 보아 대승에 들어가는 첫 관문이 되는 교법으로서 아직껏 내 몸과 세계가 실제로 있다고 집착하던 소승 무리에게 「나」도 「법」도 모두가 공하다고 가르친 것。즉 반야부의 경론을 일컫는 말。

二、終教…현수五教의 제三교이니、교리의 내용으로 보아 心性이 있는 이는 지혜의 정도에 구애됨이 없이 마침내는 모두가 부처를 이룰 수 있다고 주장한 대승적 교법이니 법화(法華)·열반부(涅槃部)가 이에 해당한다。

三、頓教…현수五教에서는 제四교에 해당하고 天台八教에서는 化法四教의 첫 자리에 해당하니 불교를 수행하는 이가 일정한 계급、정도에 구애없이 한 생각 열리면 단박에 부처가 된다고 주장한 교법이니、현수는 원각·유마경 등이 이에 속한다고 하였고 天台는 화엄경이 여기에 속한다고 하였다。

四、漸教…현수五教에서는 제일의 소승교가 이에 해당한다 하였고、천태의 四교에서는 제二위에 배치하였으니、수행인이 처음부터 마지막 열반、또는 성불에 이르기까지 일정한 과정을 차츰차츰 밟아 올라 갈 것을 가르친 교법이니、천태나 현수、모두가 아함·방등부가 이에 속한다 함。따라서 돈교와 이 점교에 비밀부정을 합하여 천태의 화의四교라 한다。

五、藏教…천태팔교 중 화법사교의 첫 자리이니 경·율·론 三장을 차례로 얕은 교리로부터 연구 수업하여 「공」의 이치를 체득해 나아가는 일정한 소승의 교리。

六、通教…天台八教中 化法四教의 第二位이니 경·율·론 三장을 성문·연각·보살이 공동으로 수학하는 교리임。즉 하나의 이론을 성문이 소승의 견해로 받아들이면 장교가 되고、보살이 대승적으로 받아들이면 다음의 별교가 되나니 교리는 대·소승에 공통한다하여 통교라 함。

七、別教…성문이나 연각에게는 통하지 않고 오직 보살에게만 적용되는 일정한 대승교리。

八、圓教…하나의 교리가 대·소승에 두루 통하여 「圓融無碍」하다는 뜻。즉 법화·열반。

九、龍宮海藏…많은 경전이란 뜻이니、龍樹菩薩이 龍宮에 招待되어 갔더니 無數히 많은 大乘經典이 있는데 거기서 극소수인 略本 華嚴經만 가지고 왔다는 데서 연유한 말。

一〇、金軸琅函…황금축의 옥함이란 뜻이니、경전을 말함。경전을 묶는 軸을 금으로 하였고、그를 담은 함은 옥으로 이루어졌다는 뜻。

〔8〕本文 法超 云하되 本逸이 以般若多羅 入息에 不居陰界하고 出息에 不涉萬緣之語로 大甚逕廷에 不近人情하여 爲一手分付라 하고 古師는 以達摩廓然無聖之語로 引玄中玄之內라 하니 二老宿이 如土塊上洗垢求瑕요 擊鼓求亡子라 未夢見祖師之意로다。

번역 법초가 이르되 『본일은 「반야다라께서 말한 바、숨을 들이쉴 때에 五음 十八계에 있지 않고、숨을 내쉴 때에 만 가지 연에 걸리지 않는다 한 말이 너무나 동떨어져서 인정에 가깝지 않으니 한 손으로 내어 주는 것이라」 하고、옛 선사는 「달마가 말한、확연히 거룩함도 없다고 한 말로써 현중현(玄中玄)*一 안에서 인용한 것이라」 하니、두 노장님이 마치 흙덩이의 때를 씻어 옥의 티를 구하고 북을 쳐서 죽은 자식을 구하는 것 같으니、꿈에도 조사의 뜻을 보지 못하리라』 하다。

강론 說往說來가 千篇一律이다。반야다라는 숨을 들이쉴 때에 五陰과 十八界에 있지 않고、숨을 내쉴 때에 萬緣에 걸리지 않는다는 말이 너무나 동떨어져서 人情에 가깝지 않으니 한 손으로 내어주는 것이라 하고、 또는 달마가 이른 「텅 틔어서 거룩함도 없다」고 한 말로써 玄中玄 안에서 引用한 것이라 하니、法超가 한 마디 活句를 일러보소! 만약 한 마디의 말도 없이 남의 말만 붙들고 이러쿵저러쿵 한다면 經名은 이러쿵저러쿵經이란 말인가。

참으로 모를 일이로다。 마치 두 늙은이가 흙덩이의 때를 씻어 玉의 티를 찾고 북을 쳐서 죽은 자식을 찾는 격이니、이 자리에 어찌 老長을 대신하여 한 마디 말을 아끼겠는가。 이러히 老佛經이라 하여 두는 것도 좋지 않겠는가。

주 一、玄中玄…古塔主가 세운 三玄의 하나로서 현묘한 중에서도 현묘함이라는 뜻이니、남은 二현은 體中玄、句中玄이다。

〔9〕 **本文** 崇寧琪 心經注法曰하되 心經者는 即指現前一念般若妙心也라 豈止六百卷不可詮注리오。假使一大藏教라도 亦詮注不及故로 東印土二十七祖云하되 入息不居陰界로 至萬億卷하니 且道하라。七種立題에 今屬何種고。頌曰

般若波羅蜜此經은 非色聲이라。
唐言謾翻譯이요 梵語强安名이로다。

卷箔秋光冷이요　開窓曙氣清이라。
若能如是會하면　題目甚分明이니라。

번역 숭녕기의 심경주에 가로되 『심경이란 것은 곧 앞에 나타난 한 여김의 반야묘심을 가리킴이니、어찌 六백 권의 평론할 수 없는 주석에 그치리오。가사 일대장교일지라도 또한 평론하여 미치지 못하는 까닭에 동인도의 제二十七조께서 이르시되 「숨을 들이쉴 때에 五음 十八계에 있지않고 만 억 권에 이른다」 하니 말해보라。일곱 종류로 제목을 세운다면 이제 어떠한 종류에 속하겠는가』 하다。

게송으로 읊되
「반야바라밀、이 경은
빛도 소리도 아니다。
당나라 말로는 부질없는 번역이라 하고
범어로는 억지로 둔 이름이란다。
발을 걷으니 가을 빛이 차갑고
창문을 여니 새벽 공기가 맑다。
만약 이와 같이 알아채면
제목이 심히 분명하리라」

강론 숭녕기의 心經註에 대한 이야기다。 心經이란 곧 눈앞에 훤히 나타난 一念인 반야妙心을 가리키는 것이다。 이 자리는 天下의 名士라도 文言句로 드러내지 못하는 것은 事實이다。 우선 이 가운데서 앞에 나타난(現前) 것이란 말부터 理解가 잘 안간다。 그렇다 하여 文句가 잘못된 것도 절대로 아니다。 이것은 初學을 위한 이야기지마는 現前、 다시 말하자면 눈 앞에 훤히 나타난 것을 뜻함인데、 눈 앞에 훤히 나타난다니 무슨 밝은 빛깔 같은 것이 나타나는 것으로 誤認할런지 모르지만 그런 것이 아니다。 눈 앞에 밝음이 나타나든 어둠이 나타나든 붉고 푸른 것이 나타나든、 그 나타난 것을 事實 그대로 훤히 보는 그놈을 말하는 것으로 우선 알아두자。 왜냐면 눈 앞에 밝음이나 어둠이 훤히 나타났다면 그것은 밝음이나 어둠이지、 밝고 어둠을 훤히 보는 그것은 아니기 때문이다。

그렇기 때문에 一大藏經에 대하여 註를 달지 않을 수가 없으므로 東印度의 제二十七祖께서도 「숨을 들이쉴 때에 五陰과 十八界에 있지 않는다」 하고 또는 「천만 억권의 經을 읽는다」 한 것이니、 한 마디 일러보라! 七種의 題目을 세우는데 어떠한 種目이라야 하겠는가。 참으로 어렵다면 어려운 고개다。 崇寧琪도 頌으로 그 뜻을 나퉜으니 들어보자。

반야바라밀인 이 경은
빛깔도 소리도 아니라니

텅 틔어서 거룩함도 없는 자리겠군。
당나라 말로는 부질없는 번역이라니
말귀와 글귀가 끊어진 자리겠군。
梵語로는 억지로 둔 이름이니
가짜를 걷어잡고 진짜로 돌아가야겠군。
발을 걷어올리면 가을 빛이 차갑다니
새김을 거두면 萬里의 소식이 저절로 알려지겠군。
창문을 여니 새벽 공기가 맑다니
관가름을 다 놓으면 해말쑥한 소식이겠군。
그 소식을 나투는 데는 八萬장경을 다 억지 이름으로 보는 것이 옳다。 그러기에 부처님도 항상 비유를 들어서 말씀하신 이유가 여기에 있다。

第九八、聖 諦

〔本文〕 達摩大師 因梁武帝問하되 如何是聖諦第一義니꼬。曰廓然無聖이니다。帝云 對朕者誰오。祖曰 不識이니다。帝不契어늘 祖遂渡江至魏하다。

(汾州昭代云하되 弟子智淺이로다)

武帝擧問誌公하니 誌公云하되 陛下還識此人否아。帝云하되 不識이니라。誌公云하되 此是觀音大士라 傳佛心印이니다。帝悔하되 當遣使詔之이어늘 誌公云하되 莫道陛下詔하라。闔國人去라도 他亦不廻니다。

〔번역〕 달마대사에게 양무제가 묻되 「어떤 것이 거룩한 지도리*一〔樞〕의 제一의입니까」 하니 가로되 「텅 틔어서 거룩함도 없음이니다」 하다。무제가 이르되 「짐을 대하고 있는 이는 누구시요」 하니 조사 가로되 「알아채지 못하겠나이다」 하다。무제가 통하지 못하거늘 조사는 드디어 강을 건너 위(魏)로 가시다。

〔분주소가 무제를 대신해 말하되「제자의 지혜가 얕았소이다」하다〕

무제가 이 일을 지공에게 물으니 지공이 이르되「폐하는 이 사람을 아십니까」하다。무제가 이르되「알아채지 못하겠노라」하니 지공이 이르되「이는 이 관음대사로서 부처님의 심인을 전함이니다」하다。무제가 후회하여 칙사를 보내어 부르려거늘 지공이 이르되「폐하는 부르라 말하지 마사이다。온 나라의 사람이 가더라도 그는 또한 돌아오지 않을 것입니다」하다。

〔강론〕 西天에서 건너온 달마大師에게 支那의 梁武帝가 묻되「어떠한 것이 聖諦 第一義니까」하였다。다시 말하자면「어떠한 것이 거룩한[*1] 지도리〔樞〕의 첫째 뜻이니까」라는 말귀다。大師는 서슴지 않고 이르되「텅 틔어서 거룩함도 없나니다」하였다。묻는 사람은 天下를 호령하는 大貴骨帝王이요、답하는 이는 三界를 주름잡는 大慈悲보살이다。世間적인 물음에 出世間적인 답이니 아무리 통이 큰 武帝라도 기가 찰 것이다。텅 틔어서 거룩함도 없다니 그렇다면 절은 지어서 무엇하며 경은 내어서 무엇하랴。도대체가 달마는 정신이 돈 사람이 아닌가 여겼을 것이다。

알아채지 못했기 때문에 武帝는 이르되「짐을 대한 이는 뉘시오」하였다。그러리라。天下의 歷史를 뒤바꿔 놓은 當代의 英雄에게 대한 말버릇이 무엇이냐는 뜻도 된다。大師는 조용히 이르되「알아채지 못하겠나이다」하였다。텅 틔어서 거룩함도 없다는 말귀 옆에 얼씬도 못하는 天下의 바보에게 無垢清淨한 法性身의 一端을 드러내본들 어뗭게 알아채겠는가。可惜한 일이다。佛心天子여! 눈이 있어도 그 모습을 보지 못하고 귀가 있어도 그 소리를 받아들이지 못했구나。

大師는 武帝와의 因緣이 없음을 알고 양자江을 건너서 魏의 少林寺를 찾은 것이다。그때 일을 되새기는 뒷날의 汾州昭가 武帝를 代로 한답시고 이르되 「弟子의 지혜가 얕았소이다」 하였으니 한낱 弄을 파는 데 지나지 않는 것이다。

뒤에야 誌公으로부터 「이는 바로 觀音大士로서 부처님의 心印을 전하러 오신 것입니다」 하는 말을 듣고 武帝는 크게 뉘우치며 다시 청하려 하였으나 誌公이 이르되 「陛下는 부르라 말하지 마십시오。온 나라 사람이 가도 그는 또한 돌아오지 않을 것입니다」 하였다。千古萬古로 恨스러운 일이 아닐 수 없다。因緣과 時節이 닿아도 굴리지 못했구나。

廓然無聖何不識
恨之恨之萬古恨

텅 티어서 거룩함도 없다는 뜻 어이 그리 알아채지 못했던고。
한스럽고 한스럽고 천 만고로 한스럽구나。

㊟ 一、지도리…누리의 알맹이 곧 眞理의 通稱。

〔1〕**本文** 雪竇顯 頌하되

聖諦廓然을 何當辨的고。
對問者誰오。 還云不識이로다。
因玆暗渡江하니 豈免生深棘이리오。
闔國人追不再來여 千古萬古空相憶이로다。
休相憶하라。 淸風匝地有何極고。

師顧視左右云하되 者裡還有祖師麽아。 自云有로다。 喚來與老僧洗脚하라。

번역 설두현이 송하되

거룩한 진리의 텅 트인 것을
어떻게 마땅히 판별할꼬。
상대하여 묻는 이가 누군가 하니
도리어 이르되 알아채지 못한다 하네。
이로 인해 가만히 강을 건너 가니
어찌 깊은 가시밭을 면할 수 있었으랴。

온 나라 사람 뒤쫓아도 다시 오지 않음이여、
천고만고로 부질없이 생각만 나네。
생각하지 말라。
맑은 바람이 큰 땅을 두루함에 다함이 있으랴。
선사가 좌우를 살펴보면서 이르되「여기에 도리어 조사가 있는가」하더니、
스스로가 이르되「있도다。불러오너라。내 발이나 씻기리라」하다。

강론

거룩한 진리 곧 지도리는 텅 틔인 것을
어떻게 마땅히 관별하겠는가。
관별하려면 곧 千萬里인걸。
마주 보고 묻는 이를 몰라 누군가 하니
도리어 일러줘도 모르는 까닭에 알아채지 못한다 했네。
깊고도 아득한 뜻 못 알아채기에 강을 건너니
앞으로의 가시밭인들 어이 하겠는가。
온 나라 사람이 뒤쫓는다 하여도 다시 안 옴이여、
千古萬古로 부질없이 생각만 하네。

생각하지 말라。

맑은 바람이 큰 땅을 두루함에 어디 다함이 있으랴。

살필지니라、살필지니라。

설두현이 좌우를 두리번거리며 이르되 「여기에 도리어 조사가 있느냐」 하더니 스스로 말하되 「있도다。불러오너라。내 발이나 씻기게」 하다。

누리는 하나의 지도리〔樞〕인데 노장은 지도리 속에서 도로 지도리를 찾아내어 발을 씻기네。

〔2〕 本文 大洪恩 頌하되

聖諦廓然을 如何辨識고。
築着磕着이여 百千萬億이로다。
一句謾相傳이요 九年空面壁이로다。
興盡還思舊日遊하여 暗携隻履歸西國이로다。
(緊悄草鞋)

번역 대홍은이 송하되

거룩한 지도리〔樞〕가 텅 틔었음을 어떻게 가려낼꼬。
척척 들어맞음이 백천만억이로구나。
한 귀절을 부질없이 전해 준다고
九년 동안 공연히 벽을 향해 앉았네。
홍겨움이 다함이던가 옛날에 놀던 시절 생각하며
살짝 신 한 짝 들고 서쪽 나라로 가셨네。
〔짚신을 꽁꽁 동여 맺겠지〕

강론

거룩한 지도리〔樞〕는 텅 틔었는데 어떻게 가려낼꼬。

△위아래로 門이 없고 사방에 壁이 없이 텅 틔었구나。

척척 들어맞음이여、百千萬億이로구나。

△億千萬 가지 法이 척척 들어맞아서 더할 것도 없고 덜할 것도 없네。

한 귀절을 부질없이 전해 준다고 九年 동안 壁을 향하여 앉음이여、

△말과 이야기 밖의 지도리〔樞〕를 누리에 펼침이로다。

홍겨움이 다함이던가 옛날 時節을 생각함이여、살짝 짝신을 들고 서쪽나라로 가셨네。

△人生살이를 굴리는데 어찌 情인들 없겠는가。情은 情을 그리워 하면서 감이로다。본래로 영특스런 寂滅體 中에서 부처님은 발제江에서 발등說法을 하시고 달마는 葱

嶺에서 짝신說法을 하시니、나고 죽음이 없는데 나고 죽음을 보이시고 가고 옴이 없는데 가고 옴을 들내심이로다。

〔3〕 本文 雲居元 頌하되

咄咄西來碧眼胡여 廓然無聖更多圖라。
九年端坐撈籠盡이라 人有梁王是丈夫로다。

번역 운거원이 송하되

괴이한지고、서쪽에서 온 눈 푸른 영감탱구여、
텅 틔어 거룩함도 없다면서 다시 수단을 부렸네。
九년 동안 오뚝이 앉아 낚시질은 다하였는가。
사람으론 양무제가 이 장부일러라。

강론

괴이한지고。
눈 푸른 영감탱구 보리수 한 그루를 어깨에 둘쳐메고 와서
「텅 틔어 거룩함도 없느니라」 외쳐대며 다시 무슨 꾀를 부리단가。
九年 동안이나 그물을 쳐놨건만

못난 양무제는 걸려들 줄 모르나、 못난 사람들은 양무제를 장부라 수군대네。

〔4〕 **本文** 薦福逸 頌하되

廓然一鏃遼空이요 不識重下錐刺로다。
梁帝不知何處去오。 千古萬古無消息이로다。

번역 천복일이 송하되

텅 틔었다 하니 한 화살이 허공을 꿰뚫고
알아채지 못하겠다 하니 거듭 송곳질을 했구나。
양무제는 어디로 가는지 알지 못했으니
천고만고에 소식이 없네。

강론

텅 틔었기에 산과 물도 나투지마는
알아채지 못했기에 九년 동안 오뚝스리 앉아 송곳질을 한 것이 아닌가。
아깝구나。 양무제의 시절은 다시 돌아오기 어려우니
千古萬古로 소식 없음이 바로 소식인 줄로 알지니라。

〔5〕 **本文** 法眞一 頌하되

當機覿面提어늘 梁武尙猶迷로다。
隻履空歸去하니 還從葱嶺西로다。

번역 법진일이 송하되

기틀을 맞추어 마주보며 일렀건만
양무제는 오로지 어리둥절했구나。
신 한 짝을 들고 속절없이 돌아갔다 해도
되돌아 총령의 서쪽으로 갔겠지。

강론 時節은 닿았는데 因緣이 없었던가。
因緣은 닿았는데 時節이 안됐던가。
얼굴을 맞대고 일러줘도
梁武帝는 오히려 어리둥절하여 남의 일처럼 느꼈구나。
신 한 짝을 손에 들고 속절없이 돌아갔다고 하니
오던 길을 좇아 총령으로 넘어 西天으로 갔겠지。

〔6〕 **本文** 天童覺 頌하되

221 聖諦

廓然無聖이 來機徑廷이로다。
得非犯鼻而揮斤이요 失不廻頭而墮甑이로다。
寥寥冷坐少林하여 默默全提正令이로다。
秋淸月轉霜輪이요 河淡山垂夜柄이로다。
繩繩衣鉢付兒孫하니 從此人天成藥病이로다。

번역 천동각이 송하되

텅 트이어서 거룩함도 없으니
기틀이라서 부처땅의 지름길이로다。
언었다 함이여! 코를*一 범하지 않고 도끼를 휘두름이요
잃었다 함이여! 머리를*二 돌리지 않고 시루를 떨어뜨림이로다。
고요하고 싸늘하게 소림에 앉아서
잠잠히 바른 법령을 들었네。
가을이 맑으니 달은 서리바퀴를 굴리고
강이 맑으니 산은 밤의 그림자를 드리우구나。

줄곧 의발을 자손에게 전하니
일로 좇아 사람과 하늘에는 병과 약이 생겼네。

강론

텅 티어서 거룩함도 없음이여、

그 슬기로운 根機라서 手段과 方便을 잘 굴리되 부처땅에 들어가는 지름길을 활짝 틔어 놓았네。

얻음일따녀!

코를 범하지도 않고 도끼를 휘둘러서 얼굴의 진흙을 깎아내고 본래의 面目을 드러내는 장부漢의 才幹을 얻음이로다。

잃음일따녀!

머리를 돌리지 않고도 三業의 시루가 저절로 떨어지니 모든 攀緣을 끊어오는 妄想을 잃음이로다。

九年 동안을 하루같이 쓸쓸하게도 少林寺에 앉아
눈만 껌벅임이라사 바른 法令을 드러내심이던가。
가을이 맑으나 가을은 입을 봉했고
달이 밝으나 달은 귀를 막았구나。
다만 금줄같이 이어온 衣鉢을 兒孫에게 부촉하니

일로 좇아 人天에는 약과 병을 알았네。

㈜ 一、 코를 범하지 않고 도끼를 휘두른다〔非犯鼻而揮斤〕…영인(郢人)이 코끝에다 흙을 바르고 장석(匠石)에게 자귀로 깍으라했는데 장석이 자귀를 놓고 마음껏 내리쳐서 진흙을 떼었으나 영인은 태연히 서 있으므로 보는 이를 아찔하게 했다。 치는 이、 맞는 이가 모두 어지간한 축들이라는 뜻。

二、 고개를 돌리지 않고 시루를 떨어뜨렸네〔甑已破矣〕…맹민(孟敏)의 고사이니、 그가 시루를 지고가다 떨어 뜨렸는데 돌아보지도 않고 갔다。 이에 곽림종(郭林宗)이 묻되 「왜 돌아보지도 않는가」 하니 맹민이 대답하되 「시루는 이미 깨졌는데 돌아봐서 무슨 이익이 있으랴」 하였다。

〔7〕 **本文** 保寧勇 頌하되

燒得通紅打一鎚하니 周遭無數火星飛라。
十成好箇金剛鑽을 攤向門前賣與誰오。

번역 보녕용이 송하되

시뻘겋게 달구어 한 망치 두드리니
둘레에는 수없는 불똥이 튕기었네。
완벽스리 훌륭한 금강 송곳을
문앞에 걸어두고 살 사람을 기다리네。

강론 집게에 물린 달궈진 쇠를 메로 치니
둘레에는 불똥이 튕기어 사람도 범하지 못하네。
요모조모 다뤄서 날카로운 송곳을 만들었으니
하나를 셋이라 하고 셋을 하나라 부를 줄 아는 놈에게 거저로 줄 터이니 가져 가거라。

〔8〕 本文 雪溪益 頌하되

第一義에　廓兮寥兮超象帝로다。
不把多年曆日看하니　爭辨春分幷夏至리오。
遯東白鶴去無蹤하니　三山空落青天外로다。

번역 삽계익이 송하되

첫째 뜻이로다。
트이고 고요함이여、비롯을 뛰쳐남이네。
여러 해 동안 책력을 보지 않았으니
춘분과 하지를 어떻게 알랴。

요동의 흰 학도 날아간 자취 없는데
三산은 속절없이 푸른 하늘 밖에 떨어졌네。

강론

트임이여、고요함이여、비롯을 뒤침이로다。
휘영청한 自性天에 초하루를 어떻게 잡았는고。
春分이니 夏至란 말귀는 있다더구만。
그것은 이 땅덩이 위에 사는 사람들의 이야기라나。
時節이 변한 탓인지 三神山은 속절없이 푸른 하늘 밖에 떨어진 것 같군。
요동이란 곳의 흰 학은 날아간 자취도 없다하건만
아마 세상 사람들이 이르는 가을철이라는 것이겠지。

〔9〕 **本文** 承天懷 頌하되

南天大士雙眸碧이요　梁土賢王隻眼明이라。
不識廓然無用處하니　孤蹤懡㦬過西京이로다。

번역 승천회가 송하되

남국의 큰 선비는 두 눈이 푸르렀고

양나라 어진 임금은 한 쪽 눈만 밝았네。
「알아채지 못한다」「텅 틔었다」는 쓸모가 없었던가。
외로운 발길 흐느적거리며 서쪽 서울을 지났네。

강론

南國의 달마大師는 두 눈이 푸르렀으니 알았고、
梁邦의 武帝는 어질었으나 짝눈인들 밝았으랴。
天下의 약방문 「트이었다」「알아채지 못한다」도 이젠 쓸모가 없기에
외로운 듯 발길 돌려 어슬렁어슬렁 서쪽 서울을 지나가네。

〔10〕 **本文** 佛鑑勤 頌하되

始聞樓閣一聲鍾하고 日暖蒼龍睡正濃이라。
再擊鳳凰抬上鼓하니 夜半祥鸞未飛舞로다。
帝基永固如磐石이라 胡僧費盡平生力이로다。
遙指少林歸去來하니 春風一徑花狼籍이로다。

번역 불감근이 송하되

누각의 종소리 처음 들릴 제

227 聖諦

따사로운 햇빛 아래 푸른 용의 잠 길었고
봉황대의 북소리 거듭 들리니
밤중의 난새〔鸞〕도 아직 깃을 안치네。
황제의 기반이 반석같이 굳히었고
천축승은 평생의 힘 다 들였네。
저 멀리 소림 향해 발길을 돌리니
봄바람 스친 곳에 꽃잎이 어지러이 흩어졌네。

강론

처음으로 우렁찬 종소리 「텅 트이어서 거룩함도 없다」는 말을 들을 새
양무제같은 사람도 잠 속에 짙은 듯 깨치지 못하구나。
봉황대 위에 걸린 「알아채지 못한다」는 북을 다시 쳐도
한밤중의 난새처럼 깃을 아직 펴서 날지 못하네。
그러나 황제의 기반은 굳히어졌다니
땡초중이 힘을 쓴 공덕이 아니랴。
저 멀리 少林寺를 향하여 발을 돌려 갈새
봄바람에 이미 핀 法꽃은 어지러이 흩어졌네。

〔11〕 本文 混成子 頌하되

廓然無聖信人稀하니 不識重教失大機라。
面壁九年寃苦極어늘 那堪隻履又西歸리오。

번역 혼성자가 송하되

텅 틔어서 거룩함도 없단 말 믿는 이 드무니
알아 채지 못한다는 거듭 가르침에 큰 기회를 놓치구나。
벽을 향해 九년 앉기 원수같은 괴로움이어늘
또 어찌 신 한 짝 들고 서천으로 갔을까。

강론

텅 틔어서 거룩함도 없다는 말 뉘라서 쉬이 믿어지랴。
뛰쳐난 지혜兒나 관계할 바이로다。
벽을 향해 九년 동안 앉음은 時節을 기다림이라
한 법을 전했으면 돌아가지 왜 안 갈까보냐。

〔12〕 本文 蔣山泉 拈하되 灼然者漢이 不識이로다。且道하라。賓家不

識가 主家不識가。 直饒辨得分明이라도 鼻孔이 在我手裡니라。

번역 장산천이 염하되 「환하거늘 그 사람이 알아채지 못했네。 일러보라。 손이 알아채지 못했는가。 주인이 알아채지 못했는가。 설사 분명히 가려낼지라도 콧구멍이 내 손아귀에 있느니라」 하다。

강론 텅 티어서 거룩함도 없다는 말 환하거늘 그 사람이 알아채지 못했구나。 말해보라。 武帝不識가、 達磨不識가。 千古萬古의 恨이로다。

알겠는가。 설사 分明히 가려냈더라도 숨쉬는 콧구멍이 老長의 손아귀에 달렸다니 알고 보면 老長의 콧구멍이 나의 손아귀에 든 지 이미 三十年이 넘었거늘 어찌 이 도리를 모르는가。 만약 이 도리를 알거든 낮잠이나 한 숨 푹 자소。

이 또한 알다가도 모를 일이로구나。

〔13〕 本文 黃龍心 擧此話問僧하되 分明有箇達摩面前하니 作麽生說箇不識底道理오。 僧曰 不識이니다。 師拈起拂子曰 達摩在者裡로다。

번역 황룡심이 이 이야기를 들고는 중에게 묻되 「분명히 달마의 얼굴 앞에 있건만 어느 것이 알아채지 못하겠다는 도리인가」 하니、 중이 가로되 「알아채지 못하겠읍니다」하다。이에 선사가 총채를 번쩍 세우면서 가로되「달마가 여기에 있느니라」하다。

강론 하루는 黃龍心이 이 이야기를 들고 중에게 묻되「분명히 달마의 얼굴 앞에 있거늘 어느 것이 알아채지 못하겠다는 도리인가」하였다。잘못이다。중이 이 정도의 所見일진댄「텅 티어서 거룩함도 없는 것을 네 눈으로 보지 않느냐。이것이 바로 달마니라」하였더라면 중이「알아챘읍니다」하였을 것이다。이때 총채를 세우며 이르되「달마가 여기에 있느니라」하였더라면 중은 곧 차를 한 잔 들고 올 것을! 큰 기회를 놓쳤군! 두 말할 것 없이 二十棒이다。

〔14〕 本文 白雲演 上堂擧此話至 不識하고 連擧黃梅意旨 至不會佛法하여 師云 大小大祖師가 問着底를 便是不識不會어늘 爲什麼却兒孫이 遍地오。乃云 一人이 傳虛에 萬人이 傳實이니라。

번역 백운연이 상당하여 이 이야기에서「알아채지 못한다」란 곳까지를 들고 이어 황매의 뜻에서「불법을 들내지 못한다」는 곳까지를 들고는 선사가 이르되「점잖은 조사가 묻는 것도 알아채지 못하고 들내지 못하거늘 어떻게 아손이 땅에 두루한가。이에 이르되「한 사람이 헛되이 전하면 만 사람이 실다이 전하느니라」하다。

강론 白雲演이 上堂했을 때의 이야기에서 「알아채지 못한다」는 곳까지를 들고 이어 黃梅의 意旨에서 「불법을 들내지 못한다」는 곳까지를 들고는 이르되 「점잖은 祖師가 묻는 데도 바로 알아채지 못하고 들내지 못하거늘 어째서 兒孫들이 이 밖에 벗어났겠는가」 하였다. 나타난 말마디로써는 그렇다. 이 알아채지 못한다는 말귀는 武帝가 달마大師를 향하여 「朕을 대하고 있는 이는 누구시오」란 물음에 大師의 답이니, 이 물음을 위한 물음인가, 이 앎을 위한 물음인가.

다음 「나는 불법을 들내지 못한다」는 말귀는 어떤 중이 黃梅에게 묻기를 「스님께서는 불법을 아십니까」에 대한 黃梅의 답이니 이 앎을 들냄이냐, 들내지 못함이냐. 참으로 佛法의 大義가 말꼬리에 달려있지 않음을 알겠다.

이렇듯이 「알아채지 못한다」라는 말귀는 이것이 이러하니 저것이 저러하다는 式이 아니고, 이것이 저러하니 저것이 이러하다는 式의 그 奧妙를 극한 도리가 앎 밖에 있음을 잘 알기 때문에 「알아채지 못한다」는 말귀로 表現하는 것이요, 「들내지 못한다」라는 말귀는 이 變化가 無常한 도리를 설사 들낸다 해도 그 순간에도 變함으로 하여서 들내지 못한다는 말귀로 表現하는 것이 아닐까.

어쨌든 알아채지도 못하고 들내지도 못하는데 兒孫들이 눈을 번득거리며 世間에 벌려져 있느냐는 老長의 말이다. 老長은 그 자리에서 햇바닥의 침도 마르기 전에 이르되 「한 사람이 헛되이 전하면 만 사람이 실다이 전한다」 하였다. 속이 후련한 이야기다。 이럴진대 본고장의 소식을 알고자 하는 兒孫이라면 스스럼없이 저절로 늘어나지 않겠는가。 좋은 因緣을 지으며 좋은 時節을 기다리기로 하자。

〔15〕 本文 佛鑑勤 上堂擧達摩初見武帝하니 帝問如何是聖諦第一義오。至誌公云 此是觀音大士라 傳佛心印하고 助佛揚化라 하야 師云 畫也畫不成이요 塑也塑不就로다。因何武帝不契하고 達摩渡江고。會麼아。蓋武帝는 不會達摩梵語하고 達摩는 不曉武帝唐言하여 致見覿面胡越이로다。誌公이 雖善飜譯이나 剛然壓良爲賤하여 致見畫虎成狸로다。雖然如是나 諸人이 向什麼處見達摩오。若也當面見得하면 方知道山僧이 如今에 一邊唐言하고 一邊梵語어니와 如或未然인댄 白雲斷處是靑山이라 行人이 更在靑山外니라。

번역 불감근이 상당하여 달마가 처음으로 양무제를 보았는데 무제가 묻기를 「어떤 것이 거룩한 진리의 제一의제입니까」 한 곳으로부터 지공이 이르기를 「이는 관음대사로서 부처님의 심인을 전하여 부처님의 교화를 돕는 것입니다」 한 곳까지를 들고는 이르되 「그림일따녀! 그림이 이뤄지지 못했고, 꼭두일따녀! 꼭두는 되어지지 못했다。

어째서 무제는 통하지 못했고 달마는 강을 건너 갔을까。 알겠는가! 무제는 달마의 범어를 알아내지 못했고 달마는 무제의 당언을 밝히지 못해서 마주 보면서도 호월의 차이를 이루었다。 지공이 비록 번역을 잘 했으나 억지로 좋은 것을 억눌러 천한 것을 만들었으니 범을 그리려다 살쾡이를 만들었구나。 비록 이러하나 여러분은 어디서 달마를 보려는가。 만약 마주 보고 안다면 바야흐로 지금 산승이 한쪽은 당언으로 한쪽은 범어로 한 말을 알겠지만、 만약 그렇지않다면 「흰 구름 끊긴 곳이 푸른 산이니 행인은 다시 푸른 산 밖에 있다 하리라」 하다。

강론 佛鑑勤이 上堂하여 달마가 처음으로 梁武帝를 보았을 때 武帝가 묻기를 「어떠한 것이 거룩한 지도리〔樞〕의 첫째 定義이니까」 한 곳으로부터 誌公이 이르기를 「이는 관음大士로서 부처님의 佛心印을 전하여 부처님의 교화를 돕는 것입니다」 한 곳까지를 들고는 이르되 「그림일따녀! 그림으로 이뤄지지 못하고、 모습일따녀! 모습으로 되어지지 못함이로다」 하였다。 참으로 그렇다! 말하여서 말로 미치지 못하니 말길이 끊어졌고、 생각하여서 생각으로 미치지 못하니 생각길이 끊어진 자리라 하겠다。

이렇듯이 미묘 그윽한데다 더구나 무제는 달마의 梵語를 들내지 못했고 달마는 무제의 唐言을 밝혀내지 못했기에 서로가 마주 보면서도 胡越의 差異를 이뤘으니 어찌 무제가 깨치겠으며 어찌 달마가 楊子江을 건너지 않겠는가。 아깝고야。 무제는 因緣이 닿았는데 時節을 얻지 못했고 달마는 時節을 얻었으나 因緣이 닿지 못했구나。 알지 못할세라。 이러히 이러히니 이러히가 이러히네。

이때 誌公이 무제와 달마 사이에 통역은 잘했을지라도 도리어 가라앉은 물에 돌멩이를 던진 꼴이니 범을 그리려다 삵괭이를 만들고 말았구나。 이럴진댄 어디를 향하여 달마를 보려는가。 한마디 일러보라。「만약 마주 보고 알아챌 수 있다면 바야흐로 이제 山僧이 한쪽은 梵語요 한쪽은 唐言이라 이른 말귀는 두 가지의 말귀이기는 하나 그 뿌리가 하나임을 알 수도 있으리라」는 佛鑑勤의 이야기다。 그러기에 無說이 眞說이라 일컫는 것이 아닌가。 그러나 만약 이 도리를 모르면 靑山은 흰 구름이 없는 곳에 외로이 있듯이、 거니는 사람은 靑山 밖에 쓸쓸히 있음과 무엇이 다르겠는가。

〔16〕 本文 長蘆賾 上堂云하되 達摩見梁王問聖諦에 只道得箇不識하고 六祖見黃梅付衣鉢에 只道得箇不會로다。 天下老和尙이 祗將者不識不會하여 勘驗衲僧하니 天下衲僧이 被者不識不會하여 換却眼睛하고 穿却鼻孔이로다。

長蘆伊麽道가 是識了也며 是會了也며 是被換却眼睛하고 穿却鼻孔了也니 如何道得出身一句오。 名高不用鐫頑石이라 路上行人口是碑니라。

번역 장로분이 상당하여 이르되 『달마는 양무제에게 거룩한 진리의 물음에 단지 「알아채지 못한다」는 말만 했고, 六조는 황매를 뵙고 의발을 받을 때 다만 「들내지 못한다」고만 했는데, 천하의 노화상들은 단지 「알아채지 못한다」는 말과 「들내지 못한다」만을 가지고 납자를 다루니 이 천하의 납승들이야말로 「알아채지 못한다」와 「들내지 못한다」는 말에 끄달려서 눈동자를 바꾸고 콧구멍이 꿰이었다。

나의 이런 말에도 알아채일 것이며 들내일 것이며 눈동자가 바뀔 것이며 콧구멍이 꿰일 것이니, 어찌 하여야 몸을 뛰쳐나갈 수 있는 한 귀절을 바로 말하겠는가。 이름이 높으면 돌덩이에 새길 필요가 없는지라 길 가는 사람들의 입이 바로 비석이니라』 하다。

강론 長蘆賾이 上堂하여 이르되 달마는 양무제에게 거룩한 진리의 물음을 받고 단지 텅 틔어서 거룩함도 없다 하였고 다시 不識이라고만 했으며 六祖 慧能은 五祖 黃梅를 뵙고 衣鉢을 받을 때에 다만 들내지 못하겠다, 곧 不會라 하였을 뿐이다。 實로 不識이요 實로 不會일까。 이것은 알아채지 못하는 不識이 아니고 들내지 못하는 不會도 아니다。 不識이란 言句로써 다 알리고 不會라는 文句로써 다 보인다 하여도 지나친 말이 아니다。 왜냐면 그 텅 틔어서 거룩함도 없는 그 當處가 우선 알고 모르는데 속하지 않기 때문에 不識으로 代辯하는 것이요, 있고 없음에 속하지 않기 때문에 不會로 代辯하는 데에 지나지 않는다。

알겠는가! 이렇듯이 天下의 衲僧들은 이야말로 「알아채지 못하겠다」 「들내지 못하겠다」는 말귀에만 끄달려서 눈동자를 바꾸고 콧구멍이 꿰이어서 갈팡질팡 하는 것을 보면 기가 찬다. 자! 어떻게 하여야 몸을 뛰치는 한 말귀가 되겠는가. 꿈속에서 꿈을 깨면 꿈은 꿈이 아니렷다!

〔17〕 本文 嵩明教의 眞諦無聖論에 云하되 眞諦者는 何오。 極妙絕對之謂也오。 聖人者는 何오。 神智有爲之謂也니 有爲則以言乎權이요 絕對則以詣乎實이라 實之所以全心而泯跡이요 權之所以攝末而趍本이니라。 然則眞諦也者는 豈容擬議於其間哉아。 聊試寓言以明其蘊耳이니라。

夫眞諦者는 群生之元心也며 衆聖之實際也며 如也며 非如也며 非非如也니 隱群心而不昧하고 現聖智而不曜라 神明이 不能測이요 巧曆이 不能窮故로 般若에 曰 第一眞諦는 無成無得이라 하니 言其體而存之則淸淨空廓하여 聖凡이 泯然이요 言其照而用之則彌綸萬有하여 鼓無群動이니라。 然則體而存之는 若其本乎며 照而用之는 似其末乎나 當其心이 冥於至本也에 默乎淸淨而絕聖弃智가 是亦宜爾

니라。所謂第一義諦는 廓然空寂하여 無有聖人이어니 孰爲謬乎아。而秦人이 以爲大甚徑廷하여 不近人情이라 하니 若無聖人이면 而知無者誰歟아。是亦未諭其微旨也로다。若夫凡聖知覺者는 眞諦之影響이요 妄心之攀緣耳라 存乎影響則凝滯於名數하고 以乎攀緣則眩惑於分別이니 是則非聖而聖이라 而聖人이 所以大聖이요 無知而知라 其眞知가 所以遍知니라。

昔人이 有問於昔人曰 云何是第一義諦오。應曰 廓然無聖이니라。問者或曰 對朕者誰오。應曰不識이라 하니 然이나 斯人也가 非昧聖而固不識也라 盖不欲人以形言而求乎眞諦者也어늘 而問人이 不悟하고 乃復云云하니 刻舟求劍에 遠亦遠矣로다。

以指標月은 其指所以在月이요 以言喩道는 其言所以在道라 顧言而不顧其道하면 非知道也오、視指而不視其月하면 非識月也로다。所以로 至人은 常妙悟於言象之表하고 而獨得于形骸之外니라。淨名이 默示而文殊稱善하고 空生이 以無說而說하고 天帝以無聞而聞하니 不其然乎아。

번역 숭명교의 진제무성론에 이르되 『진제란 무엇인가。 지극히 묘하고 절대임을 이름이요、 성인이란 무엇인가。 신기로운 철(智)로써 하염있음을 이름이다。 하염있음인즉 말함일따너! 비김(權)이요、 절대인즉 나아감일따너! 실다움(實)이로다。 실다움이란 마음을 온전케 하여 자취를 없애고、 비김이란 끝을 거두어 본래로 달림이니라。 그런즉 진제란 것은 어찌 그 사이의 헤아림을 용납할까 보냐。 애오라지 말을 붙이어서 그 갈피를 밝혔을 뿐이다。

대저 진제란 것은 군생의 근원인 마음이며、 성인들의 실제이며、 의젓함이며、 아닌 의젓함이며、 의젓하지 않음도 아니니、 중생의 마음에 숨었어도 흐리지 않고 거룩한 지혜를 나투어도 번쩍이지 않는다。 신기로운 총명이 헤아리지 못하고 교묘한*1 재주로도 끝을 다하지 못하는 까닭으로 반야에 가라사대 「첫째의 진제는 이룸도 없고、 얻음도 없다」 하시니、 그 바탕을 말할새 있음인즉 헤말쑥하고 텅 티어서 거룩(聖)과 무릇(凡)이 꺼지고、 그 비춤을 말할새 쓰임인즉 만 가지를 두루 다스리며 두드려도 아무런 요동이 없다。

그런즉 바탕이 있음에는 그 근본인 것 같으며 비추어 씀에는 그 끝인 것 같으나 그 마음이 지극한 근본에 깊숙할새、 다뭄(默)일따너! 청정은 거룩도 끊고 지혜도 버리는 것이 이 또한 마땅하다。 이른바 첫째 의제(義諦)란 텅 티어 공적함에 성인이 없거늘 누가 그르칠까보냐。

그러나 진나라 때 사람이 말하기를 「너무나 동떨어져서 인정(人情)에 가깝지 않구나」 했으니, 만약 성인이 없으면 없는 줄 아는 이는 누구인가。 이것 또한 그 미세한 뜻을 알지 못하는 소치이다。 무릇·거룩·앎·깨달음이라는 것은 진제의 그림자요, 메아리요, 망령된 마음의 번지는 연(緣)일 뿐이다。 있음이던가! 그림자와 메아리인즉 이름이나 숫자에 엉키고, 이렴이던가! 번지는 연(緣)인즉 분별에 현혹된다。 이런즉 아닌 거룩인 거룩이라, 그러므로 성인이 큰 성인이 되고 앎이 없이 앎이 그 참 앎이니 이른바 두루 앎이니라。

옛사람이 옛사람에게 묻기를 「어떤 것을 일러 첫째 의제입니까」 했더니, 응헤 가로되 「텅 티어서 거룩함도 없음이니라」 묻는이가 혹 가로되 「짐을 대하고 있는 이는 뉘시요」 하니 응헤 가로되 「알아채지 못하겠나이다」 하였다。 그러나 이 사람은 거룩함에 어둡거나 진실로 알지 못함이 아니라, 꿀이나 말로써 진제를 구하고저 하지 않거늘 묻는 사람은 깨닫지도 못하고 다시 우물거림은 뱃전을 새기는 칼을 구함이니 멀고도 또한 멀어졌구나。

손가락으로써 달을 가리킴은 그 손가락의 뜻이 달에 있는 바요, 말로써 도를 깨우쳐 줌은 그 말의 뜻이 도에 있음으로써이니 말만을 돌아보고 그 도를 돌아보지 않으면 도를 앎이 아니요, 손가락만을 바라보고 그 달을 보지 않으면 달을 알지 못한다。

이런 바로 지극한 사람은 항상 말거리 것을 묘하게 깨닫고, 형해(形骸)밖에서 홀로 얻는다。 정명(淨名)이 침묵을 보임으로써 문수가 칭찬을 했고、 공생(空生)이 말 없음으로써 말하였고 제석이 들음 없음으로써 들었으니 그렇듯한 일이 아니겠는가』 하다。

강론 嵩明教의 眞諦無聖論에 이르시되 「眞諦란 것은 지극히 妙하고 絶對를 이름이요、聖人이란 신기로운 철(智)로써 하염있음(有爲)을 이름이라」 하였으니、하염이 있음으로 하여금 權道는 굴리어지고 絶對性이 의젓함으로 말미암아 實我로 나아갈 수가 있기 때문이다。 실다움(實)이란 마음을 온전케 하여 자취를 없애고、 비김(權)이란 끝을 거두어 근본으로 돌아가는 것이다。 그런즉 眞諦란 보고 듣고 깨치고 앎의 收用할 바 아니다。 애오라지 말을 붙여서 그 갈피를 되밝힐 뿐이로다。

다시 말하자면 眞諦는 떼지어 사는 衆生의 元心이며 衆聖의 實際며、眞如며 眞如가 아니며、眞如 아님도 아니니、衆生의 마음에 숨어도 흐려지지 않고 聖賢의 지혜를 나투어도 번쩍이지 않는다고 하였다。 眞諦를 普遍적으로 말하자면 절대로 변하지 않는 지도리(樞)를 이름인데 우리 말로 의젓스리 움직이지 않음(如如不動)인 그윽한 소식으로서、달마大師가 梁武帝를 향하여 이르신 「텅 티어서 거룩함도 없음(廓然無聖)」과 같은 뜻으로 보아야 할 것이다。

이렇듯이 신기로운 총명이 능히 재지 못하고 교묘한 재주로도 능히 다함이 없음으로 하여서 「반야」에 가로되 「第一眞諦는 이룸도 없고 얻음도 없느니라」 하시니、그 바탕〔體〕을 말하여 살핀즉 말쑥하게 텅 틔어서 거룩〔聖〕과 무릇〔凡〕이 끼지고, 그 비춤을 말하여 씀〔用〕인즉 萬有를 망라해서 두드려도 아무런 움직임이 없느니라, 이른 것이다。 다시 말하자면 그 바탕은 적적하면서 항상 비추고, 그 씀이는 비추어서 항상 적적한 소식임을 뜻함이니 第一義諦는 廓然히 空寂하여서 凡聖의 앞소식이요, 有無의 앞소식이요, 智慧와 愚痴의 앞소식인데 어찌 텅 틔어서 거룩함도 없는 고요적적한 소식이 아니랴。

그러나 秦人이 말하기를 「너무나 동떨어져서 人情에 가깝지 않구나」 이르듯이 만약 聖人이 없으면 없는 줄을 아는 이는 누구인가。 이 또한 그 뜻을 알지 못하기 때문이기도 하지마는 해말쑥한 一念으로 살펴보라。 山河大地를 비롯하여 무릇〔凡〕이니 거룩〔聖〕이니 앎〔知〕이니 깨달음〔覺〕이니가 다 眞諦의 그림자요 메아리이며 妄心의 攀緣이 아니고 무엇이겠는가。 때문에 거룩은 거룩이 아닌 거룩이 참 거룩이기에 名數에 떨어지지 않는 것이요, 앎은 앎이 아닌 앎이 참 앎이기에 分別에 휘둘리지 않는 것이니, 예로부터 至人은 言象 곁에서 묘하게 깨닫고 形骸 밖에서 홀로 얻는다고 한 것이 바로 이것이다。 이러하기에 비야리城에서 유마거사가 默示로써 法을 보일 때 文殊보살이 讚嘆하시고, 空生이 말 없음으로써 말하고 天帝가 들음 없음으로써 들었으니 그럴듯한 일이 아니겠는가。

囨 一、교묘한 재주〔巧歷〕…수학에 능통한 사람을 통칭。

〔18〕**本文** 林間錄云하되 吳中講師가 多議諸祖傳法偈無譯人이어늘 禪者與之辯이다가 失其眞하여 適足以重其謗이라 達觀穎禪師諭之曰 此는 達摩가 爲二祖言者也라 何須譯人耶아。 如梁武帝初見之하고 卽問如何是聖諦第一義오。 答曰 廓然爲聖이니라。 進云 對朕者誰오。 又曰 不識이니다 하니 使達摩로 不通方言 何於是時에 便能爾耶아。 講師不敢復有辭하니라。

번역 *一 임간록에 이르되 『오중 지방의 어떤 강사가 조사들의 전법게를 번역한 이가 없다고 꾸짖음이 많았는데, 어떤 선객으로 더불어 변론을 하다가 그 참을 잃고 그 비방을 몽땅 받았다。 이때 달관영선사가 타이르기를 「이는 달마께서 二조에게 하신 말씀이다。 어찌 모름지기 번역하는 사람이리오。 양무제가 처음 만나서 묻되, 〈어떤 것이 거룩한 진리의 제一의제입니까〉 하니 〈텅 티어서 거룩함도 없읍니다〉 했고, 다시 이르되 〈나를 대하는 이가 누구인가〉 하니 또 가로되 〈알아채지 못하겠읍니다〉 했으니, 달마가 사투리에 통하지 못했더라면 이 때에 어찌 잘 되었을까 보냐」 하니, 강사가 다시 말이 없었다』 하다。

강론 吳中地方에 어떤 講師가 있었는데 傳法偈를 번역한 사람이 없다고 꾸짖음이 많았던 모양이다。 이때 어떤 禪師로 더불어 辨論하다가 알맹이를 잃고 비방을 받았다는 것이다。 吳中講師는 바로 文字言句가 道를 가리키는 案內辭인 줄을 몰랐던 모양이군 그래!

그때 達觀穎禪師가 타이르되 『달마大師와 梁武帝 사이의 問答에 있어서 「어떤 것이 聖諦의 第一義니까」 하니 답하여 가로되 「텅 티어서 거룩함도 없다」 하였고 다시 묻되 「짐을 대한 이는 뉘인고」 하니 「알아채지 못하겠다」 했으니 달마가 만약 方言을 통하지 못했더라면 이 때에 어찌 이런 문답을 했으리오』 하니 강사는 입을 열지 못했다는 것이다。

여기에서 한 마디 덧붙여 둘 것은 吳中강사의 말도 學人의 分으로는 一理가 있다。 왜냐면 가히 측량할 수 없고 가히 헤아릴 수 없고 가히 견줄 수 없는 奧妙를 極한 不可言 不可稱의 道理를 文字나 言句로 어떻게 밝혀내겠는가。 그러나 이 文字나 言句마저 없다면 참으로 걷어잡아 볼 모퉁이마저 없는 것이니 어떻게 하겠는가。 이런 뜻에서 좋은 번역은 大道로 들어가는 지름길의 案內書로 보고 達觀禪師의 말은 戲論으로 볼 수도 있다고 하여서 크게 잘못도 아니라 하겠다。

주 一、林間錄…宋의 홍각범(洪覺範)스님이 저술한 二권의 책이니、禪林의 어록집。

第九九、面 壁

〔本文〕 達摩在少林寺하여 九年面壁하고 默然而坐하니 人謂之壁觀婆羅門이라 하다。

〔번역〕 달마가 소림사에서 九년 동안 벽을 향해 잠자코 앉았으니 사람들은 벽을 보는 바라문이라 하다。

〔강론〕 달마大師가 東土支那에 오신 뒤로 河南省 嵩山 少林寺에서 九년 동안을 面壁하셨다。 文字言句를 아는 것으로서 바로 道를 얻음인양 여기는 그 當時의 慣習으로는 곧 사람의 마음을 가리켜 부처라고 일컫는 것도 알아채는 사람이 드물었는데 더구나 그 마음을 가리켜서 「텅 틔어서 거룩함도 없다〔廓然無聖〕」고 한 文言句는 너무나 동떨어진 이야기가 아닐 수 없다。 때를 기다리기로 하였다。 九年 동안을 기다렸다。

그런데 이 九年 동안을 벽만 향하여 앉으신 것은 무엇인가。 말해보라! 바로 말이 없는 말이다。 말이 없는 말이 참말이다。 이럴진대 九年동안을 통하여 一大眞說인 無說을 토해 놓으신 것이니 어찌 默然面壁 九年이리요。 有說面壁 九年이지! 알겠는가。

우리는 거짓을 구하는 것이 아니고 참을 구하는 佛子임을 自處하면서 허공을 향하여 멀컹히 살펴보라。 거기에는 반드시 답이 나온다。 벌써 답은 나왔다。 나에게 가져 오너라。 알간!

面壁九年是誰何
說無說兮無聖人

九年 동안 벽을 향했으니 이 뉘인고。
말없음을 말함이여! 거룩함도 없는 사람이네。

〔1〕 **本文** 雲門杲 頌하되

金鼇一掣滄溟竭이어늘 徒自悠悠泛小舟로다。
今日煙波無可釣하니 不須新月更爲鉤로다。

번역 운문고가 송하되

금자라 한 번 건지면 바다도 마를 것을
한갓 스스로가 한가이 쪽배를 띄웠구나。
오늘 안개 낀 나불에 낚시질 못하단가。
모름지기 새 달에 낚시질 다시 않으리。

강론 넓고도 넓은 바다에 금자라 있다기에
하염없이 쪽배 띄워 낚싯줄을 드리웠네。
오늘따라 안개 낀 나붙은 어이 그리 드높단가。
날이 저물어간다、아예 돛 올려서 돌아오라。

〔2〕 本文 竹庵珪 頌하되

小室山前風過耳하니 九年人事隨流水라。
若還不是弄潮人이면 切須莫入洪波裡어다。

번역 죽암규가 송하되
소실산 앞 바람은 귀를 스치니
아홉 해 동안의 일 물따라 흘렀구나。
만약 밀물에 익숙치 아니하거든
출렁이는 물결 속에 뛰어들지 말아라。

강론 小室山의 앞마당엔 밤은어이 길었던고。

벽만향한 九年만에 피뿌리는 사내있네。
지혜兒가 못되거든 달려들지 말려무나。
남도한다 흉내냈단 알귀신도 못되리라。

〔3〕 本文 介庵朋 頌하되

長竿釣盡六鼇頭하고 背負三山歸去休라。
兒孫自有兒孫福하니 莫與兒孫作馬牛하라。

번역 개암붕이 송하되

긴 장대로 여섯 마리 자라를 다 낚고서
등에는 삼산을 지고 돌아가 쉰다。
자손은 저절로 자손의 복을 지녔나니
자손을 위하여 마소가 되지 말라。

강론

지혜의칼 높이드니 六賊이 간곳없고
戒定慧의 높은산이 그대로가 내몸이네。
兒孫들을 위해서는 옳은길로 이끌어라。

面 壁 248

모습놀이 뿐이랬단 마소되기 알맞도다。

第一〇〇、法　印

〔本文〕 達摩大師 因慧可問諸佛法印을 可得聞乎니까。 師云 諸佛法印은 非從人得이니라。 可曰 我心未寧하니 乞師與安하소서。 師云 將心來하라。 與汝安하리라。 可曰 覓心了不可得이니다。 師云 與汝安心竟이로다。

〔번역〕 달마대사께 혜가가 묻되 「부처님들의 법인을 얻어 들려 주시겠읍니까」 하니, 대사가 이르되 「부처님의 법인은 남으로 좇아 얻는 것이 아니니라」 혜가가 가로되 「저의 마음이 편안치 않으니 스님께서 편안케 해 주소서」 하니, 대사 이르되 「마음을 가져 오너라。 너를 편안케 해 주리라」 하다。 혜가가 가로되 「마음을 찾았으나 좋이 얻을 수 없읍니다」 하니, 대사가 이르되 「네 마음을 마침내 편안하게 했느니라」 하다。

〔강론〕 달마大師에게 慧可가 묻되 「모든 부처님의 法印을 얻어 듣게 하여 주십시오」 하였다。 모든 부처님의 마룻대, 곧 누리의 지도리〔樞〕를 얻어 듣도록 하여지이다라는 請願이다。 大師는 이르되 「모든 부처님의 法印은 남으로 좇아 얻는 것이 아니

니라」 하였다。 그렇다。 죽어도 내가 죽고 살아도 내가 사는데 어찌 남의 말마디에 놀아나겠는가。 오로지가 본래의 天眞面目을 스스로가 인증할 뿐이다。

慧可는 남에게로 좇아 얻는 것이 아니라는 말에 어리둥절 하였다。 그러리라。 본래로부터 휘영청한 슬기는 다 갖추어져 있건마는 스스로가 일으킨 貪·瞋·痴 三毒의 먹구름에 스스로가 휘감겼음으로 말미암아 어이없게도 집 떠난지 오랜 나그네의 身勢가 되었다는 그 事實을 모르기 때문이다。 慧可는 이르되 「저의 마음이 편치 않으니 비옵건댄 편케 하여 주소서」 하였다。 請問이 아니라 哀乞조다。 法은 懇切한 데서 얻어지기 때문이다。

大師는 이르되 「마음을 가져 오너라。 너로 더불어 편케 하리라」 하였다。 이 무슨 소식인고。 마음을 가져 오라니 마음이 어디에 있기에 가져오라는 것인가。 심장에 있으니 심장을 도려내 오라는 말인가。 폐에 있으니 폐를 끊어 오라는 말인가。 뇌에 있으니 뇌를 빼개어 오라는 말인가。 大師는 처음으로 武帝를 만나서 어리둥절하게 만들더니 이번에는 慧可를 또다시 어리둥절하게 만드는구나。

慧可는 마침내 「마음을 찾아 얻을 수 없읍니다」 하였다。 머리 끝에서 발 끝까지 마음을 찾고 또 찾았다。 그러나 마음을 찾아내지 못하였다。 大師는 이르되 「너로 더불어 마음을 편안케 하여 마쳤노라」 하였다。 갈수록 泰山이로구나。 없는 마음을 어떻게 편케하여 마치겠는가。 이럴진댄 편치 못한 마음이란 어디에 있겠는가。 참으로 알고도 모를 일이다。大師의 말에 五萬 가지의 상을 찌푸렸던 慧可는 마음이 편안하였던지 얼굴이 활짝 피이며 덩실덩실 춤이라도 출듯이 서둘러댄다。慧可는 한숨 더 떠서 당장의 마음이 하늘 땅의 임자라는 그 事實을 깨쳐 알고 이제까지 分別과 妄想으로 人生을 엮어온데 대하여 크게 懺悔함으로써 新天地가 눈 앞에 展開되는 것을 뼈저리게 느꼈다。

法印本非從人來
自修自行自證時

법인이란 본래부터 남을 좇아 오는 것이 아니로다。
스스로가 닦고 스스로가 행하고 스스로가 증득할 때이네。

〔1〕 本文 雲居元 頌하되

立雪忘勞斷臂求러니 覓心無處始心休라。
後來安坐平懷者여 粉骨亡身未足酬로다。

번역 운거원이 송하되

눈 속에 서서 괴로움을 잊고 팔을 끊어 구했건만
마음을 찾을 수 없는 곳에 비로소 마음 편했네。

뒤부터 편안히 앉아 생각을 놓은 사람들아、
뼈를 갈아 보답해도 못다 갚을 은혜일레。

강론
눈 속에 밤 새우며 스승을 뵈옵고
마음 없는 그 곳에 없는 마음을 찾았구나。
공부를 짓는데 좋은 푯말 세움이여、
이 은혜 크다 작다 어찌 말로 다하겠는가。

〔2〕 本文 智海逸 頌하되

斷臂難於立雪難이라。 覓心無處始心安이로다。
誰知萬頃蘆花境에 一一漁翁把釣竿이리오。

번역 지혜일이 송하되

팔 끊는 어려움은 눈에 선 어려움보다 더하단가。
마음을 찾을 수 없을 때 비로소 편안하네。
뉘가 알리。 만 가닥 이랑의 갈대밭에
고기잡이마다 낚싯대 가진 줄을。

강론

팔 끊으니 눈 위에는 선지피가 연꽃처럼 붉더구나。
찾아도 찾을 곳도 없으니 없는 것을 어찌 찾으랴。
뉘가 알리。없는 것을 있는 것처럼 알고 찾는 패거리들이여、
모습을 굴릴 줄은 모르고 되려 모습에 굴리는 짓거리는 이 무슨 짓인가。

〔3〕**本文** 曹溪明 頌하되

小室當年冷坐時에 了無一物可傳持라。
神光斷臂無筋力하여 更覓安心也是癡로다。

번역 조계명이 송하되

소실에 혼자서 쓸쓸히 앉았던 때
한 물건도 전하거나 가질 것 없었네。
신광이 팔을 끊어 기력도 다 했거늘
또다시 마음 편함을 찾음일마녀、어리석음이었더라。

강론

九年 동안 쓸쓸히 혼자 앉은 것은 뉘를 위함이던고。
텅 틔어서 거룩함도 없음을 보이심이네。

神光이 팔을 끊을 새 없는 마음도 끊음인양 함이런가。
또다시 마음 편함을 찾음일따녀、 어리석음이었더라。

〔4〕 **本文** 又頌하되

立雪齊腰累少林이어늘 請師方便更安心이라。
自從飮着他家毒으로 翻使平人被陸沈이로다。

번역 또 송하되

허리에 닿도록 눈 쌓인 소림사에서
스승에게 방편을 청해 마음이 편해졌네。
스스로 그이의 독약을 마심으로부터는
엎치락뒤치락 병 없는 사람들로 하여금 뭍에 묻히도록 했네。

강론

넙을 구함이란 이다지도 어렵던가。 눈 속에서 밤을 새웠네。
대사께 방편을 듣고 괴로운 마음이 쉬어지니 허공마저 찾을 길 없구나。
마음을 가져오란 외마디 소리에 독약을 마신듯이
뒤치락엎치락 지난 일을 더듬을 때 얼마나 어리석었던가、 이제야 알겠구나。

〔5〕 **本文** 承天懷 頌하되

覓心無處許心安하니 不但謾人亦自謾이로다。
堪憶同安*一曾解道하니 無心猶隔一重關이니라。

번역 승천회가 송하되

마음 찾을 곳 없을 새 마음 편타 허락하니
남을 속였을 뿐 아니라 자신마저 속였네。
동안선사가 일찍 풀어 말한 것을 생각하니
마음이 없다해도 거듭한 관문이 막혔네。

강론

마음은 있는 것도 아니요 없는 것도 아니던가。
있는 것이 아니니 없고 없는 것이 아니니 있다네。
있고 없음은 있고 없음이 아닌 있고 없음이니
무엇을 어떻게 붙들고 있다니 없다니 단정을 하겠나。

주 一、同安…唐나라 때의 선사。

〔6〕 **本文** 佛眼遠 頌하되

若有絲毫付與人이면　可師何得更全身고。
人間天上迷逢處에　八兩元來是半斤이니라。

번역 불안원이 송하되
털끝만큼이라도 전해준 것 있다면
혜가와 대사는 어떻게 다시 온전한 몸을 얻으랴。
인간이나 하늘이 어리둥절하는 곳에
여덟 양은 원래가 반근이라네。

강론
三輪이 비어서 적적한데 무엇을 주고 받는다 하겠는가。
만약 있다면 달마는 白頭山에서 주고 혜가는 漢拏山에서 받을 것을。
아서라。大法이 이러히 오고 이러히 간다 하거니
하늘 위와 하늘 아래 오직 나 홀로 높은 것도 버리고 나 홀로 가리라。

〔7〕 本文 雲門杲 頌하되
覓心無處更何安고。　嚼碎通紅鐵一團이로다。
縱使眼開張意氣라도　爭如不受老胡謾고。

번역 운문고가 송하되
마음 찾을 곳 없는데 어찌하여 편안했나。
시뻘건 무쇳덩이 통째로 씹어 삼킴이네。
제 아무리 눈이 열리고 뜻이 트인들
늙은이의 속임에 빠지지 않은 것만 같으랴。

강론
「마음 찾을 곳 없는데」라는 말귀 또한 큰 고개라
시뻘건 무쇠덩이를 통째로 씹는 이는 그 누구겠는가。
이 도리를 알아 나의 人生을 내가 굴릴 줄을 알면
달마를 뒤좇아서 葱嶺을 향하여 달릴 것도 없으리라。

〔8〕 本文 竹庵珪 頌하되
二祖當年立少林하니 滿庭積雪到腰深이라。
叉手當胷無一事하니 不求不覓不安心이로다。

번역 죽암규가 송하되
二조가 당년 소림에 섰는데

뜰에는 눈이 쌓여 허리에 닿았구나。
두 손을 가슴에 모으고 아무 일도 없었으니
구하지도 찾지도 않고 마음마저 편함도 아니었네。

강론

산에도 들에도 눈이 쌓였네。 혜가의 허리에까지 눈이 쌓였네。
돌도 나무도 찬 기운이 가득하였네。 혜가의 뼈속까지 찬 기운이 가득하였네。
공부 짓기가 이렇게 어려웠던가。
두 손을 가슴에 모으고 아무 일도 없었네。 아무 일도 없었네。
구하지 않고 찾지 않고 편안함도 아니었으니
마음도 몸도 허공 같았네。 허공과 같았네。

〔9〕 **本文** 無盡居士 頌하되

覓心不得已安心이라　屠肆婬坊嗣少林이로다。
爭奈子孫嫌直截하여　諸方五味苦叅尋고。

번역 무진거사가 송하되

마음을 찾을 수 없을 때 마음이 편해진다 하니

도살장과 음녀집이 소림을 이어받았던가。
어찌타 자손들은 곧은 길을 싫어해서
여러 곳을 헤매면서 선지식을 찾아가네。

강론

마음을 찾을 곳이 없을 때 즐김도 슬픔도 없으니 편안타는 말인가。
도살장이나 기방인들 마음씨의 굴림새에 따라 少林寺와 무엇이 다르겠나。
그렇건만 兒孫들은 分別桶 속에 빠져 이저곳을 넘겨다 보니
善知識이 한숨짓는 까닭은 바로 이 대목이 아니던가。

259 法印

〔01〕 本文 芭蕉淸 拈하되
金剛이 與泥人揩背로다。

번역 파초청이 염하되
「금강이 진흙사람의 등을 긁어 주는구나」 하다。

강론 영화 장면을 보고 울고 웃는 사람 많더구나。어느 켠이 진짜며 어느 켠이 가짜인가 말해보라。

〔11〕 本文 蔣山泉이 拈하되 且將錯就錯이로다。

번역 장산천이 염하되 「잘못을 가지고 잘못에 합쳤구나」 하다。

강론 허허 치고 웃음에 허허 치고 웃음을 합치면 그 사람은 바로 미친 사람밖에 더 되겠나。

〔12〕 本文 上方岳 上堂云하되 夫求法者는 不以身爲身하며 不以命爲命하고 精勤於斯라야 方成道矣니라。 不見가。 菩提達摩가 遠離西國하고 屆于唐土하여 九年向少林面壁하고 覓一介人眼中滴血하여도 尙不能得이라 衆이 謂之壁觀婆羅門이러니 不日之間에 有座主하니 名曰神光이라 博覽群書하고 善談玄理하며 常自歎曰孔老之教는 禮術風規요 莊易之書는 未盡其妙라 近聞達摩大師하니 至人이 不遠에 當造玄境이라니 諸兄弟여 看他因緣하라。 成就了自然之理니라。 到彼에 晨夕参侍하니 非倦疲耶아。 達摩常日端然하야 殊無返顧어늘 一日에 自己思惟하되 昔日求道에 敲骨出髓라 하고 至積雪過膝이라 達摩가 不覺廻首하고 乃發問하되 汝立雪中하니 當求何事오。 至自

斷其臂하야 奉于師前이라 雖然如此나 達摩가 猶未可伊하고 復將言辭責曰諸佛最初求道에 爲法忘形이라。 汝今斷臂吾前이나 亦未可在라 하니라。

達摩良久에 喚伊近前하야 以慈言慰諭하되 汝旣如是하니 吾宜易汝名하야 爲慧可라 하리라。 才得法號하야 便解發問하되 諸佛妙道를 可得聞乎니까 하니 諸兄弟여 達摩到這裡하야 精神이 定動하고 老婆心發하야 便向他道하되 諸佛法印은 非從人得이니라。 是他不覺하고 低頭禮謝하며 復問大師하되 慧可心未安하니 請大師는 安心케 하소서。 至與汝安心竟이로다 하여 於斯에 便傳衣付法하고 紹繼祖燈이니라。 奇怪라。 諸兄弟여 看他古聖得事處하라。 也不容易니라。

雖然如此나 汝等諸人이 還知道被者黑面漢이 過來하야 欺我唐土兒孫하며 誑惑此間衆生麼아。 直至如今에 妄想顚倒하야 求玄求妙로다。 當時에 只向少林하야 九年冷坐底는 多少奇特이라 不妨教人疑着이어니와 及乎被二祖立雪斷臂了하야는 便向者裡把不定하고 撤

屎撒尿하야 說眞如解脫菩提涅槃이로다。 我且問你하노니 諸兄弟여 到者裡하야 合作麽生고。 還各自羞慚麽아。 伊麽時에 稍有一箇靈利衲僧이 出來하여 驀面唾하며 拈拄杖捍하고 將歸西天去하여 教他到處慚惶이면 也道我唐土有人이로다。 只爲汝等諸人이 不喞嚠하여 後各各中他毒藥하여 直至如今受屈이로다。

번역 상방악이 상당하여 이르되『대저 법을 구하는 이는 몸으로써 몸을 삼지 않고 목숨으로써 목숨을 삼지 않고 이에 힘써야 바야흐로 도를 이루느니라。 보지 못했는가。 보리달마가 멀리 서천에서 떠나 당나라에 오셔서 九年 동안 소림에서 벽을 향하고 눈〔眼〕속에 핏방울만한 사람을 찾으려 해도 언지 못했었다。 사람들은 벽만 바라보는 바라문이라 이르더니 며칠 사이에 좌주가 있었으니 이름을 가로되 신광이라、 많은 책을 두루 봤고 까마득한 이치를 잘 말하였는데 항상 혼자서 개탄하여 가로되「공자나 노자의 교는 예법과 법규일 뿐이고 장자나 주역의 서적은 묘함이 극진하지 못했다。 요즘 달마대사를 들으니 지극한 사람이라、 머지 않아서 현묘한 경지에 나아가리라」했으니 여러 형제들이여、 저 인연을 살펴보라。 자연의 이치를 성취하였으리라。 거기에 이르러서 아침 저녁으로 배우고 시봉하니 게으르지 않았다。 달마는 항상 단정하여 달리 돌아보지도 않거늘 하루는 혼자서 생각하기를「옛날엔 도를 구하는 데에 뼈를 깨뜨려서 골수를 뽑아내었다」 하고、 눈이 쌓여서 무릎을 지나는데 이르렀다。 달마가 모르는 곁에 머리를 돌이키고 묻되 「그대가 눈 속에 서 있으니 마땅히 무엇을 구하는가」 하니 스스로 그 팔을 끊어 스승의 앞에 바치기까지에 이르렀다。 비록 이와 같으나 달마는 옳다 않고 다시 말로써 꾸짖어 가로되 「부처님이 최초에 도를 구하시는데 법을 위해 몸을 잊었느니라。 그대가 이제 내 앞에서 팔을 끊어도 또한 옳지 못함이로다」 하였다。

달마는 양구하고 그를 불러 앞에 가까이 하고 인자한 말로써 달래되 「그대가 이미 이렇게 하니 내가 그대의 이름을 바꿔서 혜가라 하노라」 하였다。 혜가는 법호를 얻자마자 질문할 줄 알게 되어 「모든 부처님의 묘한 도를 좋이 얻어 들을 수 있겠읍니까」 했으니 여러 형제들이여、 달마가 여기서 정신이 아찔하고 노파심이 발동하여 선뜻 그에게 말하되 「모든 부처님의 법인은 남〔人〕으로 좇아 얻어지는 것이 아니니라」 하였다。

이에 그는 깨닫지 못하고 머리를 숙여 사례하고는 다시 대사에게 묻되 「혜가의 마음이 편치 못하오니 청컨대 대사께서 마음을 편안케 하여 주소서」 하자 「그대의 마음을 편안하게 해 마쳤느니라」 하기에 이르렀다。 이에 옷을 전하고 법을 부촉하고 조사의 등불을 이어 받으시니、 괴이하구나。 여러 형제들이여、 옛 성인들이 깨달아 얻은 곳을 살펴보라。 쉬운 일이 아니니라。

비록 이와 같으나 그대들 여러분은 저 검둥이가 와서 우리 당나라 아손들을 속이고 이 지방 중생들을 홀린 줄을 알겠는가。 지금까지도 망상과 뒤바뀜으로써 까마득함을 구하고 미묘함을 구하구나。 그때 소림에만 九년 동안을 쓸쓸히 앉았던 것은 제법 기특한 일이어서 사람을 가르치는데 의심점에는 방해롭지 않거니와、二조가 눈속에 서서 팔을 끊는 데 이르러서는 당장에 제자리에서 혼들려 똥 오줌을 뿌리면서 진여・해탈・보리・열반을 말하였구나。 내가 너에게 묻겠노니 모든 형제여、이런 속에 이르르면 어찌해야 되겠는가。 제각기 부끄러운 생각을 내는가。 이때에 어떤 영리한 납자가 있어서 그의 얼굴에다 침을 뱉고 주장자를 들어 앞을 막고「인도로 돌아가라」해서 그로 하여금 이르는 곳마다 부끄럽게 했더라면 우리 당나라에도 사람이 있다고 자랑할 수 있었으련만、다만 그대들이 똑똑치 못해서 그 뒤로 각각 그의 독에 쏘여 지금껏 굴욕을 받고 있느니라』하다。

강론 上方岳이 上堂하여 이르되「대저 法을 구하는 이는 몸으로써 몸을 삼지 않고 목숨으로써 목숨을 삼지 않고 오직 이 일에 힘을 써야 바야흐로 도를 이루느니라」하였다。 아무리 누리가 끝이 없다 할지라도 道는 하나이니 하나뿐인 法道를 구하는 데는 이를 향하는 외길이 있을 따름이다。 보지 못하였는가。 보리달마大師가 血族과 國家도 버린 채 인도로부터 唐의 少林寺에 와서 쓸쓸하게 홀로 壁을 향하여 九年 동안을 앉았다는 사실은 눈속에 핏방울이나 있는 사람을 찾아 大法道를 이 땅위에 심기 위한 手段이요 方便이었으니、그때 사람들은 벽만 바라보는 바라門이라고까지 일렀다。

大師는 面壁한지 九年 동안에 名儒이면서 敦篤한 佛子를 만났으니 성은 姫요 이름은 神光이다。神光은 항상 慨嘆하여 이르되 「孔老의 敎는 禮術風規요 莊易의 書는 未盡其妙다」라고 하였으니、앞은 禮法과 風規에 지나지 아니함이요、뒤는 玄妙한 境界에 미치지 못했다는 뜻인데 그 人物을 짐작하고도 남음이 있다。

神光이 하루는 혼자 생각하기를 「옛날에도 道를 구하는데 뼈를 깨뜨려서 골수를 뽑아 내었다」하고 道風이 높으신 달마大師에게 正法을 얻어 듣기 위하여 눈이 허리까지 미치는 少林寺 마당에서 밤을 지새웠다。大師를 뵙기 위하여 몸으로써 몸을 삼지 않고 목숨으로써 목숨을 삼지 않는 巍然한 뎃거리다。벽을 향하여 앉으셨던 大師는 새벽이 되자 머리를 돌려서 묻되 「그대가 눈속에 서 있는 것은 마땅히 무엇을 구하고저 함인가」하였더니、神光은 그 자리에서 서슴지 않고 품었던 칼로 자신의 한쪽 팔을 끊어서 스승의 앞에 바치기까지 하였다。스승을 처음 찾는 初見禮치고는 너무나 嚴肅한 初見禮다。

부처님의 法印을 얻어 듣게 하여 주사이다。

부처님의 法印은 남에게로 좇아 얻는 것이 아니니라。

기막힌 물음이요、기막힌 답이다!

저의 마음이 편안하지 못하오니 비옵건댄 大師께서 편안케 하여 주시옵소서。

마음을 가져 오너라。 너로 더불어 편안케 해 주리라。

간곡한 물음이요、 간곡한 답이다!

마음을 찾아도 얻을 수 없읍니다。

너로 더불어 마음을 편안케 해 마쳤느니라。

멋진 물음이요、 멋진 답이다!

快哉라。 神光은 大師와의 문답을 契機로 하여 豁然大悟하자 法號는 慧可로 法統은 衣鉢을 證憑으로 傳授가 되었으니 東土에는 비로소 法鼓가 크게 울리기 시작하였다。

上方岳은 이어 이르되 「비록 이와 같으나 여러분은 저 검둥이 늙은이가 唐土의 兒孫들을 속이고 이 地方의 衆生을 홀린 줄을 아는가。 이제까지도 뒤바뀐 妄想으로 玄機를 구하고 妙理를 구하구나」 하였다。 이 무슨 말인가。 兒孫들을 속이고 衆生들을 홀렸다니 말이 될 말이며、 뒤바뀐 妄想으로써 玄機와 妙理를 구하였다니 달마大師가 그렇게 시켰다는 것인가。 함부로 입을 연 죄로 우선 十棒이다。

다시 이르되 「그때 少林에만 九年 동안을 쓸쓸히 앉았던 것은 제법 기특한 일이어서 남들로 하여금 이상히 여길만도 하겠지마는、 及其也엔 二祖가 눈 속에 서서 팔을 끊는 데 이르러서는 당장 제자리에서 흔들려 똥 오줌을 뿌리면서 진여·해탈·보리·열반을 씨부렁거리는 꼴이로구나」 하였다。 무슨 말인지 모르겠다。 아무리 方便인 逆

說이라 하여도 意路에 어긋나니 또 十棒이다。

또 이어 이르되 『이런 경지에 이르면 어찌해야 되겠는가。 제각기 부끄러운가。 이럴 때에 영리한 납승이 나타나서 그의 얼굴에다 침을 뱉고 주장자를 들어 앞을 막고 「천축으로 돌아가라」 해서 그로 하여금 간 곳마다 부끄럽게 했더라면 우리 당나라에도 사람이 있다고 자랑할 수 있었으련만、 다만 그대들이 똑똑치 못해서 그 뒤로 제각기 그의 독에 쏘여 지금껏 굴욕을 받고 있느니라』 하였다。

上方岳의 이야기가 한 마디 격려辭의 口實이 될 수도 있기는 하겠지마는 그러나 틀려먹었다。 道에 어찌 國土의 分別이 있겠으며 法에 어찌 人種의 差別이 있기에 「天竺」이니 「唐土」니 「물러가라」 따위의 言句나 쏟아 놓는 것은 偏挾한 漢奴의 無識폭로이니 당장 형틀에 올려 三十棒을 치고 항쇄를 씌워 下獄시켜라。 허!

〔13〕 **本文** 東林揔 上堂擧此話云하되 嵩嶽이 凌空이라 不虧寸土요 滄溟이 巨浸이라 豈之纖波거늘 何藉墜露添流하고 輕塵足嶽然後에 爲高深者哉아。 徒使穿耳之客이 暗自點頭어늘 華夏兒孫은 例遭失利나 不可道無與渠出氣者로다。 咄。

번역 동림총이 상당하여 이 이야기를 들고는 이르되 「숭악이*一 허공을 꿰뚫었으나 조금의 흙도 이지러짐이 없고 창해가 드넓으나 어찌 가는 물결의 모자람이 없거늘, 어찌 이슬 방울을 강물에 보태고 가는 티끌을 산봉우리에 보탠 뒤에야 높거나 깊겠는가。 한갓 귀 뚫린 [*二] 나그네가 슬쩍 고개를 끄덕이었거늘 화하의 자손들이 덩달아 손해를 본 것이니 그로 더불어 뽐낼 자가 없었다는 말은 하지 말아라」하고 「칵」하다。

강론 嵩嶽이 드높아서 寸土의 이지러짐도 없다 함은 그 眞理가 드높아서 철〔智〕인 手段이라 해도 이지러짐이 없는 것이요、滄溟이 드넓어서 細波의 모자람도 없다 함은 그 法道가 드넓어서 슬기〔慧〕인 方便이라 해도 모자람이 없다는 뜻이다。

이렇듯이 이슬 방울인 知能을 강물에 보태고 가는 티끌인 見解를 산봉우리에 보탠 뒤에야만 眞理인 山이 높고 法道인 江이 넓어지는 것은 아니다。 다만 귀 뚫린 나그네들이 슬쩍 고개를 끄덕이는 것만 보고 兒孫들이 덩달아서 손해를 입기는 하였으나 이렇다고 하여서 그로 더불어 뽐낼 자가 없다고 말하지 말라。 여기에도 본래의 天眞面目을 그대로 갖춘 사람이 있음을 알아야 한다는 것이다。 바로 하나의 警告文인데 이 警告文을 잘 받아들이면 良藥이 되려니와 만약 잘못 받아들이면 毒藥 구실밖에 못하는 것이니 주의하라。 알간!

주 一、崇嶽…山名

二、穿耳客…귀가 뚫린 나그네니 달마大師를 이름。

〔14〕**本文** 廣靈祖 上堂擧此話云하되 諸仁者여 且道하라。有心可安가 無心可安가。 若言有心인댄 二祖自云 覓心了不可得이라 하고 若言無心인댄 達摩道與汝安心竟이로다。 然이나 二祖는 如蟲禦木이요 達摩는 偶以成文이어늘 後代兒孫이 承虛接響하여 說有說無라。是故로 若言其有댄 無狀無形이요 若言其無댄 聖以之靈이로다。認着하면 頭上安頭요 不認하면 斬頭覓活이로다。若即此하면 心不自心이요 若離此하면 非同木石이랴。 莫是離却有無情見하면 即是眞心麼아。且眞是對妄立名이니 又莫是在有無之間麼아。經云 心不在內하며 不在外하며 不在中間及內外라 하니 且道하라。在那裡오。良久云 雲峯은 千古秀요 花木은 四時新이로다。

번역 광령조가 상당하여 이 이야기를 들고는 이르되 『여러분 말해보라。마음이 있어야 편안한가、마음이 없어야 편안한가。 만약 마음이 있다고 말함일진댄 二조는 이르기를 「마음을 찾아도 끝내 얻을 수 없다」 하였고、 만약 마음이 없다고 말함일진댄 달마가 말하기를 「그대의 마음을 편안케 하여 마쳤느니라」 하였다。 그러나 二조는 벌레가 나뭇잎을 먹는 것과 같고 달마는 우연히 글자를 이룬 것 같거늘 후대의 아손들이 헛됨을 받들고 메아리를 접하면서 있다거나 없다거나 한다。까닭으로、있다고 말함인댄 형상도 없고 꼴도 없음이요、없다고 말함인댄 성인은 이로써 영특스럽다。인정을 고집함은 머리 위에 머리를 덧붙이는 격이요、인정을 않으면 머리를 베고서도 살기를 바라는 격이다。만약 이에 나아가면 마음도 제 마음이 아닐 것이요、만약 이것을 여의면 나무나 돌과도 같지 않으랴。있음과 없음의 소견을 여의지 않음이 곧 이 참 마음이냐、또는 참이란 허망을 상대로 세운 이름이니 또한 있음과 없음의 중간에 있지 않음이냐。경에 이르시기를「마음이 안에 있음도 아니고 밖에 있음도 아니며 중간과 안팎에 있음도 아니다」하니 말해보라。어디에 있는가』하고 양구했다가 이르되「구름 봉우리는 천고에 빼어나고 꽃나무는 四철로 새롭구나」하다。

강론 마음이 있어야 편안함인가、마음이 없어야 편안함인가。나위를 더듬어 보자。만약 마음이 있음인댄 어찌하여 二祖는 이르되「마음을 찾아도 끝내 얻어내지 못한다」하였고 만약 마음이 없음인댄 어찌하여 達摩는 이르되「그대의 마음을 편안케 했느니라」하였는고。도대체가 이 어떻게 되는 셈인가。이 있음인가、이 없음인가。알겠는가。있음은 있음이 아닌 있음이기에 없음으로 통하고 없음은 없음이 아닌 없음이기에 있음으로 통하는 것이다。이러기에 마음이란 있음이 없이 있고 없음이 없이 없는 것이 아닌가。그러므로 마음이란 앎이 없이 알고 모름이 없이 모르는 것이 아닌가。이러기에 二祖는 벌레가 나뭇잎을 먹는 것과 같고 달마는 우연히 글자를 이룬 것과 같다고 이르는 것이 아닌가。

때문에 後代의 兒孫들이 거짓과 메아리를 이어 받으면서 있다거나 없다거나 한다。그러므로 만약 있다고 말함일진댄 아무 모습이 없으니 있다고 이를 수 없고、만약 없다고 말할진댄 영통한 슬기가 쏟아져 나오니 없다고 이를 수 없는 것이다。이에 다달아 이 도리를 잘못 알고 한 쪽에 치우치는 固執을 한다면 이것은 머리 위에 머리를 얹음이요、認識을 안해도 머리를 끊고 삶을 찾음이니 어찌하면 되겠는가。

말해보라。만약 이에 나아가면 마음도 마음이 아닐 것이요、만약 이를 여의면 나무나 돌덩이와도 같지 않으니 거기를 향하여 살 길을 찾겠는가。다른 도리가 없다。有無의 情見을 여의라。그러면 바로 眞心이 廓然하느니라。이 眞心인지라 妄念의 相對名이니 有無의 中間도 아닌 無有의 中間이라 일컫지 않겠는가。참으로 드높은 고개다。非理를 따져보라。經의 말씀에도「마음은 안에 있는 것도 아니요、밖에 있는 것도 아니요、또한 중간에 있는 것도 아니니라」하셨으니 마음은 어디에 있는가。우선 마음이 내 안에 있는가、내가 마음 안에 있는가。이것부터 가려내면 經의 말씀도 풀려지게 마련이니 깊이 깊이 살피고 살펴라。

〔15〕**本文** 白雲演 上堂擧此話 至請師安心하여 師云하되 白雲이 當時若見이런들 好與二十棒이로다。何故오。他人이 覷見하면 將謂兩

法 印 272

箇說安心法이로다。 畢竟如何오。 菩薩龍王이 行雨潤하니 遮身向上에 數重雲이로다。

번역 백운연이 상당하여 이 이야기에서 마음을 편케 해 주기를 청한 곳까지를 들고는 이르되 「백운이 만약 보았더라면 스무 방망이를 때렸을 것이다。 무슨 까닭이냐면 남이 엿보면 두 개의 마음을 편케 하는 법이 있다고 이르리라。 끝내는 어떠함인가。 보살용왕이 단비를 뿌리는데 몸을 가린 위에는 몇 겹의 구름이 덮혔구나」 하다。

강론 白雲演이 이 이야기에서 마음을 편케 해주기를 청한 곳 까지를 들고는 이르되 「白雲이 당시에 봤더라면 二十棒을 때렸으면 좋았을 것이다」라고 하였다。 그 이유로서는 남이 엿보면 두 개의 마음을 편케 하는 法이 따로 있다고 여기기 때문이란 것이다。

이 무슨 뜻인고。 慧可가 편치 않은 마음을 찾아도 찾지 못했으니 편치 않은 마음이 있을래야 있을 수가 없고、 大師는 이 嚴然한 事實을 알았기 때문에 「너의 마음을 편안케 하여 마쳤다」 하신 것이니 어찌 두 개의 마음을 편케 하는 法이 따로 있다고 여기겠는가。 이것은 平地에서 風波를 일으킴이니、 먼저 달마와 혜가가 맞을 二十棒으로 老長을 때려야 하겠는데 龍王이 단비를 내리는데 몸을 가린 위에 몇 겹의 구름이 덮히듯이 衆生을 위하여 고생한다는 생각이 몇 겹 덮혀 있음으로 十棒을 감하니 그리 아소。 알간!

〔16〕**本文** 雲門杲普說云 記得二祖問達摩 至與汝安心竟하여 二祖가 當時에 便休歇去하고 又三祖가 問二祖曰弟子身纏風恙하니 請師懺罪하소서。二祖曰 將罪來하라。與汝懺하리라。 三祖良久云하되 內外中間覓罪了不可得이니다。 二祖曰 與汝懺罪竟이로다。 三祖가 當時에 便休歇去니라。 者兩則語를 叢林에 擧唱者如麻似粟하고 錯會者如稻似穀이라 若不作心性會하면 便作玄妙會하고 不作玄妙會면 便作理事會하고 不作理事會하면 便作直截會하고 不作直截會하면 便作奇特會하고 不作奇特會면 便向擊石火閃電光處會하고 不向擊石火閃電光處會하면 便颺在無事甲裡하며 不颺在無事甲裡하면 便喚作古人兩則公安이라 하야 向三條椽下六尺單前하여 閉眉合眼하고 坐在黑山下鬼窟裡하여 思量卜度하나니 若作者一絡索道理하여 欲明此事댄 大似鄭州에 出曹門이라 且喜沒交涉이로다。

既不許伊麽댄 又如何理會오。 雲門은 已是面皮厚三寸이라 分明爲諸人說破하리라。 第一不得錯會我說底하라。 達摩가 從西天將得無

文印子來하여 把二祖面門一印印破하고 二祖得此印하여 不移易一絲頭하고 把三祖面門印破云云하니라。

번역 운문고가 보설에서 이르되『내가 기억하기로는 二조가 달마에게 물을새「너를 위해 마음을 편안케 하여 마쳤노라」는 데에 이르러 二조가 당장에 쉬었고, 또 三조가 二조에게 물어 가로되「제자가 풍병이 들었사오니 청컨댄 스승께서 죄를 참회해 주소서」하니 二조가 가로되「죄를 가져 오너라, 너를 위해 참회해 주리라」하였더니, 三조가 양구했다가 이르되「안팎과 중간에서 죄를 찾았어도 전혀 얻지 못하겠나니다」하였다。이에 二조가 가로되「그대의 죄를 뉘우쳐 마쳤느니라」하니, 三조가 당장에 쉬었다。이 두 가지 말을 총림 사이에서 제창하는 자가 삼대와 좁쌀같이 많고, 잘못 안 자는 벼와 곡식 같다。만약 심성이란 풀이를 짓지 않으면 문득 현묘란 풀이를 짓고, 현묘란 풀이를 짓지 않으면 문득 *一이사(理事)란 풀이를 짓고, 이사란 풀이를 짓지 않으면 문득 *二직절이란 풀이를 짓고, 직절이란 풀이를 짓지 않으면 문득 기특(奇特)이란 풀이를 짓고, 기특이란 풀이를 짓지 않으면 문득 돌 부딪치는 불빛과 번갯불이 번뜩이는 곳이란 풀이로 향하고, 돌 부딪치는 불빛과 번갯불이 번뜩이는 곳이라는 풀이로 향하지 않으면 문득 일 없다는 갑옷 속에 들어 앉고, 일 없다는 갑옷 속에 들어 앉지 않으면 문득 옛사람의 공안이라 지껼이며 세 토막 서까래 밑의 여섯자 자리에서 눈을 지긋이 감고, 검은 산 밑의 귀신굴 속에 앉아 헤아리고 따지나니, 만약 한낱 도리를 따져서 이 일을 밝히려 한다면 영판 정씨의 고을에 조씨 문중이 생기는 것과 같다. 우습고야, 이해가 안간다.

이미 갑옴을 허용치 않음인댄 또 어떻게 이해해야 하는가. 나는 이미 낯가죽이 세치나 두꺼운지라 분명히 여러분께 이르노니, 첫째 나의 말을 잘못 알지 말라. 달마가 서천으로 좇아 문채 없는 도장을 가지고 와서 二조의 얼굴에다 도장을 찍었고, 二조는 이 도장을 얻어서 한 터럭만치도 옮기지 않고 三조의 얼굴에다 도장을 찍었구나』하다.

강론 운문고가 普說에서 이르는 이야기다. 二祖 慧可가 初祖 達摩에게 「마음을 찾아도 얻어내지 못하겠나니다」라는 여쭘에 대하여 「너의 마음을 편안케 하여 마쳤다」는 데까지에 이르자 二祖가 당장에 쉬었음과 마찬가지로 三祖 僧璨이 二祖를 향하여 告하되 「弟子가 風病이 있사온데 청하옵건댄 스승께서 罪를 뉘우치게 하여 주소서」 하니 二祖가 이르되 「罪를 가져 오너라. 너를 위하여 죄를 뉘우치게 하여 주리라」 하였더니 三祖도 또한 크게 깨친 바가 있어서 쉬었다는 것이다.(쉬었다는 말귀는 煩惱와 妄想을 다 놓으니 그 자리에 휘영청한 누리의 지도리〔樞〕가 그대로 드러난 快活處를 이름이다.

法은 하나이나 그 法을 펴는 데의 手段과 方便은 多樣多色이다. 더구나 初祖와 二祖와 三祖 사이의 傳授法에 대하여는 같은 脚本에서 같은 臺詞를 그대로 옮기는 것 같지마는 이 또한 벌레가 나뭇잎을 갉아먹음 같고 우연히 글자가 저절로 이뤄짐과 같은 것이다.

叢林에서는 이 두 문제를 내어 걸고 議論이 紛紛하다. 이 兩句는 人生을 건지는데 절대적인 알맹이를 그대로 露出시킨 소식이라 해도 지나친 말이 아니다. 이 兩句의 소식이 풀리는 때는 어느 때냐. 바로 누리의 全體를 손바닥 위에 올려 놓고 공기 놀리듯 할 때다. 그러기에 잘 알아채고 잘못 알아채는 데서 議論이 紛紛치 않겠는가.

이러므로 해서 그들은 만약 心性으로 풀이를 짓지 않으면 문득 玄妙로 풀이를 짓고, 玄妙로 풀이를 짓지 않으면 문득 理事로 풀이를 짓고, 理事로 풀이를 짓지 않으면 문득 直截로 풀이를 짓고, 直截로 풀이를 짓지 않으면 문득 奇特으로 풀이를 짓고, 奇特으로 풀이를 짓지 않으면 문득 돌 부딪치는 불빛과 번갯불이 번득이는 곳이란 풀이로 향하고, 돌 부딪치는 불빛과 번갯불이 번득이는 곳이라는 풀이로 향하지 않으면 문득 無事라는 갑옷 속에 들어 앉고, 無事라는 갑옷 속에 들어 앉지 않으면 문득 옛사람의 두 가지 公案이라 지껄이며 歲月을 흘려보낼 뿐이니, 이럴진댄 목마른 사슴이 불을 향하여 달림이요 鄭氏 고을에 曹氏 門中이 나타남과 무엇이 다르랴. 어찌 하겠는가, 웃고만 있겠는가.

老長도 이런 이야기를 하는 것은 낯가죽이 三寸이나 두껍다면서 이르되 「달마가 西天에서 無文印을 가지고 와서 二祖의 얼굴에다 찍고 二祖는 이 도장을 얻어서 한 터럭만치의 옮김 없이 三祖의 얼굴에다 찍었구나」 하였다。 이와 같이 玄妙를 極한 도리를 어찌 文語句의 知見解로서 알아채겠느냐는 뜻이다。 그렇다。 言句 밖의 言句를, 文字 밖의 文字를 향하여 나아갈 뿐이다。

㈜ 一、 理事…眞理와 事實。
二、 直截…지름길。 공부를 짓는 데의 빠른 길。

〔17〕 本文 介庵朋 上堂擧二祖云하되 覔心了不可得이라 하니 萬里一身이 輕似葉이로다。 達摩云하되 爲汝安心竟이라 하니 功名이 千古重如山이로다。 然雖如是나 若望衲僧門下댄 料掉沒交涉이로다。 且道하라。 衲僧門下에 有甚長處오。 要知麼아。 聽取一頌하라。

覔心不得如蜂蠆하고 爲汝安心毒似蛇라。
打破祖師舊窠窟하니 丈夫自合有生涯로다。

번역 개암붕이 상당하여 二조가 이른 「마음을 찾아 마쳐도 얻어내지 못한다」 까지를 들고는 『「만 리의 한 몸이 가랑잎 같이 가볍구나」 하고, 달마가 이른 「그대를 위하여 마음을 편안케 하여 마쳤다」에는 「공명이 천고에 산과 같이 겹쳤구나」 하였다。 비록 이렇다 할지라도 만약 납자의 문중에서 바란다면 헤아려봤든 쓸모가 없음이로다。 말해보라。 납승의 문중엔 무슨 장점이 있는가。 알고자 하는가。 한 게송을 들으라』 하고 송하다。

마음을 찾을 수 없다니 벌과 전갈 같다。
그대의 마음을 편케하여 마쳤다니 독사와 같구나。
조사의 켸켸묵은 소굴을 쳐부숴라。
대장부 저절로 살아갈 길이 있으니。

강론 二祖가 말한 「마음을 찾아 마쳐도 언어내지 못한다」는 말귀에 禪師는 이르되 「만 리의 한 몸이 가랑잎 같이 가볍구나」 하였다。 그렇다。 아무리 萬里의 一身이라 할지라도 무게는 가랑잎보다 못하니 그러기에 힘 없는 힘이라서 欲界·色界·無色界를 스스럼없이 굴리는 것이 아닌가。

達摩가 말한 「그대를 위하여 마음을 편안케 하여 마쳤다」는 말귀에 禪師는 또다시 이르되 「功名이 千古에 산과 같이 겹쳤구나」 하였다。 그렇다。 아무리 功名이 千古로 산과 같이 겹쳤다 하나 본래로 머리털 만치의 功名도 없는 것이기에 千古로 산과 같이 겹친 功名이라 일컫는 것이 아니겠는가。

그러나 禪師는 또 이르되 비록 이와 같은 도리를 알아챈다손 치더라도 衲僧門下에서 헤아려 본다면 아무 쓸모도 없다는 것이다。무슨 까닭으로써이냐。道는 앎을 바탕으로 하는 거님〔行〕에 있기 때문이다。그러기에 항상 쓰는 마음을 찾을 수 없다고 여김은 바른 見解를 가로 막는 수작이요、마음의 씀이를 없는 것으로 새김은 저의 목숨을 죽이는 꼬락서니와 무엇이 다르겠느냐는 뜻이다。그러기에 偈頌에서 마음을 찾을 수 없음은 벌과 같고、마음을 편케 한다는 것은 독사와 같은 것이니、祖師의 케케묵은 소굴을 부숴버리고 장부가 스스로 살 길을 찾으란 激勵辭라 않겠는가。

第一〇一、得 髓

〔本文〕 達摩大師 一日에 命門人曰 時將至矣라 盍各言所得乎아。時에 有道副對曰如我所見은 不執文字하고 不離文字하여 而爲道用이니다。祖曰 汝得吾皮로다。尼摠持曰 我今所解는 如慶喜가 見阿閦佛國하여 一見코 更不再見이니다。祖曰 汝得吾肉이로다。道育曰 四大本空하고 五陰이 非有니 而我見處는 無一法可當情이니다。祖曰 汝得吾骨이로다。最後에 慧可가 出禮三拜하고 依位而立이어늘 祖曰 汝得吾髓로다 하고 乃傳衣付法하다。

〔번역〕 달마대사가 하루는 문인들에게 명령하여 가라사대「때가 이르렀느니라。다 제각기 얻은 바를 말해 보겠는가」하셨다。그때에 도부가 가로되「제가 보는 바 같아서는 문자에 집착하지 않고 문자를 여의지도 않아서 도의 쓰임이를 삼겠나이다」하니、조사 가라사대「너는 나의 가죽을[*] 얻었느니라」하시다。비구니 총지 가로되「제가 이제 풀이하는 바로는 경희가 아촉불국을 보는 것과 같이 한 번 보고는 다시 두 번 보지 않습

니다」 하니、 조사 가라사대 「너는 나의 살을 얻었느니라」 하였다。 도육이 가로되 「四대가 본래 비었고 다섯 쌓임이 있음 아니니 제가 보는 곳은 한 법도 좋이 뜻에 둘 것이 없나니다」 하니、 조사 가라사대 「너는 나의 뼈를 얻었느니라」 하였다。 마지막으로 혜가가 나와서 세 번 절을 하고 자리를 따라 섰거늘、 조사 가라사대 「너는 나의 골수를 얻었느니라」 하고는 이내 옷을 전하고 법을 부촉하시다。

〔강론〕 달마大師가 하루는 弟子들에게 「때가 이르렀다。 다 제각기 얻은 바를 말해 보겠는가」 하셨다。

그때에 道副가 가로되 「제가 보는 바 같아서는 文字에 집착되지 않고 文字를 여의지도 않음으로써 道의 씀이를 삼습니다」 하니、 祖師 가라사대 「그대는 나의 가죽을 얻었느니라」 하셨다。 道副는 모든 境界에 머물지도 않으면서 또한 境界를 여의지도 않는다는 뜻이니 좋기는 좋으나 만약 아무 境界도 없을 때에는 마음을 어디에다 머물겠는가。 한 방망이는 맞아야 하겠다。

비구니 摠持가 가로되 「제가 풀이하는 바로는 慶喜가 阿閦佛國을 봄과 같아서 한 번 보고는 다시 두 번 보지 않음이니다」 하니、 祖師 가라사대 「그대는 나의 살을 얻었느니라」 하셨다。 조촐하고 더러움을 하나로 보는 것은 좋다。 그러나 조촐에 앉아서 더러움을 굴리고 더러움에 앉아서 조촐을 굴리는 才幹이 없으면 이 또한 방망이 감이다。

道育이 가로되 「四大가 本空하고 五蘊이 非有하니 저의 보는 곳은 一法도 마음에 두지 않나니다」 하니、祖師 가라사대 「그대는 나의 뼈를 얻었느니라」 하셨다。四大가 本空이나 亦非本空이요、五蘊이 非有나 亦非非有니 한 마디 일러라。만약 지체하면 방망이를 어찌 면하랴。

끝으로 慧可가 나와서 세 번 절을 하고 제 자리에 손 모아 서니 祖師 가라사대 「그대는 나의 骨髓를 얻었느니라」 하셨다。

泰山이 括目來하니
迷悟의 앞소식이로다。
綠水가 掩耳去하니
生死의 앞소식이로다。
東土에 法鼓가 울림이여、
海東의 에밀레 종소리는 구름 밖으로 멀어지네。

神光三拜叉手立
大法撑天雪中人

신광이 세 번 절하고 손 모아 섰으니
큰 법이라서 하늘을 떠받치는 눈 가운데의 사람 일러라。

注 一、阿閦佛…번뇌가 없는 부처님。

〔1〕本文 天衣懷 頌하되,

神光三拜退後立하니 瀑布岩前水長急이로다。

楞嚴會上逞圓通하니 却使老盧雙淚泣이로다。

번역 천의회가 송하되

신광이 세 번 절하고 물러나 뒤에 서니
비랑 끝 폭포에는 물이 길고 급하구나。
능엄회상에서 뚜렷이 통함을 드러냈으나
도리어 늙은 첨지는 눈물을 흘리네。

강론

벽을 향한 九年 동안의 쓸쓸한 心情 뉘 알리。
神光이 세 번 절하고 손 모아 설 때 恨이 풀렸던가。
少林會下에 圓通한 法 심기었으나
도리어 구름 밖의 먼 나라 天竺을 쳐다보고 눈물짓네。

〔2〕本文 智海逸 頌하되

少林眞嗣擇全才하니 諸子紛紛點額廻라。

衣法莫言容易得하라。 曾憑三拜作良媒로다。

번역 지혜일이 송하되

소림의 맏종손 알찬 재주 구하는데
여러 사람 제마다가 갸우뚱거리네。
의법을 전해 받기 쉽다고 하지 마라。
일찌기 세 번 절해 좋은 인연 맺은걸。

강론

法孫이 나셨으니 三界가 진동커늘
눈멀고 귀먹은 사람은 머리만 갸우뚱 하네。
衣鉢을 전해 받는 것 쉽다 이르지 말라。
큰 因緣이 없고 보면 전하여도 못 지니네。

〔3〕本文 南明泉 頌하되

無文印子親提處에 道育揔持皆不顧로다。
唯有牢山立雪人하여 三拜纔終眉剔竪이로다。
眉剔竪여 得皮得髓欺唐土로다。

小室岩前絶點塵이어늘 誰言隻履西歸去오。
群花笑日兮春深이요 落葉翻風兮秋暮로다。
祖師來也急須看하라。 大衆還見麼아。

번역 남명천이 송하되

문채 없는 도장을 몸소 드러내 보이는데
도육과 총지가 다 돌아보지도 않는구나。
깊은 산 눈 속에 서 있던 사람만이
세 번 절하여 마쳐서는 눈썹이 곤두섰네。
눈썹을 곤두세움이여、
가죽을 얻었다 골수를 얻었다 하여 당나라를 속였네。
소실의 바위 앞엔 티끌 한 점 없거늘
뉘라서 신 한 짝 들고 서천으로 갔다 하는가。
꽃들이 해 아래 방글거리니 봄이 깊었고
낙엽이 바람에 나부끼니 가을이 저무도다。
조사께서 오셨다。 빨리 살펴라。
대중은 보았는가。

285 得髓

강론 모습이 없으니 이름도 없는 도장 드러내 보이니 天下가 어리둥절 하네。
道育도 摠持도 돌아다 보지 않구나。
오직 눈 속에서 밤을 새운 사나이에 衝天의 氣槪가 있었던가。
세 번 절하고 눈썹을 곤두세우네。
눈썹을 곤두세움이여、
가죽과 골수를 얻었다니 孔老의 敎와 莊易의 譜를 속임이로다。
어즈버야、小室峰 앞의 風光이 어느새 새로와졌거늘
누구가 신 한 짝을 들고 葱嶺을 넘어 西天으로 갔다 이르는고。
가지가지의 꽃이 웃음을 머금었음은 봄이 깊었음이요
떨어지는 잎이 서리를 띄었으니 가을을 재촉함이로다。
어허! 祖師가 오셨다。빨리 살펴라。대중은 보았는가。

〔4〕 **本文** 法雲秀 頌하되

神光三拜依位立하니 解會都亡未端的이니라。
皮毛說盡孰親疎오。 誰言得髓能情息고。
他家幸自可憐生이라 無事却翻成啾唧이로다。

莫啾唧하라。 石城山下水常急이로다。

번역 법운수가 송하되

신광이 세 번 절하고 자리에 섰으니
견해가 모두 없어져도 완전치 못하구나。
가죽이다 터럭이다 하여 친코 성김이 무엇이랴。
누가 말했던가、골수를 얻어 능히 망정을 쉬었다고。
그분은 다행일까 딱하기만 하였으니
까닭없이 도리어 투덜거렸네。
투덜거리지 말라。
돌성의 산 밑에 물이 항상 급하다。

강론

神光이 三拜를 드리고 그 자리에 선 것은 말 없는 말이지마는
그렇다고 情解는 다 녹아났을까。
가죽이다 살이다 하고 뼈와 골수도 말하였지마는
가죽이 없는 뼈와 골수는 어디에 있겠는가。
그러기에 까닭없이 눈썹을 곤두세웠지。

분주히 굴지 말라。石城山 밑에 물은 급하니라。

〔5〕 **本文** 海印信 頌하되

大海驪珠衆莫窺라　深沈曾未鬼神知니라。
离婁有目應難覩요　罔象無心却可伊로다。
却可伊여!　拾得寒山盡皺眉로다。

번역 혜인신이 송하되

바다속의 여의주를 들여다 본 이 없었나니
깊이 잠겨 귀신도 일찍 알지 못했네。
*一 이루는 눈이 있어도 보기 어렵고
*二 망상은 마음이 없기에 도리어 아네。
알겠는가。
한산과 습득 모두가 눈썹을 찡그리네。

강론

東을 향해 西라 하고 西를 향해 東이라는 뜻을 알겠는가。

三句를 여읜 지혜見라야 아느니라。

离婁는 눈이 있기 때문에 못 보고 罔象은 無心이기 때문에 본다。 알겠는가。

이러기에 寒山과 拾得이 눈썹을 찡그리는 것이 아닌가。

囲 一、离婁…눈 밝은 사람。

二、罔象…무심했던 사람。

〔6〕 本文 保寧勇 頌하되

門前諸子列成行하여 各逞英雄越覇王이로다。

如何獨有無言者가 坐斷毗盧不可當고。

번역 보녕용이 송하되

문 앞에 여러 사람 줄지어 모여 들어

제각기 뽐내면서 초패왕을 이긴다네。

어찌타 홀로 말 없는 이가

비로를 좌단(坐斷)하니 좋이 당하지 못하네。

강론 무엇이 무엇인지 알쏭달쏭 하면서도
제가 저를 모르면서 내만 내라 덤비구나。
말 없는 그 곳에서 三世間을 뛰쳐나면
비로法風 굴림이란 어려운 일 아니리라。

〔7〕 本文 法眞一 頌하되

各言所得孰堪白고。 皮骨由來見淺深이라。
唯有神光三拜立하니 云何得髓便傳心고。

번역 법진일이 송하되
제각기가 얻은 바를 뉘라 감히 사뢰일까。
가죽과 뼈는 보는 바의 차이일 뿐。
신광이 세 번 절하고 손 모아 섬이
어찌하여 골수를 얻고 마음을 전했다 이르는고。

강론 법을 주고 받음이란 말재주에 있지 않다。

가죽 없는 뼈가 있겠으며 뼈 없는 가죽이 또한 있으랴。
신광은 어찌 일찍 하늘 땅을 꿰뚫는 氣槪가 있었던고。
세 번 절하고 서니 三世가 무너졌네。

〔8〕 **本文** 霅溪益 頌하되

三更月照鐵門關하니 多少行人去未還고。
好是一聲歸去笛이 夜深吹過汨羅灣이로다。
(此師錄呂承議問二祖出禮三拜하고 至得吾髓意旨如何오。益이 着語云하되 三更月照鐵門關乃成頌云云)

번역 삽계익이 송하되

삼경의 달이라서 철문관을 비추나니。
얼마나 많은 사람이 간 길을 못 돌아오나。
좋구나、돌아가라는 한 소리의 피리를
밤이 깊은데 불면서 멱라 물굽이를 지나가네。

〔이 스님의 어록에 여승의가 묻되 『二조가 나서서 절을 세 번 하고」에서 부터 「나의 골수를 얻었다」까지의 뜻이 무엇입니까』에 대하여 삽계익이 말하되 「三경의 달

이 무쇠관문을 비추는구나 운운」 하고 이 게송을 이루었다고 하다」

강론

무쇠관문 지나가면 내고향이 틀림없다。
휘영청한 달밤이라 오솔길도 보이구나。
피리소린 웬말이냐 성큼성큼 따라가니
어제부터 걷는사람 물굽이를 돌아가네。

〔雪溪益이 呂承議의 물음에 달마가 答한 말귀를 듣고 이른 三경의 달빛이란 말귀는 밝음도 아니요 어둠도 아닌 自性天을 나퉈보는 것으로 알아두자〕

〔9〕 本文 翠岩宗 頌하되

弟昆各自騁功能하니 獨有家兄徹骨貧이라。
三拜起來無一語하니 鼻孔纍垂盖口唇이로다。

번역 취암종이 송하되

형제가 제각기 공능(功能)을 뽐내는데
맏형만이 몹시도 가난했구나。
세 번 절하고서 한 마디 없으니

콧구멍이 쳐져서 입술을 덮었네。

강론

형제들이 옹기종기 공능만을 뽐내는데
맏형만은 송곳 한 개 꽂을 땅도 없었던가。
세 번 절을 하고서도 한 마디 말 없었으니
텅틔인 허공天에 코와 입인들 쓸모가 있으랴。

〔10〕 本文 曺溪明 頌하되

面貌摸胡百不知라　欺謾唐土大憨癡로다。
有些皮髓分張盡하고　隻履西歸是阿誰오。

번역 조계명이 송하되

몰골을 찡그려서 아무도 모르나니
당나라 백성 속여 바보로 만들었네。
가죽이다 골수다 늘어 놓더니
신 한 짝 들고 간 이 누구이던가。

강론 텁석부리 영감장이 아는사람 없었기에
공자노자 제쳐놓고 다른말로 속이다가
가죽이다 골수이다 얼버무려 놓은다음
신한짝을 움켜쥐고 天竺으로 돌아가네。

〔11〕 本文 天寧照 頌하되

小室峯前面壁時에 誰言傳法與傳衣오。
些兒皮髓分張盡하고 葱嶺空携隻履歸로다。

번역 천녕조가 송하되
소실봉 앞에서 벽을 향해 앉았을 때
법이나 옷을 전했다고 뉘라서 말하는가。
가죽과 골수를 늘어놓고는
총령에서 공연히 신 한 짝을 들고 떠났네。

강론 소실봉 앞 열 자 방에 홀로 오뚝 앉았을 때

법 전한다 옷 전한다 이런 말이 없더구만
우습고야。 가죽과 뼈를 늘어놓고는
신 한 짝을 살짝 들고 총령을 넘어가네。

295 得髓

〔12〕 本文 牧庵忠 頌하되

三拜無言云得髓하니 虛空落地還提起로다。
井底烏龜呑大蟲이요 過水泥牛不露糞로다。

번역 목암충이 송하되

세 번 절하고 말 없는데 골수를 얻었다니
허공이 땅에 떨어졌다가 다시 일어나는구나。
우물 속의 자라가 호랑이를 삼키니
물 건너던 진흙소는 주둥이를 드러내지 못하더라。

강론

세 번 절하고 말 없음에 골수를 얻었다니
허공도 갈 길 몰라 어정대다 다시 그 자리로 돌아왔네。
山川을 뒤흔드는 호랑이도 샘에 떨어지면 자라 밥이 되는 것을 물을 건너는 진흙소의 주둥이는 바늘만치도 못하니라。

〔13〕 **本文** 薦福懷 拈하되 祖師伊麼說話가 無計較中翻成計較요 無途轍中却成途轍이로다。 若教伊踏着德山臨濟門下런들 免見九年冷坐하여 被人喚作壁觀胡僧이로다。 直饒如是라도 也未免殃及子孫이니라。

번역 천복회가 염하되 「조사의 저런 말은 계교 없는 가운데서 번득여 계교를 이루었고 가닥 길이 없는 가운데 물리쳐 가닥 길을 이루었다。 만약 그가 덕산이나 임계의 문하에 발을 들여 놨더라면 九년 동안 쓸쓸히 앉아서 사람에게 벽을 보는 되중이라 불리워지기는 면하였을 것이다。 바로 이렇다 하더라도 자손에게 재앙이 미치는 것은 면하지 못하리라」 하다。

강론 面壁九年을 통하여 無說說을 토해내신 달마大師의 長廣舌은 참으로 凡夫들의 理解 밖의 일이다。 어쩔 수 없는 일이다。 왜냐면 그 手段은 計較가 없는 가운데서 한량없는 計較를 엮어내고、 그 方便은 途轍이 없는 가운데서 한량없는 途轍을 꾸며내는 것이니、 祖師의 伊麼說話는 거룩한 누리의 지도리〔樞〕를 들내 보이는 한낱 비로자나風光이라 하겠다。 이 風光인지라 너무나 엉뚱한 手段이요 方便이기에 뒷 세상 사람들까지라도 어리둥절하게 마련이다。

어리둥절한 老長도 이르되「만약 그가 德山이나 臨濟의 門下에 발을 들여 놨더라면 九年 동안 쓸쓸히 앉아서 남들에게 벽만 보는 되중〔胡僧〕이란 소리는 듣지 않았을 것이다」하였다。 이번에는 老長의 엉뚱한 말에 내가 어리둥절하여진다。 고양이가 어슬렁어슬렁 걸어가는 범을 비꼬는 말과 같다。 老長은 이어 이르되「그렇더라도 子孫에게 災殃을 끼쳐주는 허물은 면하지 못하리라」하였다。 그렇다。 가뭄에 비가 오는데도 옷은 젖으니 災殃이라 하겠지。 그러나 老長의 말꼬리가 알쏭달쏭하니 아마 여기에는 푸른 서슬이 한 가닥 비치었기에 그만 입을 다물기로 하자。

〔14〕 本文 明安 拈하되 且道하라。 更有一人이 出來하면 得箇什麼오。 乃云 不得不得이로다。 又云 意況不到니라。

번역 명안이 염하되「말해 보라。 다시 한 사람이 있어서 나선다면 무엇을 얻겠는가」 이내 이르되「얻지 못한다、 얻지 못한다」 또 이르되「항차 뜻으로 다다르지 못하니라」 하다。

강론 明安의 이야기다。「다시 한 사람이 나선다면 무엇을 얻겠는가」 하였다。 그러기에 거북털개로 妄想을 털어내고, 토끼뿔로 分別을 꿰어드는 것이 아닌가。이어 이르되 「얻지 못한다, 얻지 못한다」 하였다。이 무슨 말인고。만약 내가 그 자리에 있었더라면 당장 이르되 「나는 얻지 못하는 것을 얻겠노라」 하고는 주먹으로 가슴을 쥐어박았으리라。

또 이르되 「항차 뜻으로 다다르지 못하니라」 하였다。뜻으로 미칠 수 없다는 말이다。뜻으로 미칠 수 없다면 도대체 무엇으로 미치겠는가。한 마디 일러라。이 대목도 어물거리지 못하는 곳이다。뜻은 뜻이나 이름 뿐인 뜻이니 어찌 뜻이 따로 있는 뜻이라 일컫겠는가。그러기에 뜻으로 다다르지 못한다는 것이 아니겠는가。참으로 쉽지도 않고 어렵지도 않구나。그러니 두 개를 다 놓으라。놓고 보면 자연 알게 되리라。

〔15〕 本文 翠岩芝 拈하되 二祖가 被他當面塗糊로다 莫道하라。髓皮也不曾摸着이어늘 因甚却紹祖位오。

번역 취암지가 염하되, 二조는 그의 얼버무림을 당했다 말하지 말라。골수와 가죽인들 일찍 더듬지도 못하거늘 어째서 조사의 지위를 이었으리오。

강론 翠岩芝의 이야기다。二祖 慧可는 初祖 達摩에게 깜쪽같이 속았다는 것이다。왜냐면 받보는 골수를 얻었다고는 하지만 가죽마저도 일찍 더듬어 보지도 못하였거늘 어째서 祖師의 地位를 이었겠느냐는 말이다。翠岩芝는 귀를 가리고 방울을 훔치는 格이로다。二祖는 일찍 달마大師를 골수 뿐 아니라 통채로 삼킨 줄은 모르는구나。그러기에 신 한 짝을 들고 슬며시 葱嶺까지 달아났던 달마大師를 되붙들어다가 모시는 것이 아닌가。

그러나 二祖도 일찍 삼킨 달마大師를 토해냈기 망정이지 만약 그렇지 않았더라면 天下의 歷代祖師들은 달마가 남긴 신 한 짝을 신고 아미타佛을 찾기 바빴을 것이다。

〔16〕 本文 丹霞淳 上堂擧此話云하되 信知道法이 不在言詮之上이라 所以로 令諸人으로 離心意識叅하며 出凡聖路學이로다。二祖가 雖然一絲不犯하고 深達法源이나 然이나 仔細點檢將來댄 大似不丈夫라 取人處分이로다。且道하라。丹霞는 別有什麽長處오。良久云 丈夫自有衝天志거늘 莫向如來行處行이니라。

번역 단하순이 상당하여 이 이야기를 들고는 이르되 「도법이 말거리 위에 있지 않음을 믿어 알겠구나。그런 바 사람들로 하여금 마음과 뜻과 알이를 여의어서 참구할지며 범부와 성인의 길을 뛰쳐나서 배울지로다。二조가 비록 한 실끝 만치도 범하지 않고 깊이 법의 근원은 통달했으나 자세히 점검하여 본다면 크게 졸장부와 같은 지라 남의 처분만 취하는구나。말해보라。단하에게는 따로 어떠한 장점이라도 있는가」 하고는 양구했다가 이르되「장부에게는 스스로가 하늘을 찌르는 뜻이 있거늘 여래가 거니던 곳을 향하여 거니지 말라」하다。

강론 丹霞淳의 이야기다。道法이란 말거리 위에 있지 않다는 것이다。實로 그렇다。道法이 어찌 言詮上의 造作이며 心意識下의 所産일까보냐。왜냐면 玄妙를 極한 道法의 바탕은 하나의 智慧이면서 生命이면서 光明이기 때문이다。

이러기 때문에 二祖 慧可가 비록 실한 오라기의 잘못을 犯하지 않고 깊이 法의 根源은 통했다 이르겠으나、그러나 자세히 點檢하여 보건댄 마치 졸장부의 꼴이라는 것이다。무슨 까닭으로써인가。二祖도 본래로 하늘을 찌르는 장부의 뜻이 있는데、이 도리를 모르고 他人의 處分만 기다렸으니 어찌 누리의 지도리〔樞〕를 바로 세울 지혜見의 口實을 하겠느냐는 말이다。그러나 어찌 老長이 세 번 절하는 뜻을 알아채었으리오。道法은 言詮上에 있지 않다면서 言詮을 붙들고 시끄럽게 하며、心意識下에 있지 않다면서 心意識을 붙들고 시끄럽게 하니 그만 입을 봉하고 쉬기나 하여라。萬事가 뜬구름이니 허공이나 쳐다보라。허!

〔17〕 **本文** 天童覺 上堂云하되 裡許含明하니 半夜月通犀角이요 其間

轉動하니 忽地雷花象牙로다。妙在傍叅하니 莫觸尊貴少林이요 九年面壁은 家醜를 不欲外揚이로다。 二祖三拜立時에 口訥이나 誰知內敏이리오。天童은 今日에 也大無端이로다。

번역 천동각이 상당하여 이르되 「속에 광명을 머금었으니 밤중의 달이 무소뿔에 통하고 그 사이에서 굴러 움직이니 갑작스레 우뢰빛이 코끼리 어금니러라。 묘함이 곁에 끼임에 거룩한 소림(少林)을 범하지 말 것이요、九년 동안 벽을 향함은 집안의 추함을 밖에 날리고저 않음이다。二조가 세 번 절하고 섰을 때에 입을 머뭇거렸으나 뉘라 알겠는가、안으로 민첩한 줄을。나는 오늘에야 크게 까닭없는 짓을 하는구나」하다。

강론 法道 그 自體는 본래로부터의 의젓스런 슬기로서 비추고 씀에 있어서 항상 훤히 밝음을 머금고 있다。때문에 밤중의 휘영청한 달은 미련한 물소의 뿔과도 어울리고、境界의 굴림새에 따라 갑작스런 번갯불에도 어진 코끼리의 어금니를 비추는 것이 아니겠는가。

이렇듯이 玄妙를 極한 기미는 玄妙한 사람에 의하여서 굴리어지는 것이니 이에 따라 少林의 凡常치 않은 氣槪는 함부로 犯하지도 못할 뿐 아니라 犯하여서도 안될 것이다。

이에 天童覺이 이르되 달마大師가 天竺으로 좇아 東土에 온 뒤로 少林에서 九年 동안이나 壁을 향해 앉은 것은 「집안의 추한 꼴을 밖에 보이기 싫어서이라」 했으나 이 이야기는 權說에 지나지 않는 것이요, 오로지 본래의 家風을 되세우기 위한 九年 동안의 無說說이었다。 이에 따라 二祖가 三拜한 다음 입을 오무리고 손 모아 섰으나 텅 틔어서 거룩함도 없는 자리에 의젓함을 살핀 大師는 마침내 신 한 짝을 들고 葱嶺을 넘는 風光도 나뉘보지 않겠는가。

〔18〕 本文 長蘆賾 上堂云하되 記得二祖 叅達摩大師하니 誠謂後人標榜이로다。 然而點檢將來댄 當時에 望見少林山하고 便好廻去어늘 何用刺頭入膠盆이리오。 達摩面壁은 口雖不言이나 其聲이 如雷로다 正當伊麼時하여 二祖耳朶가 在甚麼處오。 立雪齊腰하여 操刀斷臂하니 且道하라。 皮下에 還有血麼아。 達摩道하되 如是則可在라니 可謂壓良唐士兒孫이로다。 後來에 達摩問하되 諸緣斷否아。 二祖云 已斷이니다。

達摩云 莫落斷滅否아。 二祖云 不落斷滅이니다。 達摩云 諸緣을 旣

斷이어늘 爲甚不落斷滅고。二祖云 明明不昧하여 了了常知니다。師顧左右云 者裡에 會去하면 佛祖壽命이 永不斷絕이니라。若是初機晩學인댄 實謂醍醐灌頂과 甘露沃心이어니와 如其出格高人인댄 恰似中他毒藥이니라。所以로 二祖禪師 問達摩하되 乞師安心하소서。達摩云 將心來하라。與汝安하리라。二祖云 覔心了不可得이니다。達摩云 吾與汝安心竟이라 하니라。諸人은 要會明明不昧麽아。不得春風花不開니라。要會覔心了不可得麽아。花開又被風吹落이니라。達摩臨歿에 顧謂門人曰 吾在世不久하니 汝等諸人은 各呈所見하라。末後에 二祖出禮三拜하고 依位而立이어늘 達摩云하되 汝得吾髓로다 하니 諸仁者여 二祖가 旣然覔心了不可得인댄 又要他達摩大師髓作麽오。然雖如是나 若無可印信이면 佛法이 爭到今日이리오。且道하라。今日事는 作麽生고。良久云 久立하니 珍重하라。

번역 장로색이 상당하여 이르되 『二조가 달마대사께 참배한 일을 기억하건대 진실로 후인들의 모범이었다。그러나 점검하건댄 당시엔 소림동산을 건너다 보기만 하고 돌아갔어야 좋았겠거늘 무엇에 쓰려고 머리를 찔러서 아교를 동이로 부어 넣었는가。달마가 벽을 향한 것은 입으로는 비록 말이 없었으나 그 소리는 우뢰와 같았다。바로 그럴 때에 二祖의 귓전이 어디에 있겠는고。허리까지 차는 눈에 서서 칼을 잡고 팔을 끊었는데 말해보라。가죽 밑에 도리어 피가 있던가。달마가 말하기를 「그러면 되었다」했으니 당나라 아손들을 억눌렀다 이르리라。뒤에 달마가 묻기를 「모든 연(緣)을 끊었느냐」하니 二조가 이르되 「이미 끊었읍니다」했다。달마 이르되 「단멸에 떨어지지 않느냐」하니 二조가 이르되 「단멸에 떨어지지 않았나이다」하니 달마 이르되 「모든 연을 이미 끊었거늘 어찌하여 단멸에 떨어지지 않음인고」二조 이르되 「또렷또렷하여 어둡지 않고 해말쑥하여 항상 알기 때문입니다」하였다』하다。

선사는 좌우를 돌아보면서 이르되 『속을 알아채면 불조의 수명은 길이 끊이지 않으리라。만약 처음 배우는 이라면 참으로 제호(醍醐)를 정수리에 붓거나 감로가 마음을 살찌게 하겠지만 만일 뛰쳐난 대장부라면 흡사 독약에 취한 것 같으리라。그런 바로써 二조 선사가 달마에게 묻되 「스승께서는 마음을 편안케 해 주십시오」하니 달마 이르되 「마음을 가져 오너라。편케 해주리라」하였다。二조 이르되 「마음을 찾아도 얻을 수 없읍니다」하니 달마 이르되 「나는 너의 마음을 편안케 하여 마쳤노라」했으니 여러분! 이 또렷또렷하여 어둡지 않음을 알아채려는가。봄바람을 언지 않으면 꽃은 피지 못한다。마음을 찾아도 언어 내지 못함을 알아채려는가。꽃이 피더니 다시 바람에 불려 떨어지는구나。

달마가 열반에 다달아 제자들을 돌아보며 가로되 「내가 세상에 있음이 오래지 않으니 그대들은 제각기 소견을 말해 보라」 하니 맨 마지막에 二조가 나와서 세 번 절하고 제자리에 서니 달마 이르되 「그대는 나의 골수를 얻었다」 하였으니 여러분! 二조가 이미 마음을 끝내 찾지 못했거늘 또 달마대사의 골수를 얻었다는 것은 무엇을 뜻하는가。 비록 이와 같으나 인가가 없었다면 불법이 어찌 오늘에 이르렀는가。 또 말해보라。 오늘 일이란 어떤 것인가』 하고 양구했다가 이르되 「오래 서 있어서 미안하오」 하다。

강론 二祖 慧可가 初祖 達摩께 三拜한 일을 되새기며 진실로 뒷세상 사람들의 標傍이 되리라는 點을 크게 찍어 놓고는 「그러나」라는 말귀가 뒤쳐 나옴을 잊지 않는다。 왜냐면 自己分上으로 문제를 굴리기 때문이다。 二祖의 지난날을 點檢하여 보건댄 그대로 少林동산을 멀찌감치 건너다 보기나 하고 돌아갔어야 좋았을 것을 어찌 그곳에 주저앉아서 남의 머리에다 구멍을 뚫고 아교를 동이로 부어가면서 人生의 行路를 바꿔 놓도록 했느냔 말이다。

마침 달마는 九年 동안 벽을 향하여 無言行을 닦는 그 威儀는 大衆을 눌렀고 그 眼光은 사람으로 하여금 正視를 不許하였으니 이에 그 道風인들 어찌 東土를 휩쓸지 않겠는가。 이때 총명한 귓전은 어디로 향하여 달리겠는가。 二祖는 마침내 허리까지 쌓인 눈에 서서 칼을 집어 팔까지 끊는 求道心을 보였다。

달마는 그 뒤 二祖에게 묻기를 「諸緣을 끊었느냐」 했더니 「이미 끊었읍니다」 하였다。 어려운 일을 斷行하였구나。 三惡塗나 三善塗를 짓는 것이 다 因緣의 탓이 아니던가。 달마는 다시 묻되 「斷滅에 떨어짐이 아니냐」 하였다。 나무나 돌멩이 같이 寂滅을 위한 寂滅에 들어 앉지나 않았느냐는 말이다。 二祖 대답하되 「斷滅에 떨어지지 않았읍니다」 하였다。 斷滅에 안 떨어졌다는 말 뿐이지 무엇으로 證明을 하겠는가。

달마는 또다시 이르되 諸緣을 이미 끊었거늘 어찌 斷滅에 안떨어짐이냐」 하였다。 잘 못 생각하면 모든 인연을 끊었으니 바로 斷滅이 아니냐고 여기는 것도 무리는 아니다。 그러나 이것은 죽음을 뜻하는 斷滅이 아니니 잘 생각하라。 二祖가 또다시 이르되 「또렷또렷하여 어둡지 않고 해맑쑥하여 항상 앎이니라」 하였다。 휘! 人生을 굴리는 데의 手段이요 方便으로서는、 절대에 속하는 手段이요 方便으로 보아도 좋다。

또렷또렷하여 어둡지 않음이여!
十方의 알맹이로다。
해말쑥하여 항상 앎이여!
三世의 지도리〔樞〕로다。

이 소식이 바로 佛祖의 壽命을 길이길이 굴리는 二祖의 전갈이다。 살피고 또 살펴서 놓치지 말라。

불꽃이 튀기는 問答 끝에 달마大師는 좌우를 돌아보시고 계속 이르시되

「그대들은 또렷또렷하여 어둡지 않음을 알아채고자 하는가。

봄바람을 얻지 못하면 꽃은 피지 못한다。

마음을 찾아도 찾아 얻지 못함을 알아채고자 하는가。

꽃이 피더니 다시 바람에 불려 떨어지는구나」 하였다。

한 여김을 일으키니 萬法이 너울거리고 한 여김을 거두우니 百計가 적적해지는 것은 「또렷또렷하여 어둡지 않고 해맑쑥하여 항상 아는 자리」에서 이뤄지는 것이다。

달마大師가 臨終에 門人들을 돌아보시고 「나는 세상에 오래 있지 못하니 너희들은 각기 所見을 말해보라」 하셨다。 그때 二祖가 나와서 三拜를 올리고 제자리에 서니 달마가 「그대는 나의 골수를 얻었느니라」 하셨다。 자! 어떻게 생각하는가。 二祖가 그랬듯이 마음을 찾아도 끝내 찾지 못하였거늘 달마大師의 골수를 얻었다는 말은 무엇을 뜻함인가。 印可를 뜻함이다。 실로 이와같은 儀則이 없었더라면 어찌 佛法이 오늘에 이르렀겠는가。

〔19〕 **本文** 白雲演이 上堂擧達摩大師云하되 誰得吾正宗고。 出來하라。 與汝證明하리라。 尼摠持云 據某見處컨댄 如慶喜見阿閦佛國하여 一

見更不再見이니다。達摩云 汝得吾皮로다。道育云 據某見處컨댄 實無一法當情이니다。摩云 汝得吾肉이로다。二祖禮三拜依位而立하니 摩云 汝得吾髓라 하니라。師云 當時若見他三人伊麼道런들 各人에 好與三十棒하리라。只如白雲도 今日에 也合喫二十九棒이로다。留一棒與汝諸人하노니 其間에 若有知痛痒者면 不辜負先聖이요 亦乃得見白雲이어니와 其或未知댄 堂裡에 喫粥喫飯하되 更須爛嚼이어늘 多見是渾圇呑却이로다。

번역 백운연이 상당하여 달마대사가 제자들에게 이르기를 「누가 나의 바른 마룻대를 얻었는가。나오라。너를 위하여 증명하리라」하니 비구니 총지가 이르기를 「제가 알기로는 아난이 아촉불국을 뵈온 것 같아서 한 번 보고는 다시 보지 않습니다」하니 달마 이르되 「그대는 나의 가죽을 얻었다」하였고 도육이 「나의 소견으로는 한 법도 마음에 붙일 것이 없읍니다」하니 달마 이르되 「그대는 나의 살을 얻었다」하였고 二조가 세 번 절하고 제자리에 서니 달마가 이르되 「그대는 나의 골수를 얻었다」한 곳까지를 들고는 선사가 이르되 「그때 그런 말을 하는 세 사람을 보았더라면 각각 서른 방망이를 때렸으면 좋았을 것이요、나 백운도 오늘 스물 아홉 방망이를 맞아야 할 것이다。

나머지 한 방망이는 남겼다가 여러분에게 주겠으니 그 사이에 가려운 것을 아는 자가 있으면 옛 성인들을 저버리지 않음이요 또한 이에 백운도 언어 보겠거니와 혹 알지 못한다면 식당에서 죽이나 밥을 핥아 먹되 꼭꼭 씹어 먹어야 할 것인데 거의가 통째로 삼키는구나」하다。

강론 白雲演이 上堂하여 氣焰을 토한다。달마大師가 이르되「누가 나의 바른 마룻대를 얻었는가。나오너라。너를 위하여 증명하리라」했더니 비구니 捴持가 나와 이르되「제가 알기로는 아난이 阿閦佛國을 뵈온 것 같아서 한번 보고는 다시 보지 않습니다」하니 달마가 이르되「그대는 나의 가죽을 얻었느니라」하였고、道育이 이르되「실로 나의 소견으로는 한 법도 마음에 붙일 것이 없나이다」하니「그대는 나의 살을 얻었다」하였고、二祖가 三拜를 올리고 제자리에 섰더니 달마가 이르되「그대는 나의 골수를 얻었느니라」한 곳까지를 들고는 白雲演이 이르되「내가 만약 그런 말을 하는 三人을 봤더라면 三十棒을 때렸으면 좋았을 것이다。뿐이랴 나 白雲도 二十九棒을 맞아야 할 것이요 나머지 一棒은 남겼다가 꼭 쓸 자리에 써야 하겠다」하였다。

그렇다면 어찌하여서 三人이 三十棒씩 맞아야 하는가。이렇다。똑똑하여서 어둡지 않고 해말쑥하여서 항상 아는 자리임에도 거리낌 없이 달마大師의 權說을 그대로 받아들이는 경우라면 그 罪가 크기 때문이다。뿐이랴。이 자리의 白雲 白身도 세삼 平地

에 風波를 일으킨 罪 또한 적지 않으니 二十九棒을 自請한 것이요、 나머지 一棒은 先聖의 言行에 대하여 그 가려운 곳을 느끼지도 못할 뿐 아니라 죽을 먹을 때 밥을 먹고、 밥을 먹을 때 죽을 먹을 줄도 모르는 이에게 쓸 것이라니 그렇다면 二、三棒 더 남겨둘 것을 잘못되었군그래!

〔20〕 **本文** 翠岩宗 拈하되

我這裡에 無皮骨肉髓하니 汝等諸人은 作麼生會오。且道하라。當時梁王面前에 將出底가。是皮아 是髓아。後來에 還有人이 會得也無아。

번역 취암종이 염하되 「나는 여기에 가죽도 뼈도 살도 골수도 없으니、 그대들은 어떻게 생각하는가。 말해 보라。 당시에 양왕의 앞에서 끌어낸 것이 가죽인가 골수인가。 나중의 어떤 사람이 이 뜻을 알겠는가」 하다。

강론 당시에 梁王의 앞에서 드러낸 것이 理를 말하였다면 이 곳에서는 事를 든 것이다。 事와 理가 둘이 아니라 이를지라도 理를 말할 때 事를 굴릴 줄 알고 事를 말할 때 理를 굴릴 줄 알아야 理와 事는 가지런하게 쓰여지는 것이 아닐까。 그러기에 梁王과의 問答이나 弟子와의 問答에 있어서 曰可曰否는 必要가 없다고 보아 두자。

〔21〕 本文 圭峰 法集別行錄注에 云하되 達摩云 三人이 得我法이나 深淺이 各不同하니 尼揔持所得의 如肉은 斷煩惱得菩提이요 道育如骨은 迷則煩惱며 悟則菩提요 慧可如髓는 本無煩惱요 元是菩提라 하니라。

번역 규봉의 법집별행록주(法集別行錄注)에 이르되 『달마께서 「세 사람이 모두 나의 법을 얻었는데 깊고 얕음이 각각 같지 않으니 총지비구니가 얻은 바가 살 같다 함은 번뇌를 끊고 보리를 얻는다는 것이요、 도육의 얻은 바가 뼈 같다 함은 미혹하면 번뇌요 깨달으면 보리라는 것이요、 혜가의 얻은 바를 골수 같다 함은 본래로 번뇌가 없고 원래로 보리라」는 뜻이니라』 하다。

강론 한 사람이 法을 說하나 듣는 사람에게 있어서 千이면 千이 다르고 萬이면 萬이 다르다。 왜냐면 상대적인 根機의 差가 分明하기 때문이다。 그러기에 같은 달마大師의 門下生이면서도 비구니揔持가 얻은 바가 살과 같음은 번뇌를 끊고 보리를 얻음이요、 道育이 얻은 바가 뼈와 같음은 미한 즉 번뇌요 깨친 즉 보리요、 慧可가 얻은 바가 골수와 같음은 본래로 번뇌가 없고 본래가 보리라는 도리를 깨쳐 아는 等等의 事實이다。 根機의 차이에 그 원인이 있는 것이 아니고 무엇이겠는가。 그러나 學人들은 根機란 字句에 얽매이지 말고 胡僧달마와 석가를 팔아 먹는데 한결같아야 할 것이다。잘 팔아 먹으면 世間을 뛰쳐나려니와 만약 잘못 팔아 먹으면 三塗지옥을 면치 못한다。에잌!

〔22〕本文 浮山遠 九帶集에 云하되 只如前二人은 說得甚分明이어늘 祖師因何言他得皮得肉이며 二祖는 只禮三拜이어늘 祖師印可시기를 得之於髓라실까 將知善道者는 不在言詮之下로다。又古人相承安立이 不乖節次요 齋排推讓이 須至窮源然後에 方盡聖意矣니라。

번역 부산원의 구대집(九帶集)에 이르되 『앞의 두 사람은 말을 또렷또렷하게 했거늘 조사께서는 어찌하여 가죽을 얻고 뼈를 얻었다 말했으며 二조는 절만 세 번 했거늘 조사께서 인가하시기를 「골수를 얻었느니라」 하였을까。그러므로 도를 아끼는 이는 말거리 아래에 있지 않음을 알겠다。또 옛 사람이 서로 이어 세우는데 절차에 어긋나지 않고 가지고 물리치고 밀고 사양함이 궁극점에 이르른 뒤에야 바야흐로 성현의 뜻을 다하였다고 여겼느니라』 하다。

강론 道는 文字 위에 있는 것이 아니고 그 文字 밖에 있는 것이며 法은 言詮 아래

있는 것이 아니고 그 言詮 밖에 있는 것이다。 그러기에 살을 얻고 뼈를 얻었다는 二人에게는 돌아보지도 않고 세 번 절하고 제자리에 손을 맞대고 서서 있는 慧可에게 印可를 내리고 信標로는 衣鉢을 전한 것이니, 아무리 또렷한 말을 할지라도 그 또렷한 말은 또렷한 말마디인 보리相이기는 하나 보리 自體로서인 「텅 비어서 거룩함도 없는」 그 자리는 아니니, 무슨 까닭으로써이냐。言路와 意路가 있기 때문이라 않겠는가。

〔23〕 **本文** 佛鑑勤이 擧圭峰云云하되 至元是菩提 頌曰

風吹風水洗水여　　少林諸子分皮髓라。
神光會不動波瀾하니　　無限鱗龍皆沒背라。
難難이여
能耳一峰天外出하니　　至今留得雪中看이로다。

번역 불감근이 규봉의 말에서 원래 보리라 한 곳까지를 들고는 송하되

바람은 바람을 불고 물은 물을 씻으니
소림의 여러 제자는 가죽과 골수로 나뉘었네。
신광이 일찍 물결을 일으키지 아니 하더니

무수한 용의 무리는 다 주둥이가 없네。
어렵고도 어렵구나。
웅이산의 한 봉우리는 하늘 밖으로 치솟았는데
이제껏 남아 있어 눈을 덮고 서 있구나。

강론

바람은 바람을 몰고 오고 물은 물을 밀고 가듯이
슬기는 슬기를 낳고 풀이는 풀이를 쫓는다。
소림의 제자들이 뼈와 가죽을 나눠 봤든
한 집안의 風光인데 안과 밖을 어찌 가르랴。
二祖가 세 번 절하고 손 모아 서서 입을 오무리니
숱한 고기와 용들의 주둥이가 없어진듯 天下는 조용하구나。
쉽지 않으니 어려움이라 할까。
웅이산 봉우리가 하늘 밖으로 치솟았으니
눈 속에서 지새운 신광인가 하여라。

第一〇二、本來玆土

〔本文〕 達摩大師 偈云하되

吾本來玆土하니 傳法救迷情이라。
一花開五葉하니 結果自然成이라。

〔번역〕 달마대사가 게송에 이르되

내 본래 이 나라에 온 것은
법을 전해 미한 마음을 구함이네。
한 줄기 꽃에 다섯 잎을 피우니
저절로 열매는 맺히어짐이네。

315 本來玆土

〔강론〕 달마大師는 석가世尊의 二十八代 法孫이시다。大師가 東土에 오신 것은 靈山會上에서 世尊이 百千萬人天衆에게 一朶花를 들어 보이심에、대머리 가섭尊者 혼자만이 빙그레 웃으신 소식을 전하러 오신 것이다。그렇다면 부처님의 正法眼藏으로 하여금 衆生의 迷情을 쓸어내시는 데 그 懷抱가 있음이 아니겠는가。偈에도 頌하시되

첫째「내가 본래 이 나라에 온 것은 법을 전해 미한 마음을 구하기 위함이라」 불렀으니 이것은 누리의 지도리〔樞〕인 正法眼藏을 人天衆에게 전하기 위함이요、

둘째「한 줄기 꽃은 다섯 잎을 피우니 열매는 저절로 열린다」 불렀다。 한 꽃이란 달마 自身을 가리키는 말이라 하면 다섯 잎은 二祖로부터 六祖까지의 五代를 뜻하는 말이라고도 하겠지마는 혹은 다섯 잎을 六祖 뒤로의 禪宗이 臨濟·曹洞·潙仰·雲門·法眼의 五宗으로 나뉘임을 말할 수도 있다。

이에 따라 五葉이 이루어진 뒤로 禪宗은 東方에서 大興하였으니 열매는 저절로 열렸다고 일컫지 않겠는가。 그러나 다 이 相符說이니 오로지가 하나인 지도리〔樞〕에서 萬法이 굴리어진다고 보면「한 움큼의 맑은 바람이 부니 구름은 가고 풀은 눕느니라」 하여 두자。

有緣萬里單身來
付囑大法雪中人

인연이 있었던가、 만리 길을 홑몸으로 오시더니。
큰 법을 전했구나 눈 가운데 사람에게。

〔1〕 **本文** 天台韶國師 因僧問하되 一花開五葉하여 結果自然成이라 하니 如何是一花니꼬。師云 日出月明이니라。僧云 如何是結果自然成이니꼬。師云 天地皎然이니라。

번역 천태소 국사에게 어떤 중이 묻되 「한 줄기 꽃에 다섯 잎이 피어서 열매는 저절로 열린다 하니 어떤 것이 한 꽃 입니까」 국사가 이르되 「해가 뜨고 달이 밝은 것이니라」 하니、중이 이르되 「어떤 것이 열매는 저절로 열리는 것입니까」 하니 국사가 이르되 「하늘 땅이 환한 것이니라」 하다。

강론 하나는 곧 많음을 머금고 있으니 많음은 곧 하나다。그러나 차별現象으로 보면 하나는 어디까지라도 하나요 많음은 어디까지라도 많음이니、어떤 중이 天台韶에게 묻는 것도 이런 뜻이리라。

어떠한 것이 한 줄기의 꽃이니까。

해가 뜨고 달이 밝음이니라。

만약 나에게 물었더라면 「낮에는 달이 안 뜨고 밤에는 해가 안 뜨더군」 하였으리라。

어떠한 것이 열매는 저절로 맺히는 것입니까。

하늘과 땅이 환한 것이니라。

만약 나에게 물었더라면 「지아비는 쟁기로 밭을 갈고 지어미는 어린애에게 젖을 먹임이로군」 하였으리라。

〔2〕 本文 仁岳禪師 因僧問하되 一花開五葉하고 結果自然成이라 하니 如何是那一花니꼬。師云 不堪供養佛이니라。僧曰 摘向什麽處니꼬。師云 十字糞堆頭니라。

번역 인악선사에게 어떤 중이 묻되 「한 송이의 꽃에 다섯 잎이 피고 열매가 저절로 맺힌다 하니、어떤 것이 한 송이의 꽃입니까」 하니 선사가 이르되 「부처님께 공양할 수 없느니라」 하고 중이 가로되 「어디서 따야 됩니까」 하니 선사 이르되 「네거리의 똥무더기니라」 하다。

강론 어떠한 것이 한 송이의 꽃입니까。

부처님께 공양할 수 없느니라。

만약 그때 나에게 물었더라면 「허공을 향하여 공양함이니라」 하였으리라!

어디에서 따야됩니까。

네거리의 똥무더기니라。

만약 그때 나에게 물었더라면 「응달도 아니고 양달도 아닌 데서 따느니라」 하였으리라!

〔3〕 **本文** 福昌信 因僧問하되 一花開五葉이라 하니 如何是第一葉이니꼬。 師提起坐具한데 僧曰 雲生片片이요 雨點霏霏로다。 師云 不痛不知傷이로다。 僧曰 這箇는 猶是風生雨意이니와 如何是第一葉이니꼬。 師將坐具하여 摵一摵하니 僧이 拍掌이어늘 師云 一任跨跳로다。

번역 복창신에게 어떤 중이 묻되 「한 송이의 꽃에 다섯 잎이 피었다 하니, 어떤 것이 첫째 잎입니까」 하니 선사가 좌복을 들어 올리다。 중이 가로되 「구름이 생기니 조각조각이요, 빗발이 뿌리니 방울방울입니다」 하다。 선사가 이르되 「아프지도 않고 다친줄도 알지 못하는구나」 하니 중이 가로되 「그것은 오히려 이 바람에 비가 오려는 뜻이거니와 어떤 것이 첫째 잎입니까」 하다。 선사가 좌복을 가지고 한차례 때리니 중이 손뼉을 쳤는데, 선사가 이르되 「마음대로 깡충깡충 뛰어라」 하다。

강론

福昌信과 어떤 중과의 法놀음이다。

「一花에 五葉이 피었으니 어떤 것이 첫째 잎입니까」 하였다。 선사는 좌복을 들어 올렸다。

틀렸다。 중을 가까이 오라 하여서 그의 입을 틀어막아 줄 것을。

중이 이르되 「구름이 생기니 조각조각이요, 빗발이 뿌리니 방울방울이로다」 하였다。

틀렸다。 조각조각이 모였으니 큰 구름이요, 방울방울이 합쳤으니 물동이 비인데 잔소리에서 큰 소리가 터질 줄 모르는가 보다。

福昌信이 이르되 「아프지도 않고 다친 줄도 알지 못하구나」 하였다。

틀렸다。 아프기에 찾아왔고 다친 줄 알기에 處方을 구하는 것이 아닌가。

중은 다시 이르되 「그것은 오히려 이 바람에 비가 오려는 뜻이거니와 어떤 것이 첫째 잎입니까」 하였다。

틀렸다。 이 바람에 비가 오려는 뜻을 알았으면 一花에 五葉이 핀 소식도 알았을 것이요 어떤 것이 첫째 잎인가도 알 만 한데, 무슨 까닭으로 머리 위에다 머리를 덧붙이고 업은 아기를 두고 또 아기를 찾으려는가。

福昌信이 좌복을 가지고 한 차례 때리니、중이 손뼉을 치는데 「마음대로 깡충깡충 뛰어라」 하였다。

그렇다。수미산보다 무거운 좌복을 던졌으니 남섬부주가 쪼개지고、우뢰소리보다 더 한 손뼉을 쳤으니 시절이 바뀌는구나。알겠는가。하나는 白頭山에서 하나는 漢拏山에서 살림을 꾸리나、牽牛가 織女를 찾고 織女가 牽牛를 찾은들 무슨 상관이 있겠는가。

〔4〕**本文** 五祖演 擧此話云하되 達摩大師 信脚來信口道어늘 後代兒孫이 多成計較로다。要會開花結果處麼아。鄭州梨青州棗여 萬物이 無過出處好니라。

번역 오조연이 이 이야기를 들고는 이르되 「달마대사는 발길 닿는대로 와서 입이 열리는대로 말해 버렸거늘 후대의 아손들이 계교를 많이 하는구나。꽃 피고 열매 맺는 곳을 알아채고자 하는가。정주의 배와 청주의 대추이니 만물은 생산지가 좋은 것에 지나지 않느니라」 하다。

강론 大道를 天下에 넓히시기 위하여서 달마大師는 발길 닿는대로 와서 입이 열리는대로 말해 버린 듯 하지마는 여기에는 누리의 기미가 의젓스리 서리어져 있다。 그럼에도 거리낌이 없이 後來 兒孫들은 제 나름대로 計較하고 제 깜냥대로 分別하면서, 꽃 피고 열매 맺는 秘訣을 알아내려고 하니 어찌 힘이 안들겠는가。 그 秘訣의 배는 鄭州로 가고 秘訣의 대추는 青州로 가야 얻는 것이니, 因緣이 닿으면 時節을 만나야 하고 時節을 만나면 因緣이 닿아야 비로소 大道는 이뤄지는 것으로 보아두자。

〔5〕 **本文** 育王諶 擧此話云하되 開花結果는 不無達摩大師어니와 其如花果因由는 未曾道着이로다。 瑞岩이 不惜眉毛하고 與汝道看하리라。

但得春風齊着力하여 一時吹入我門來로다。

번역 육왕심이 이 이야기를 들고는 이르되 「꽃 피고 열매 맺음은 달마대사가 없지 않거니와 그 꽃과 열매의 인유는 일찍 말하지 못했구나。 서암이 눈썹을 아끼지 않고 그대들에게 말해보리라。

다만 봄바람 가지런한 힘만 얻으면
한때에 우리 문턱으로 불어 닥치리라」 하다。

강론 「꽃이 피고 열매가 맺는 것에는 달마大師가 없지 않거니와 그 꽃이 피고 열매가 맺는 因由는 일찍 말하지 못했구나」 하였다。 자! 말해보라。 꽃이 피고 열매가 맺음은 어디에 基因함인가。 두 말할 것 없이 平等性 위에 심기어진 因은 스스로가 짓는 緣을 되돌아 의지하여 이뤄지는 것이니、 다시 말하자면 인연을 따라서 굴리어지는 一切萬法은 의젓하여서 움직이지 않는 절대性의 굴림새가 아니겠는가。

育王諶은 偈로 當處를 頌하였다。

다만 봄바람의 가지런한 힘만 얻어낸다며는
한때에 우리 문턱으로 불어 닥치리라。

참으로 좋은 偈頌이다。 이 봄바람은 절대의 平等性이요、 절대의 圓明體요、 절대의 智慧源임을 뜻함으로 알아두자。

第一〇三、隻 履

〔本文〕 達摩歸寂이어늘 葬熊耳山三歲에 魏宋雲이 奉使西域이러니 廻遇師于葱嶺이라 見手携隻履하고 翩翩獨逝어늘 雲問하되 師何往이니꼬。 師曰 西天去하노라。 雲이 曁復命하고 具奏其事한데 帝令啓壙하니 惟空棺에 一隻革履存焉이라。

〔번역〕 달마가 열반에 들어 웅이산에 장사한 지 세 돐만에 위〔魏〕의 송운이 서역에 사신으로 갔다가 돌아오다 총령에서 대사를 만났는데 보니 손에 신 한 짝을 들고 나는 듯이 가는데, 송운이 묻되 「스님 어디로 가십니까」 하니 대사가 가로되 「서천으로 가노라」 하다。 송운이 돌아와서 복명하고 그 일을 자세히 아뢰었더니 황제의 명령으로 광을 열었는데 빈 관에는 짚세기 한 짝만 남아 있더라。

〔강론〕 달마大師가 열반에 드시자 態耳山에다 葬事를 지냈다。 그런데 葬事를 지낸 지 三年만에 魏使 宋雲이 王命을 받들고 西域을 다녀오다가 葱嶺에서 우연히 逝去하신 大師를 만났다。 宋雲은 크게 놀래었을 뿐 아니라 크게 疑心을 하면서 자세히 보니 大師는

조금도 生時나 다름없이 손에 신 한 짝만 든 채 西天을 향하여 훨훨 가신다。 이때만 하더라도 廓然無聖이라는 銘句가 儒學界에서도 波動을 일으킬 때인만큼 이 문제에 대하여는 큰 關心事였을 것이다。

세상을 버리신지 三年이나 되신 달마大師는 어떠한 時節이 닿았음인양 幻身을 나투시어 葱嶺을 넘어 가시다가 魏使 宋雲을 만났으니 말이다。 놀라운 일이 아닐 수 없다。 이 境界는 바로 달마의 境界다。 만약 現實面에만 固執하는 凡夫의 知見으로 是是非非를 論할 자리가 아니다。 淺見으로 이런 事實이 있을 수 없다는 誹謗이라도 한다면 罪를 犯한다。 때문에 이와같은 事實은 어디까지라도 달마大師의 境界로 보아야 함을 거듭 다짐하여 둔다。

宋雲은 묻되 「스님은 어디로 가십니까」 하였다。

去來가 끊어진 자리에서 去來를 나투어 보임이로다。

大師는 「西天으로 간다」 하셨다。

宋雲이 어디로 가십니까 하고 물었기 때문에 西天으로 간다신 것이다。 만약 묻지 않았더라면 답도 없었을 것이다。

宋雲이 朝廷에 熊耳山 事實까지 報告한 다음 帝命에 의하여 開壙하여 봤더니 空棺에는 신 한 짝만이 있었다。 세존의 「발등說法」과 마찬가지로 달마大師는 「짝신 說法」을 남겨놓고 幻身을 나투어서 西天으로 향하였다。 한 마디 일러보라。

一花五葉自然成
携手隻履向西天

한 송이 꽃 다섯 잎이 절로 이뤄지니
손에 신 한 짝 들고 西天으로 가셨네。

〔1〕 本文 無盡居士 頌하되

非關壁觀九年功이라　歷劫悠悠當處空이로다。
熊耳塔開留隻履하니　十方全體現圓通이로다。

번역 무진거사가 송하되

벽을 향한 九년의 공、관계없거니
여러 겁의 오램이여 당처가 비었네。
웅이산 탑을 열었더니 신 한 짝만이 남았으니
十방이 원통 뚜렷이 통함을 나툼이네。

강론

벽을 향한 九年의 功德、뉘라서 감히 감당하리。

327 隻履

여러 겁〔劫〕의 오래고도 오랜 功德藏이 아니랴。
熊耳山 塔을 열어 봤더니
텅 비인 곽속에는 신 한 짝 만을 남겨두고 葱嶺으로 넘어 가셨네。

第一〇四、見 性

〔本文〕 婆羅提尊者 因異見王 問曰하되 何者是佛이니꼬。 答曰 見性이 是佛이니다。 王曰 師見性否아。 曰 我見佛性이니다。 王曰 性在何處오。曰 性在作用이니다。 王曰 是何作用이완대 我今不見이니꼬。曰 今見作用이언마는 王自不見이니다。王曰 於我에 有否아。 曰 王若作用인댄 無有不是요 王若不用인댄 體亦難見이니다。 王曰 若當用時에 幾處出現이니꼬。 曰 若出現時에 當有其八이니다。 王曰 其八出現을 當爲我說하소서。曰 在胎曰身이요 處世名人이요 在眼曰見이요 在耳曰聞이요 在鼻辨香이요 在舌談論이요 在手執捉이요 在足運奔이니 偏現하면 俱該沙界요 收攝하면 在一微塵이라 識者는 知是佛性이요 不識者喚作精魂이니다。 王이 聞하고 心即開悟하니라。

〔번역〕 바라제 존자에게 이견왕이 물어 가로되 「어떤 것이 부처입니까」 하니 답하여 가로되 「성품을 본 이가 부처입니다」 왕이 가로되 「스님은 성품을 보았나니까」 가로

되「나는 불성을 보았나니다」 왕이 가로되「성품은 어디에 있나니까」 가로되「성품은 작용에 있나니다」 왕이 가로되「이 무슨 작용이기에 내가 이제 보지 못하나니까」 가로되「이제 작용하는 것이 보이건만 대왕 스스로가 보지 못하십니다」 왕이 가로되「나에게도 있읍니까」 가로되「대왕께서 만약 작용하신다면 그것 아님이 없건만 왕께서 쓰지 않으신다면 바탕마저 또한 보기 어렵습니다」 왕이 가로되「만약 쓸 때엔 몇 곳으로 나타납니까」 가로되「만약 나타나는 때는 여덟 곳이 있읍니다」 왕이 가로되「그 여덟으로 나타남을 마땅히 저에게 설명해 주십시오」 가로되「태에 있으면 몸이라 하고 세상에서는 사람이라 이름하고, 눈에 있으면 본다 하고, 귀에 있으면 듣는다 하고, 코에 있으면 냄새를 맡는다 하고, 혀에 있으면 말을 하고, 손에 있으면 걷어잡고, 발에 있으면 다니나니, 두루 나타내면 항하사 세계에 퍼지고, 거두어 들이면 한 티끌에 있읍니다。 인식하는 자는 불성인 줄 아나 인식을 못하는 자는 정혼이라 부릅니다」 하니, 왕이 듣고 마음이 곧 열려 깨달았느니라。

〔강론〕 婆羅提 존자에게 異見王이 물어 가로되「어떠한 이가 부처이니까」 하니 尊者는 답하여 가로되「성품을 봄이 이 부처이니다」 하였다。

〔問〕…선사께서는 성품을 보았나니까。

△만약 선사가 봤다면 大王도 보지 않았겠는가!

〔答〕…나는 佛性을 보았나니다。

△점잖으신 尊者가 어찌 거짓을 쓰시지。 흥! 못보는 것을 본다는 말이군!

〔問〕…성품이 어느 곳에 있나니까。

△어느 곳은 어느 곳이라、 바로 쓰는 데 있지!

〔答〕…성품은 作用에 있나니다。

△작용이 없으면 우선 성품이란 말부터 없어진다!

〔問〕…무엇이 作用이길래 나는 이제 보지 못하나니까。

△항상 보고 항상 쓰면서 못 보니 당달봉사이던가!

〔答〕…이제 作用을 봄이언만 大王 스스로가 보지 못함이니다。

△그 責任은 볼 줄 모르는 데 있는 것을!

〔問〕…나에게도 있나니까。

△나에게 없으면 묻는 것은 무엇이지!

〔答〕…大王이 만약 작용을 하신다면 그것 아님이 없지마는、 大王이 쓰지 아니함인댄 바탕〔體〕을 또한 보기 어렵나이다。

△불이 와야만 전기가 있는 줄을 비로소 아는군!

〔問〕…만약 쓰는 데는 몇 곳에나 나툽니까。

△무한한 허공에 어찌 가지 수가 있으랴!

〔答〕…만약 나툴 때에는 여덟 가지에 있읍니다。

△가르쳐 주는 것은 좋은데 알아챌까가 문제다。

〔問〕…여덟 가지의 나툼을 나에게 말씀해 주사이다。

△살펴보라。묻는 그놈이니라。

〔答〕…胎에 있으면 몸이요

△發育이 안되기 때문에 몸이라 이르는군!

〔答〕…世間에 있으면 사람이요

△사람은 나의 所有物인가 管理物인가부터 알고 달려들라!

〔答〕…눈에 있으면 봄이요

△느낌이 없는 눈이란 기관을 통하여 그 성품이 보는군!

〔答〕…귀에 있으면 들음이요

△느낌이 없는 귀란 기관을 통하여 그 성품이 듣는군!

〔答〕…코에 있으면 냄새를 맡고

△느낌이 없는 코란 기관을 통하여 그 성품이 냄새를 맡는군!

〔答〕…혀에 있으면 말을 하고

△느낌이 없는 혀란 기관을 통하여 말을 지껄이는군!

〔答〕…손에 있으면 걷어잡고

△느낌이 없는 손이란 기관을 통하여 물건을 걷어잡는군!

〔答〕…발에 있으면 거님이요

△느낌이 없는 발이란 기관을 통하여 天下를 거니는군!

이렇듯이 두루 나투면 모랫수 世界에 펴지나 거두어 들이면 바늘귀 속에도 來往한다는 事實을 認識하면 그것이 佛性인 줄로 알겠지만 그렇지 못하면 바로 精魂에 지나지 못하는 것이니 이것을 곧 날도깨비라 한다。

見聞覺知從性來
明明不昧是則佛

보고 듣고 깨치고 앎이 성품으로 좇아 오나니
또렷 또렷해서 어둡지 않음이 이 곧 부처니라。

〔1〕本文 雲門杲 着語云하되 即今敢問諸人하노니 那箇是佛性이며 那箇是精魂고。

번역 운문고가 착어에 이르되 「이제 여러분께 감히 묻노니 어느 것이 불성이며 어느 것이 정혼인고」 하다。

강론 佛性을 生命의 源泉인 體性面이라면 精魂은 一切의 作用인 用相面으로 보아야 옳다。佛性인 體性面이 있음으로 말미암아 精魂인 用相面은 굴리어지고、精魂인 用相面이 굴리어짐으로 하여금 體性面의 살림살이는 이뤄지는 것이니、이 도리를 알면 佛性과 精魂은 하나라 하겠지마는 만약 이 嚴然한 事實을 모른다면 佛性과 精魂을 둘과 같이 여기게 되는 것이니 어찌 自殺行爲가 아니랴。그러기에 境界에 당질려서 일어나는 妄念을 眞心의 그림자로만 알면 妄念은 그 자리에서 眞念으로 바뀌는 이유가 여기에 있다。

〔2〕 本文 又擧此話云하되 敢問大衆하노니 且道하라。西天國王이 悟得佛性耶아 悟得精魂耶아。若道在八處면 悟得이 只是精魂이요 若離八處하면 却喚甚麼作佛性고。於斯에 薦得하면 皇恩佛恩을 一時報足이어니와 若薦不得인댄 育王이 今日爲諸人하여 下箇注脚하리라。良久云 鸑鷟麒麟이 俱是瑞요 栴檀薝蔔이 一般香이니라。

번역 또 이 이야기를 들고는 이르되 「감히 대중에게 묻노니 말해 보라。서천의 국왕이 불성을 깨달았는가、정혼을 깨달았는가。만약 여덟 곳에 있다 말하면 깨달음은 다못 정혼일 것이요、만약 여덟 곳을 여의었다면 무엇을 불러서 불성을 짓는다 하겠는가。이에 깨치면 황은과 불은을 한때 갚겠거니와 만약 깨치지 못하면 육왕이 오늘 여러분을 위하여 주를 내리라」하고 양구했다 이르되「봉황과 기린은 모두가 상서롭고 전단과 첨복은 한결 향기롭니라」하다。

강론 西天의 異見王이 바라제尊者의 이야기에 따라 佛性을 깨쳤느냐는 것이 雲門杲의 적정인 모양이다。佛性을 平等性面이요 絶對性이라면、精魂은 差別相面이요 相對性이다。佛性을 소리요 형체라면、精魂은 메아리요 그림자다。異見王이 이 도리를 몰랐다면 우선에 상대性은 절대性의 굴림새라는 그 事實을 모를 것이니 精魂의 놀음 놀이에 지나지 않겠지마는、만약 차별現象은 平等本體의 놀음놀이라는 事實을 認識한다면 이것은 바로 佛性을 깨침이라 하여서 異論이 없을 것이다。

때문에 만약 八處에 있다면 깨달은 바가 精魂이라 하겠지마는、만약 八處를 여윈다면 무엇을 佛性이라고 하겠느냐는 이야기가 아니겠는가。이렇듯이 이 도리를 깨달으면 참으로 佛恩을 갚음과 아울러 서쪽을 향하여 北斗를 보겠지마는、그러나 깨치지 못한다면 精魂을 위한 精魂을 면치 못하는 것이니 어찌하겠는가。선사도 양구했다 이르되「봉황과 기린은 상서롭고 전단과 첨복은 모두가 향기롭다」한 것은 精魂과 佛性에 優劣이 없음을 뜻함으로 알아두자。

第一〇五、懺 罪

〔本文〕二祖慧可大師 因三祖問하되 弟子身纏風恙하니 請和尙懺罪하노이다。師曰 將罪來하라。與汝懺하리라。祖良久에 云覓罪了不可得이니다。師曰 與汝懺罪竟이로다。宜依佛法僧住하라。祖云 某今見和尙하니 已知是僧이어니와 未審何名佛法이니꼬。師曰 是心是佛이요 是心是法이라 佛法無二니 僧寶도 亦然이니라。祖曰 今日始知罪性이 不在內外中間이라 如其心然하여 佛法無二니다。師深器之러라。

〔번역〕 二조 혜가대사에게 三조가 묻되 「제자는 몸에 풍병이 걸렸으니 화상께서 참회해 주옵소서」 하니、화상이 가로되 「죄를 가져 오너라。너에게 참회해 주리라」 三조가 양구(良久)하다 이르되 「죄를 찾아도 얻어내지 못하겠나이다」 二조가 가로되 「그대의 죄는 다 참회되었으니 불·법·승에 의지해서 살라」 三조가 이르되 「제가 이제 화상을 뵈오니 승보인 줄은 알았으나 불보와 법보는 무엇입니까」 二조가 대답하되 「마음이 이 부처요、마음이 이 법보니라。불보와 법보가 둘이 없나니 승보도 또한 그러

하니라」三조가 가로되「오늘에야 비로소 죄의 성품이 안팎이나 중간에 있지 않고 그 마음이 그렇듯이 불보와 법보도 둘이 아님을 알았읍니다」하니、二조가 몹시 대견히 여기다。

〔강론〕 二祖慧可에게 三祖僧璨和尚이 묻되「제자는 몸에 風病이 있으니 和尚께서 懺罪해 주옵소서」하였다。모든 事實은 攀緣의 나툼이다。그러기에 모든 攀緣을 없애는 手段과 方便을 가르쳐 주십시오 라는 懇請으로 보아야 하겠다。二祖는 三祖의 懇請을 받아 들이고「罪를 가져오너라。없애 주리라」하였다。三祖는 良久를 하고「十方을 향하여 罪를 찾아 마쳐도 얻어내지 못하겠나니다」하였다。빛깔도 소리도 냄새도 없는 罪를 어디에서 찾아내지! 二祖는「너를 위하여 懺罪하여 마쳤으니 佛·法·僧을 의지하여 살라」하였다。

實로 그렇다。世間에서 일고 지는 모든 事實이 다 攀緣을 따르는 꼭두놀이가 아님이 없으니 自心佛·自心法 밖에 어디를 향하여 무엇을 어떻게 믿겠는가。三祖가 이르되「제가 이제 和尚을 뵈오니 僧寶인 줄은 알았으나 佛寶와 法寶는 무엇입니까」하였다。맹꽁이로다。僧寶를 알면 法寶를 알고 法寶를 알면 佛寶를 아는 것인데 이것은 무슨 소리인고。나누면 셋이요 합치면 하나인걸。二祖는 이르되「이 마음이 부처요 이 마음이 법이라 佛과 法이 둘이 아니요 僧寶도 또한 그러니라」하였다。알겠구나。모든 것이 마음을 여의고는 이루어 질 것이 없음을 알고도 남음이 있구나。三祖는「오늘에야 비로소 罪性이 안팎과 중간에 있지 않고 그 마음이 그렇듯이 佛寶와 法寶도 둘이 아님을 알았읍니다」하였다。二祖는 몹시 대견히 여겼다。

諸法紛紜其性空
方知罪狀無處來

「모든」법이 부산해도 그 성품이 비인 것을
바야흐로 알겠구나 죄의 모양이 오는 곳이 없음을。

〔1〕 **本文** 雲居元 頌하되

毁佛書成顯大風하니 從玆起敎化盲聾이로다。
旣知罪性無來處하니 劒斷浮雲水洗空이로다。

번역 운거원이 송하되

부처님의 글을 헐뜯어서 큰 가풍을 이루니
이로 좇아 가르침을 일으켜 장님과 벙어리를 교화하네。

이미 죄의 성품이 온 곳 없음을 알았으니
칼로 구름을 끊고 물로 허공을 씻네。

강론 佛書를 헐뜯고 큰 家風을 이룬다니 본래로 부처요、본래로 부처글을 굴리는데 세삼 다른 佛書에 의지한다는 것은、벌써 본 고장의 소식을 잊고 몸 밖을 향하여 달리 다른 세상을 찾아서 天下를 헤매는 꼴이 아닐까 보냐。일로 좇아 가르침을 일으켜서 숱한 장님과 많은 벙어리를 敎化하는 것은 제가 타고 있는 소를 가리킴이요 제가 업은 아기를 알아보게 함이니、어찌 慈悲心의 發露가 아니겠는가。이렇듯이 빛깔도 소리도 냄새도 없는 罪의 當處가 비었다는 事實을 알면 그대로가 나의 소요 그대로가 나의 아기일 것이니、지혜의 칼로 뇌롬의 구름을 끊을 필요는 어디에 있겠으며 물로 허공을 씻을 필요는 어디에 있겠느냐는 말이다。

〔2〕 本文 曹溪明 頌하되

懺罪方知罪性空하니 不勞揮劒掃春風이라。
如今山谷峰頭月에 萬像齊歸一鑑中이로다。

번역 조계명이 송하되

죄를 뉘우치다보니 죄의 성품 비었음을 바야흐로 알겠네。
큰 칼을 휘둘러서 봄바람을 쓸어낼 필요가 없구나。
이제 산골짝과 봉우리에 뚜렷이 뜬 달이라서
만 가지 모습이 한 개 거울 가운데로 가지런히 돌아가네。

강론

죄의성품 찾았더니 그당처가 비인것을
무엇을 걷어잡고 남에게다 보여줄까。
오는春風 쓸어낼려 아예당초 하지마소。
산과들의 온갖모습 달빛속에 잠긴것을。

〔3〕 本文 海會演 頌하되

無孔笛子氈拍版이여 五音六律皆普遍이라。
時人不識黃*1幡綽하고 笑道儂家登寶殿이로다。

번역 해회연이 송하되

구멍없는 피리와 담(氈)으로 된 박자판이

五음(音)과 六률(律)을 골고루 연주하네。
사람들은 누런 기 펄럭인 줄 알지 못하고
웃으면서 자기가 연화대 오름을 다짐하네。

강론
희한하구나、구멍없는 피리요 담으로된 박자판이던가。
다섯 소리와 여섯 가락이 어울리는데 춤인들 아니추랴。
그러나 꼬불꼬불 황천의 길 상여 타고 갈 것이언만
내만 내라 빼기면서 연화대로 간다 웃어대네。

주 一、黃幡…사람이 죽으면 누런 번을 달아 淨土에 태어나게 하는 풍습이 있었으니 목숨을 뜻함。

〔4〕 本文 瑯琊覺 云하되 猶欠作이라 云何梵在오。

번역 낭야각이 이르되「오히려 흠만 지음이라、어찌 말쑥함이 있으리오」하다。

강론 입으로 지껄이고 글로 끄적거려봤든 어찌 본래의 뚜렷한 소식을 들어내랴。

〔5〕 本文 天童覺 小參에 擧此話云하되 三祖는 自倒自起요 二祖는 相耬打耬로다。今晚에 海陵善友가 問覺上座求懺悔하니 若也向者裡

댄 心跡俱泯이요 體上無瘡이라 名相纔興하면 泥中洗土니 且畢竟作麼生고。月冷空當午요 松寒露滿襟이로다。

번역 천동각이 소참에 이 이야기를 들고는 이르되 「三조는 스스로 쓰러졌다가 스스로 일어나고 二조는 남의 보습으로 보습질을 했다。오늘 저녁에 해능선우가 각 상좌에게 물어 참회를 구하거늘、만약 이 속에서 마음의 자취가 모두 없어지면 몸 위에 부스럼이 모두 없어지겠지만、이름과 모습이 잠깐 일어나면 진흙 가운데서 흙을 씻음이니、그러면 끝내 어찌해야 되겠는가。달이 서늘거리니 허공 한복판이요、솔이 차가우니 이슬이 옷깃에 가득하구나」하다。

강론 天童覺이 소참때 말하기를 三祖는 스스로가 쓰러져서 스스로가 일어나고、二조는 남의 보습을 제 보습처럼 썼다는 것이다。왜 그런가。二祖는 달마大師로부터「마음을 가져 오너라」는 약方文을 얻어서 병을 고쳤으니 남의 보습을 제것처럼 씀이요、三祖는 이미 드러난 약方文을 스스로의 약方文처럼 삼았기에 스스로가 엎어져서 스스로가 일어나는 격이라 하겠다。

이렇듯이 一切法의 當處가 비었음을 確然히 알진댄 마음의 當處도 스스럼없이 빈 것이니 어찌 몸 위의 부스럼이라 하여서 실다운 것이겠는가。그러나 이름자와 모습놀이 판에 놀아나는 경우라면 이것은 진흙물로 흙덩이를 씻음이니、애오라지 텅 틔어서 거룩함도 없는 휘영청한 소식을 어디에서 맛보겠는가。 그러기에 누리에서 하나밖에 없는 보습만 가지면 人生문제는 풀리어지는 것이다。 알겠는가。 이럴진대 달빛이 차가우니 허공 한복판이요、 솔바람이 차니 이슬이 옷깃에 가득함이 나의 風光이 아니고 무엇이겠는가。

第一〇六、至　道

〔本文〕三祖璨大師信心銘에 云하되 至道無難이라 唯嫌揀擇이로다。但莫憎愛하면 洞然明白이니라。

〔번역〕三조 승찬대사가 신심명에 이르되 「지극한 도는 어려움이 없으나 오직 고르는 것을 꺼린다。다만 밉고쏠림〔憎愛〕이 없어지기만 하면 훤하게 밝아지리라」 하다。

〔강론〕「지극한 道는 어려움이 없으나 오직 고르는 것만이 흠이니라」 하였다。人生을 굴리는 데는 크게 생각할 문제다。

보라！ 大地를 두어서 萬物을 실으니 이 至道가 아니겠는가。
보라！ 季節을 두어서 四時를 밝히니 이 至道가 아니겠는가。
보라！ 智慧를 두어서 凡聖을 굴리니 이 至道가 아니겠는가。

이러히 大地와 季節과 智慧는 나의 一大生命인 法性身의 굴림새련마는 그러나 어리석은 사람들은 無情物인 色身만을 自己의 所有物인양 그릇 인정하는 나머지 그 色身의 安逸을 도모하기 위한 是非를 가려내고 憎愛를 가름하는 妄想에 사로 잡혀서 꼼짝달

싹을 못하는 판이니 어찌 본래로의 至極한 道理를 꿈속엔들 깨쳐 알겠는가。 오로지 가 管理物인 이 色身을 통하여 구하지 않으면 마음이 생기지 않고、붙이지 않으면 마음이 사그라지지 않는 도리를 알아 行으로 옮길 때 바야흐로 至道가 現前한다는 것을 잊지 말아야 하지 않겠는가。

至道無難亦無易
一切放下自分明

지극한 도는 어려움도 없고 또한 쉬움도 없으니
온갖 것을 놓으면 스스로가 분명하다。

〔1〕 本文 天寧照 頌하되

兀爾忘緣하면 洞然明白하고
毫釐有差하면 天地懸隔이니라。
高秋蟾影이 落瀟溪하니
非思量處에 情難測이로다。

번역 천녕조가 송하되
오뚝스리 반연을 잊으면 훤하게 밝아지고
털끝만치 어긋나면 하늘과 땅같이 멀어진다。
맑은 가을 달빛은 여울에 떨어지니
따질 수 없는 곳에 마음으로 측량 못하리。

강론 上下도 없고 左右도 없고 遠近도 없는 가없는 허공 中에 이루어진 有情無情이 다 한낱 因緣에 따른 法性體의 光影에 지나지 않는 것이다。비유컨댄 물을 形段이라면 거품은 光影이란 뜻이다。그러나 사람들은 이 光影을 실답게만 볼 뿐 아니라 실답게 불려고 애도 쓴다。참으로 어리석은 짓이다。도대체가 原因이 없는 結果가 어디에서 오겠는가。

그러기에 老長도 이르되「오뚝스리 반연을 잊으면 훤하게 밝으리라」한 것이 아닌가。다시 말하자면 어지러운 가운데서 또렷한 참 나를 놓치지 말고 妄緣을 일으키지 아니하면 그만 그대로가 오뚝스런 내라는 뜻이다。그렇다。사람들은 제가 일으킨 分別桶 속에 들어앉아서 精神을 못차리기 때문에 꾹두놀음을 하는 것이 아닌가。精神을 못차리는 것을 아는 그것이 바로 휘영청한 나이니 의심말고 가거라。

〔2〕 本文 雲門偃 擧至道無難唯嫌揀擇하고 師云하되 者箇는 是僧堂이요 者箇는 是佛殿이라 那箇是不揀擇고。無對어늘 代云 何必如此오。

번역 운문언이 「지극한 도는 어려움이 없으나 오직 고르는 것을 꺼린다」는 것을 들고는 선사 이르되 「이쪽은 큰 방이요 저쪽은 법당이다。어찌 하여야 고르는 것이 안 되겠는가」 하고 대꾸하는 사람이 없거늘 대신 말하되 「하필 이렇게 되었을까」 하다。

강론 雲門偃은 오늘따라 이상한 말을 하는구나。「이쪽은 큰 방이요 저쪽은 법당이다」라고 事實대로 알고 「그대로」 보는 것을 어찌 가림으로 보는가。그 境界에 얽붙어서 自己流의 느낌으로 是非를 따지고 憎愛에 놀아나는 것을 고른다고 보아야 하지 않겠는가。老長도 잘 알면서 後學을 위하여 한 번 이야기 하여보는 것이기 때문에 「하필 이렇게 되었을까」 이르는 것이지마는 한 방망이 때려놓고 볼까。그만 두어라。끝마침에 口味가 당기니 용서하자。

〔3〕 本文 法眞一 擧至道無難唯嫌揀擇하고 師云 作麼是無難處오。衆中이 商量하되 有底는 道飢來喫飯困來眠하고 開眼見明하고 合

眼見暗이니 有什麼難이리오 하니 若伊麼댄 正是說難也로다。 趙州爲什麼直得五年分疏不下오。 任是釘觜鐵舌漢인댄 試爲說看하라。

번역 법진일이 「지극한 도는 어려움이 없으나 오직 고르는 것을 꺼린다」는 것을 들고는 선사 이르되 『어느 것이 어려움이 없는 곳인가。 누군가가 추측하여 말하기를 「시장하면 밥을 먹고 곤하면 잠을 자고 눈을 뜨면 밝음이 보이고 눈을 감으면 어두움이 보이는데、무슨 어려움이 있으리요」 하는데、만약 그렇다면 참으로 어려운 말이 된다。 조주는 어째서 五년 동안 주석을 내리지 못했을까。 못(釘)같은 주둥이와 무쇠 같은 혀를 가졌거든 마음대로 설명해 보라』 하다。

강론 「시장하면 밥을 먹고 곤하면 잠을 자고 눈을 뜨면 밝음이 보이고 눈을 감으면 어두움이 보이는데、무슨 어려움이 있으리요」라는 言句에 대하여 老長은 이르되 「어려운 말이 된다」고 하였다。 옳은 所見이다。 이 至道無難은 道人의 分上에서 시장하면 밥을 먹되 無心으로 밥을 먹고、곤하면 잠을 자되 無心으로 잠을 자고、눈을 뜨면 밝음이 보이되 無心으로 밝음을 보고、눈을 감으면 어둠이 보이되 無心으로 어둠을 보는 것이니、어찌 思量 속에서 밥을 먹고 妄想 속에서 잠을 자고 分別 속에서 밝음을 살피고 煩惱 속에서 어둠을 보는 凡夫輩의 말귀에 어울리는 至道無難일까 보냐。 이러기에 趙州和尙도 五年 동안이나 疏를 달지 못한 것이니 못의 주둥이와 무쇠의 혓바닥이 아니면 말하기 어려운 곳이다。 까닭에 어렵지도 않고 쉽지도 않은 이 至道無難을 도매값으로 넘기려는 짓거리는 바로 自殺行爲를 뜻함으로 알아두자。

〔4〕 **本文** **長蘆賾 擧此話云하되 古人이 到者裡하여 開口不得하니 可謂無繩自縛이로다。 山僧은 即不然하리라。 上是天下是地요 晝則明夜則暗이요 僧是僧俗是俗이라 諸人이 會得하면 洞然明白이요 若也不會댄 唯嫌揀擇이니라。**

번역 장로색이 이 이야기를 들고는 이르되 『옛 사람이 여기에 이르러서는 입을 벙긋도 하지 못했으니 가위 노끈 없이 스스로 묶인 짓이라 하리라。 산승은 그렇지 않으니 「위는 하늘이요 아래는 땅이며、 낮에는 밝고 밤은 어두우며、 중은 중이요 속은 속이다」 하리라。 여러분이 알아채면 훤하게 밝아지겠지만 만약 알아채지 못하면 오직 고르는 것을 꺼리게 될 뿐이니라』 하다。

강론 古人이 이 문제에 있어서는 입을 벙긋도 못할 뿐 아니라 본래가 없는 노끈으로 스스로가 묶이어서 꼼짝을 못한다고 하였다。 그러면서 老長같으면 「위는 하늘이요 아래는 땅이며、 낮은 밝고 밤은 어둡다 하리라」 하였다。 말이 여기까지 왔으니 나도 한 마디 하리라。「위는 하늘이 아니요 아래는 땅이 아니다。낮은 밝음이 아니요 밤은 어둠이 아니다」하리다。왜냐면 하늘이니 땅이니 밝음이니 어둠이니가 다 허공 中의 假變으로서 이뤄진 이름자 놀이에 지나지 않기 때문이다。알간! 한 마디 일러라。

〔5〕**本文** 仰山偉 上堂擧此話하고 遂拈拄杖云하되 者箇가 還有取捨麼아 還有是非揀擇麼아 還有憎愛麼아。旣無如是댄 洞然明白하리라。

번역 앙산위가 상당하여 이 이야기를 들고는 이어 주장자를 들면서 이르되「도리어 이것도 취하고 버리는 일이 있는가、도리어 옳고 그름을 고르는 일이 있는가、도리어 밉고 쏠림이 있는가。이미 이와 같음이 없다면 훤하게 밝으리라」하다。

강론 仰山偉가 上堂하여 이 이야기를 들고는 이어 拄杖子를 들면서 이르되「이것도 도리어 취하고 버리는 일이 있는가、도리어 옳고 그름을 고르는 일이 있는가、도리어 밉고 쏠리는 일이 있는가」하였다。

老長은 拄杖子를 걷어잡고 이야기 하였지마는 나는 허공을 걷어잡고 이야기 하겠노라。「이 허공도 도리어 취하고 버리는 일이 있는가、이 허공도 옳고 그름을 고르는 일이 있는가、이 허공도 도리어 밉고 쏠림이 있는가。이미 이와 같음이 없을진댄 훤하게 밝음도 없이 훤하게 밝으리라」 하리라。 알겠는가。 어이할손! 千里 밖의 봄소식은 방안의 梅花가 먼저 전하여 주는구나。 히!

〔6〕 **本文** 黃龍清 上堂擧此話하되 至洞然明白하여 師云 祖師伊麼說話가 瞎却天下人眼이로다。 識是非別緇素底衲僧이 到者裡하여 如何辨的고。 未能行到水窮處하면 難解坐看雲起時니라。

번역 황룡청이 상당하여 이 이야기에서 「훤하게 밝으리라」 한 곳까지를 들고는 선사가 이르되 「조사의 이런 이야기가 천하 사람의 눈을 멀게 하였다。 옳고 그름을 인식하고 검고 흼을 나누는 납자가 이곳에 이르면 어떻게 판단하겠는가。 강물이 끝난 곳에 이르지 못하면 구름 일어나는 것을 앉아서 보는 때를 알지 못하리라」 하다。

강론 黃龍清이 上堂하여 이 이야기에서 「훤히 밝으리라」는 곳까지를 들고는 이르되 「祖師의 이런 이야깃거리가 天下人의 눈을 멀게 하였구나。 옳고 그름을 알고 검고 흼을 인식하는 납자가 이곳에 이르면 어떻게 판가름 하겠는가」 하였다。 만약 祖師의 말대로 옳고 그름을 인식하고 검고 흼을 아는 납자가 있으면 먼저 老長에게 三十棒을 후려쳤으리라。 왜냐면 天下人의 살눈〔肉眼〕은 멀게 하였을지언정、 슬기눈〔慧眼〕을 틔운 곳을 슬쩍 넘긴 죄는 면하지 못하기 대문이다。 그렇다。 「강물이 끝난 곳에 이르지 못하면 앉아서 구름 일어나는 때를 보아도 알기 어렵느니라」 이런 句節이 있음으로 하여서 二十棒을 감하여 十棒만 때려야 하겠다。 알간!

〔7〕 **本文** 又 上堂云하되 大衆아 只如道但莫憎愛하면 洞然明白이라 하니 是揀擇가 是不揀擇가。 飽叅達士는 試請斷看하라。 良久云 直饒見與祖師齊라도 敢保斯人이 猶未徹이로다。

번역 또 상당하여 이르되 『대중이여、 다못 말하기를 「다만 밉고 쏠림이 없을 것 같으면 훤하게 밝으리라」 하니 이 고름인가、 이 고르지 않음인가。 충분히 참구한 뛰쳐난 선비라야 판단하리라』 하고는 양구했다 이르되 「바로 견해가 조사와 같다 할지라도 그 사람은 아직 철저하다고 보증 못하리라」 하다。

강론 黃龍淸은 또 이르되 「다만 밉고 쏠림(憎愛)만 여의면 훤하게 밝으리라」 하였다。 自性上으로 그러리라。 여기에서는 가리느니 안 가리느니 따위의 分別句도 벗어난 소식으로 받아들이자。 이렇듯이 그 가려내는 마음이 사그라지면 하늘과 땅은 뉘의 하늘과 땅이랴。 닦고 닦고 닦아서 마음 속에 티끌 하나 없는 清淨法身이 못된다면、 하늘과 땅

奎道 352

에 쓰이는 從屬物에 지나지 못하게 마련이니 뒷날을 어찌 하겠는가。 다시 말하자면 한 여김의 어떠함으로 좇아、 하늘과 땅에 쓰이느냐 쓰느냐가 결정되는 것이니 살피고 살펴라。

第一〇七、圓 同

〔本文〕三祖 云하되 圓同太虛하여 無欠無餘어늘 良由取捨하여 所以不如니라。

〔번역〕三조가 이르되「뚜렷하기 허공 같아서 모자람도 남음도 없거늘 버리고 취함으로 말미암아 그렇지 못하니라」하다。

〔강론〕누리는 하나의 法性體다。이 法性體는 바로 뚜렷하여서 모자람도 없고 남음도 없는 絶對의 소식이다。사람마다가 지어서 날로 쓰는 그 성품 또한 그대로가 法性體로서 위아래도 좌우도 없이 훠영청한 絶對의 소식이다。

이 두 名字인 法性體는 하나인 소식의 法性體로서 누리의 한낱 지도리〔樞〕를 뜻한다。누리의 지도리여！無欠無餘기에 有欠有餘로구나。無取無捨기에 有取有捨로구나。누리의 지도리여！無罣無礙기에 有罣有礙로구나。無凡無聖이기에 有凡有聖이로구나。알겠는가！알겠거든 술이나 한 잔 가져오너라。마시고 멀컹히 허공이나 쳐다보고 자불기나 하리라。훙！

我今由緣轉色身

圓同太虛非他事

내 이제 연으로 말미암아 색신을 굴리나

뚜렷스리 텅 비었음은 남의 일이 아닐러라。

〔1〕 本文 知非子 頌하되

圓虛妙湛周沙界하니 無欠無餘無罣礙로다。

纖塵一起萬法生하니 眼裡須彌耳裡海로다。

번역 지비자가 송하되

텅 비어서 묘하게 맑아 모랫수의 세계에 두루하니

모자람도 없고 남음도 없고 걸거침도 없네。

가는 티끌 하나 일면 만 법이 생겨 나느니

눈속의 수미산이요、귓속의 바다일러라。

강론

내더냐、본래부터 허공성의 가없는 몸이러니

해말쑥한 소식이라 걸거침이 없는구나。
어찌타 티끌같은 한 여김에 온갖 법이 생겨나니
눈속에는 한낱 수미산이요 귓속에는 네 개의 바다가 분명하구나。

〔2〕 **本文** 上方益 擧此話云하되 而今에 要一介無取捨底하여도 也難得이로다。便是憍陳如尊者가 每日向僧堂中冷坐하여 也要十八文이로다。然雖如是나 君子愛財에 取之有道니라。

번역 상방익이 이 이야기를 들고 이르되 「요컨댄 한 개의 가지고 버림이 없더라도 또한 얻기 어렵도다。 문득 교진여존자가 매일 승당에 쓸쓸히 앉음은 十八 문*1을 구걸함이로다。 그러나 비록 이와 같아도 재물을 아끼되 취하는 데는 도가 있느니라」 하다。

강론 上方益의 이야기다。「요컨댄 한 개의 가지고 버림이 없더라도 또한 얻기 어렵도다」하였다。 그렇다。念中에 한 개의 가지고 버리는 새김조차 없다손 치더라도 가지고 버림이 없다는 그 새김은 한 여김 가운데 잠겨져 있음으로 말미암아 「또한 얻기 어렵도다」 이른 것으로 보아두자。 이렇듯이 憍陳如도 쓸쓸히 僧堂에 앉아서 「한 개의 가지고 버리는 새김이 없음」인 十八文짜리 一斤을 求乞하는 셈이니 어려운 것만은 事

寶이다。 이러기에 老長은 이르되 「君子는 재물을 아끼되 도가 있느니라」 한 것이다。 공부를 짓는 데의 그 方便이 얼마나 重要한 것인가를 알고도 남음이 있다。

주 一、 文…돈의 단위

〔3〕 本文 智海淸 擧此話云하되 諸仁者여 取捨纔興하면 是非鋒起요 識心이 微動하면 生死魔來니라。 所以道하되 難難이라 語嘿이 寧通向上關이리오。 不見가 目蓮與鶖子가 靈山會上에 盡瞞頇이니라。 易易여 動靜이 無非第一義라 堪笑文殊與淨名이 毗耶城裡談不二로다。 有難有易未離塵이요 無欠無餘豈是眞가 廻首大虛를 都打了하니 大千沙界에 一閑人이로다。

번역 지혜청이 이 이야기를 들고 이르되 『여러분이여、 취하고 버리는 생각이 일어나면 옳고 그름이 덩달아 일어나고 식심이 까딱하면 생사의 마귀가 오느니라。 그러므로 말하기를 「어렵고도 어렵구나! 말함과 잠잠함이 어찌 최상의 관문을 향하는 길이 되리오。 보지 못했는가。 목련과 사리불이 영산회상에서 모두가 얼굴을 맞대고 속았네。 쉽고도 쉽구나! 움직임과 조용함이 모두가 제一의 아님이 없음이라、 문수와 정명이 비야리성에서 불이법문을 말한 것이 우스꽝스럽네」 하였느니라。 어려움이 있거나 쉬움이 있음은 티끌을 여의지 못함이요、모자람이 없고 남음이 없음이 어찌 참됨이라 하리요。고개를 돌리어 큰 허공을 후려치니 대천사계에서 하나의 한가로운 사람이더구나』하다。

강론 智海清의 이야기다。取捨를 일으키면 是非가 일어나고 識心을 솟구치면 生死魔가 따른다。이러므로 말하되、

어렵고도 어려움이여! 말함과 잠잠함만이 向上關으로 통하는 길이라고 하니、보지 못했는가。目蓮과 鶖子가 靈山會上에서 얼굴을 서로 맞대고 멍청히 쳐다보는 것을 말이다。

쉽고도 쉬움이여! 움직이고 조용함이 第一義諦가 아님이 아니어늘、우스꽝스러운지고、文殊와 淨名이 비야리城 안에서 不二法門을 말하였으니 말이다。

어렵지도 않으니 쉬운 것이요、쉽지도 않으니 어려운 것이다。만약 이에 어려움이 있거나 쉬움이 있다면 煩惱妄想의 티끌을 여의지 못할뿐 아니라、이는 相對性은 絶對性의 굴림새라는엄연한 사실을 모르는 데 基因한 것이니、이와 같은 思考方式에서 어떻게 뚜렷하기 허공같아 모자람도 없고 남음도 없다는 뜻의 그림자인들 건어 잡겠는가。알겠는가。모름지기 머리를 돌려 허공을 멀청히 쳐다보라。거기에는 하나의 한가로운 사람이 있으리라。흥!

第一〇八、解 脫

〔本文〕四祖信大師問三祖曰 願和尙慈悲로 乞與解脫法門하소서。三祖曰 誰縛汝오。四祖曰 無人縛이니다。三祖曰 何更求解脫乎아。四祖於言下大悟하다。

〔번역〕四조 도신대사가 三조에게 묻되「원컨대 화상께서 자비로 해탈 법문을 들려주소서」하니、三조가 가로되「누가 그대를 묶었는고」하다。四조가 가로되「묶은 사람이 없나니다」하다。三조가 가로되「어찌 다시 해탈을 구하는가」하니 四조가 즉석에서 크게 깨닫다。

〔강론〕三祖 僧璨禪師와 四祖 道信禪師와의 對話다。四祖가 三祖에게 묻되「원컨대 和尙께서는 慈悲로 解說法門을 들려 주소서」하였다。말하자면「和尙께서 慈悲를 베푸시와 꽁꽁 묶인 노끈이 풀리는 法門을 들려 주소서」라는 뜻이다。사랑하는 法弟子인데 만약 묶은 것이 있다면 당장에 풀어 줄 것이다。三祖는 가로되「누가 너를 묶었는고」하였다。묶은 사람부터 아는 것이 順序다。四祖는「묶은 사람이 없읍니다」하였

다。 만약 내가 그 자리에 있어서 「네가 스스로 묶었구나」 했다면 「스스로 안 묶였노라」 답하였을 것이다。 그러나 三祖는 묶은 사람도 없고 自身도 묶지 않음을 잘 아는지라 「어찌하여 다시 풀림을 구하는가」 하였다。 여기에서 大悟를 하였다。 참으로 一切萬法은 지도리〔樞〕의 나툼이다。 그 나툼은 本來로 묶이지도 않고 걸리지도 않고 막히지도 않은 自由自在한 자리임에도 불구하고、 스스로의 여김으로 묶이고、 스스로의 여김으로 걸리고、 스스로의 여김으로 막아놓고서、 죽네 사네만을 거듭할 뿐이니、 어떻게 본래의 말쑥한 人生을 꿈에서인들 짐작이나 하겠는가。

本源清淨無礙身
自縛自倒自不起

본원이 청정한 걸림없는 몸이련만
스스로가 묶고 스스로가 꺼꾸러지고 스스로가 일어나지 못하는구나。

〔1〕 **本文** 雲居元 頌하되

無縛明明解脱身이여 　西山堆裡一花春이로다。
直饒不受文皇詔라도 　也是蘄州廣濟人이로다。

번역 운거원이 송하되

묶임없이 또렷한 자유 몸이여、
[*一]서쪽 동산엔 봄꽃이 한창일세。
문황(文皇)의 부르심을 받지는 않았지만
기주의 광제현 백성이야 아닐 수 있으랴。

강론

휘영청한 슬기런가 가없는 몸이러니
하늘 땅을 다하여서 걸거침이 없더구나。
놓아라 놓아라 누가 뭐래도 나는 나이니
부처님인들 나의 가는 길 막을 수가 있으랴。

주 一、文皇운운…唐의 太宗을 文皇이라 하는데 太宗이 道信조사의 도풍을 듣고 친견코자 하여 세 차례나 불렀으나 모두 병을 핑계로 가지 않았다。 네 번째는 사자에게 분부하되 또 거절하면 그의 목을 베어오라 했는데 조사는 태연히 목을 내밀었다。 사자가 감명되어 그 사실을 태종께 보고하니 더욱 태종의 신심이 깊게 되었다。 비록 목숨을 잃는 일은 면했어도 그는 그의 고향인 기주성 광제현 사람인 것은 면할 수 없다는 이야기。

〔2〕 本文 天寧照 頌하되

志求解脫하니　　阿誰縛汝오。

直至如今에　諸方錯擧로다。

번역 천녕조가 송하되
정성껏 풀리기를 구했는데
누가 너를 묶었더냐 하니
이제에 이르렀건마는
모든 선비들은 잘못 풀이하네。

강론 변하면서 가는 이 몸뚱이는 나의 所有物도 아니네。 그렇건만 이것을 내것이라 하여서 눈에 안 보이는 노끈으로 묶어 왔던가。 아니네 아니네。 본래로 묶임이 없건만 사람들은 풀려고 헛고생만 하는구나。

第一〇九、姓

〔本文〕 五祖 忍大師 作童子時에 四祖問하되 子何姓耶아。 答하되 姓卽有나 不是常姓이니다。 曰 是何姓耶아。 答하되 是佛性이니다。 曰 汝無姓乎아。 答하되 性空故니다。 祖默識其法器하고 卽俾出家러니 後乃付法하니라。

〔번역〕 五조 홍인대사가 동자로 있을 때에 四조가 묻되 「그대의 성이 무엇인고」 하니 동자가 답하되 「성은 있으나 예사 성이 아닙니다」 「무슨 성인가」 「불성이니다」 「그대는 성이 없는가」 「성품이 비었기 때문입니다」 하니、 조사는 그의 재질을 짐작하고 곧 중을 만들었다가 나중에 법을 전하다。

〔강론〕 衆生界에는 글자나 말마디로서의 姓이 있다。 俗界에서 俗法을 굴리는 데는 없어도 안된다。 그러나 슬기로운 사람으로서는 하늘과 땅을 앞지른 第一次的인 본래의 眞性을 알고、 다음 第二次的으로 色身을 바탕으로 하는 姓을 써야 하지 않겠는가。 姓이 色身의 血緣을 통한 氏族의 呼稱이라면、 性은 사람으로서의 본래의 바탕을 뜻하

는 것이니、姓과 性은 한 그루의 나무로 비유할 때에 둥치인 性이요 잎새인 姓이라 하겠다。까닭에 이 대목에서는 性과 姓을 하나로 보고 다음을 엮어가자。

이에 五祖가 童子일 때 四祖가 묻기를 「그대의 姓이 무엇인가」 하였다。건너다 보면 절터라고 알고서 묻는 것이니 그 속에는 날카로운 칼날이 번쩍거린다。답하되 「姓은 있아오나 예사 姓이 아닙니다」 하였다。그 혓바닥의 굴림새가 벌써 다름을 알고 손으로 칼자루를 잡았다。가로되 「무슨 姓이냐」 다구쳤다。자! 뱀이냐 용이냐、닭이냐 봉이냐、칼을 빼어들 판이다。답하되 「佛性이니다」 하였다。용의 꼬리가 나타났다。四祖는 놀라지 않을 수 없었다。그러나 용의 머리를 아직 못봤으니 다시 한번 굴려 본다。「너는 姓이 없는가」 하였다。童子가 답하되 「性이 空했기 때문입니다」 하였다。성품이 비었기에 姓이 없다는 말이다。이 웬 일이냐。바로 生而知之가 아니냐。龍頭를 들내었구나。四祖는 그 法器를 알고 出家시켜서 뒷날 法을 전했다。

363 姓

姓也名也其性空
俗人被謾錄吊旗

성이나 이름이나 그 성품이 비인 것을
속인은 속아서 조기에다 기록하네。

〔1〕 **本文** 曹溪明 頌하되

問姓能將佛性酬하니 傳衣年少也風流로다。
當初養母人知否아 不是寃家不聚頭니라。

번역 조계명이 송하되

성을 물었는데 불성으로 대꾸하니
법을 받을 소년이 멋이 들었네。
애초에 길러주신 어머니를 누가 아는가。
원수가 아니면 모이지 않는다。

강론

五祖의 誕降을 뉘라서 쉬이 믿으랴。
세상이 온통 모른다해도 나홀로 아네。
아비없는 자식을 키우는데 원한도 많으련만
아내의 정이 어머니의 은혜로 바뀌니 아리랑 고개로다。

禪門拈頌 解題

선문염송(禪門拈頌)은 한국 불교에 있어서 사상적(思想的)으로 종주(宗主)를 이루는 선종(禪宗)의 대표적 경전(經典)인 금강경(金剛經)·유마경(維摩經)·전등록(傳燈錄)등과 함께 유수한 선문서적(禪門書籍)이다。 그런데 금강경·유마경은 부처님이 설하신 것이고 전등록은 중국(中國)의 스님이 저술한 것이지만、 선문염송은 저 고려의 진각국사(眞覺國師) 혜심(慧諶)스님의 저서이다。

선문염송은 「세존(世尊)과 가섭(迦葉) 이후에 대대로 이어받아 등불(善知識)과 등불이 다함이 없이 차례차례 비밀히 전한」 그 근본을 제방(諸方)의 큰스님(善知識)들이 문자(文字)를 무시하지 않고 자비를 베풀어 징(徵~물음。 문제를 어떻게 여기는가 하는 논리)하고、 염(拈~들추어 내는 것。 남의 말을 다시 들추어 사람들에게 보이는 형식)하고、 대(代~남의 대답을 대신하는 일。 문답에 있어서 대답이 막힐 경우 「나 같으면 이렇게 대답하리라」 하는 따위의 형식)하고、 별(別~남의 말과 다르게 말하는 형식。 누구는 이렇게 대답했지만 나는 이렇다 하는 형식)하고、 송(頌~게송。 즉 시를 읊는 일)하고、 가(歌~시는 운문인데 반하여 불규칙하게 긴 노래 형식)해서 깊은 이치(理致)를 드러낸 공안(公案)一一二五칙을 모았다。 이것은 「정안(正眼)을 열고 현기

(玄機)를 갖추어 삼계(三界)를 뒤덮고 사생(四生)을 건져주고자 하는 이라면 이를 버리고 다른 방법이 없다」고 하였다。 이처럼 지중한 서적이 선문염송이다。

선문염송의 편저자는 너무나 잘 알려진 역사적인 인물이다。

스님의 휘(諱)는 혜심(慧諶)、 자(字)는 영을(永乙)、 자호(自號)는 무의자(無衣子)、 속성(俗姓)은 최씨(崔氏)、 속명(俗名)은 식(寔)、 고려 명종(明宗) 八年(西紀 一一七八年) 지금의 전남 화순에서 탄생하셨다。 스님의 어머니 배씨(裵氏)가 천문(天門)이 활짝 열리는 것을 꿈꾸었으며、 벼락이 세 번 내리는 태몽(胎夢)이 있었다고 한다。 잉태한지 열두 달만에 태어났는데 태(胎)를 두른 모습이 가사(袈裟)를 두른 듯하였다。 태어나서 일 주일간 울지도 않고 눈도 뜨지 않았다고 한다。 일찍 아버지를 여의었고 어머니에게 입산할 것을 아뢰었으나 거절하므로 뜻을 이루지 못하였다。

승안(承安) 六年에 사마시(司馬試)에 합격하여 태학(太學)에서 공부하였으나 어머님의 병환으로 귀향하였다。 어머님이 별세하여 조계산 송광사 보조국사(普照國師)를 찾아가 사십구제(四十九齊)를 올리고 그 자리에서 입산하였다。 보조국사께서 중국의 유명한 선승(禪僧) 설두중현(雪竇重顯)선사가 들어오는 꿈을 꾼 날 스님께서 입산하셨다고 한다。 스님께서는 입산 이후 줄곧 참선 수행으로 일관하셨다。

전남 구례 오산(鰲山) 사성암(四聖庵)에 계시면서 선문염송(禪門拈頌)을 편찬하셨다。

희종(熙宗) 四年(一二〇八年)에 보조국사는 스님에게 전법(傳法)하셨다。 그러나 모든 것을 팽개치고 자취를 감추어 지리산으로 갔다。 희종 六年에 보조국사께서 입적(入寂)하시므로 그 문도(門徒)들이 상소하여 스님으로 하여금 송광사 주지로 임하게 하였다。 스님께서 송광사에 주석(住錫)하므로 승속(僧俗)간에 많은 사람이 몰려와 나라에서 절을 확장하였다고 한다。

스님께서는 一二三四年 수선사(修禪社)에서 衆若不到處 別有一乾坤 且問是何處 大寂涅槃門이라는 열반송(涅槃頌)을 두고 입적(入寂)하셨다。 이상의 무의자(無衣子) 스님에 대한 장황한 설명은 그의 생애의 편모나마 살펴보는게 의당할 것 같아서이다。 선문염송의 첫 편저자는 의심할 것 없이 무의자스님이다。 그런데 불행하게도 그 첫 판〔初本〕이 전하여지지 않고 있다。 초판은 강화천도(江華遷都)라는 국가의 비극 속에 사라져 버리고 오늘날 전해지고 있는 것은 우리 민족의 장엄한 예술의 하나인 팔만대장경(八萬大藏經) 보유(補遺)에 끼여있는 것이다。

무의자스님께서 첫 판을 발간했던 것은 그 서문에서 밝혔듯이 「세존(世尊)과 가섭(迦葉) 이후에 대대로 이어받아 등불〔善知識〕과 등불이 다함이 없이 차례차례 비밀히 전함으로…… 흐름을 더듬어 근원을 찾고…… 종문(宗門)의 학자들이 목마를 때 마실 것을 기다리듯 시장할 때 먹을 것을 생각하듯…… 국가에 복을 더하고 불법(佛法)에 도움이 되게 하고자 제자들을 데리고 옛 이야기〔公案〕 천 백 스물 다섯 대목과 여러

스님네의 염(拈)과 송(頌)등 요긴한 말씀을 수록하여 三十권으로 꾸며 전등록(傳燈錄)과 짝이 되게 하니 바라는 바는 요풍(堯風)과 선풍(禪風)이 영원히 나부끼고……만물이 각각 제자리에 안정되고 집집이 모두 무위(無爲)의 법을 즐기게 하려 함이니…」라고 하셨다. 이것을 미루어 보아 스님의 편저한 의도는 참으로 지대한 원력이었다. 부처님 근본 뜻이 오늘날에 전해온 데 대한 깊은 감사와 그것을 현실적으로 수용하려는 부처님의 대자대비한 크나큰 사상을 관념으로 받아들이려는게 아니라, 어디까지나 현실적 입장에서 국가와 더불어 불교를 생각하고 일체 중생의 편안을 도모하려는 보살원력(菩薩願力)으로 선문염송을 편저하였다. 그러나 그러한 크나큰 원력의 결정체라 하더라도 국가의 비극 앞에 사장(死藏)되었다. 그러함에도 그 문인(門人)들이 스님께서 엮었던 一一二五칙에다 三四七칙을 더하여 다시 편찬하여 오늘날 전해지고 있는 것은 편저자가 분명치 않다. 다만 조계노사(曹溪老師)라고 되어 있으며 그 책 발문(跋文)을 만전(萬全)스님이 썼다. 그러나 저러나 선문염송이 오늘날 빛을 보게된 근본 동기는 스님에 의해서이고 또 그 재조본이 나온 것 역시 스님의 문도들임에 두 말할 것도 없다. 다만 재조본에 있어서 편저자가 분명치 않음은 여러 가지 의미로 안타까웁다. 스님의 크나큰 원력이 있었으므로 이런 방대한 저서가 있지 않았을까. 선문(禪門)의 책이라면 중국 스님들의 저서를 위주로 하였는데 반하여 고려 스님들의 자주적 사상을 엿보는 좋은 계기라 믿는다.

이제야 다시금 이 땅에서 눈밝은 이 있어 번역을 하고 강론(講論)을 하는 것은 다만 금생의 일이 아닌 듯하다。 강론(講論)을 하신 백봉(白峰)거사는 일찌기 그 누구도 쉽게 손대기를 꺼려 하였던 대승경전(大乘經典)인 금강경과 유마경을 거침없이 강송하신 바 있는 불교계 안에서 아는 이는 다 아는 그런 거사님이시다。 나무 한 그루 풀 한 포기도 인연을 거스르는 일 없거늘 이런 대승경전을 강론함에 있어서이랴。

일찌기 이 땅에 많은 선지식들이 다녀갔지만 그 누구도 쉽게 손대지 않았던 대작불사(大作佛事)를 쾌히 하시는 팔순(八旬)의 거사님이야말로 어쩌면 의당 하실 일인 것 같아 참으로 기쁘기 한량없다。 천학비재임을 잘 알지만 해제를 요청하시므로 이 대작불사(大作佛事)에 동참(同參)하는 뜻에서 이렇게 적었다。

一九七八年 十一月

八公山 把溪寺 性 愚

'한국의 유마' 백봉 김기추 거사 행장(行狀)

백봉 김기추(白峰 金基秋, 1908~1985) 거사는 20세기 '한국의 유마 거사'로 추앙받는 불교계의 큰 산맥이다. 그는 50세를 훌쩍 넘겨 불교에 입문했지만 용맹정진으로 단기간에 큰 깨달음을 얻었고, 이후 20여 년간을 속가(俗家)에 머물면서 거사풍(居士風) 불교로 후학지도와 중생교화에 힘쓴 탁월한 선지식이다. 많은 지식인들이 그를 따랐으며, 그의 자비심에 넘치는 열정적인 설법은 많은 사람에게 인생의 존엄성을 알게 하였다. 그리하여 닫힌 마음이 열리고 눈에서 분별의 비늘이 벗어졌으며 망상을 내려놓아 참다운 자유와 안심을 얻은 제자들이 적지 않았다.

1908년 부산 영도에서 한의원집의 아들로 태어난 백봉 거사는 1923년 부산 제2상업학교에 입학, 뒤늦게 설립한 일본계 학교를 '부산 제1상업학교'라고 부르는데 반발해 동맹휴학을 주도하다 퇴학당했다. 이후 본격적인 수난의 세월이 시작된다. 20세 때 부산청년동맹 3대 위원장직을 맡아 독립운동을 하다가 1931년 형무소에 수감되고, 만기출소 후에도 일경의 감시가 끊이질 않자 만주로 망명, 동만산업개발사를 설립해 운영하던 중 다시 구금됐다.

당시 만주는 일제의 잔학이 극에 이른 곳이었다. 백봉 거사가 살아생전 고백했던 것처럼 아무런 죄 없는 사람들을 고문과 폭력으로 반죽음을 만들거나 칼로 머리를 자르는 잔혹한 일들이 비일비재했다. 이런 상황에서 독립운동 전력이 있던 백봉 거사가 만주의 감옥에서 살아나온다는 것은 도저히 불가능해 보였다. 당시 불자는 아니었지만 그는 사방이 벽에 빈 틈이 없을 정도로 ‘관세음보살’의 명호를 쓰고 염송했다. 그 때문일까. 기적이 일어났다. 불자였던 일본 간수의 도움을 받아 구사일생으로 목숨을 건질 수 있었던 것이다.

그렇게 힘겹게 맞이한 해방. 그러나 조선건국준비위원회 간사장을 맡았던 그는 극빈자들에게 쌀을 무상으로 배급하다 또다시 감옥 생활을 하게 된다.

이런 백봉거사가 수행에 힘 쓴 것은 1963년 6월, 그의 나이 56세 때다. 백봉 거사는 충남 심우사 주지스님에게 “염불이나 좀 가르쳐달라”고 할 만큼 불법엔 무지했다. 그러나 그는 마음이 순수했고, 무엇을 하든지 철저하게 했다. 주지스님으로부터 ‘무자(無字)’

화두를 받고 용맹정진을 하던 그는 1964년 1월, 도반들과 함께 보름간 정진하기로 하고 다시 심우사로 갔다. 이때는 밥도 먹지 않고 잠도 자지 않았다. 백봉거사에게 어떤 변화가 생기고 있음을 감지한 도반들이 몰래 그를 돌보기 시작했다.

도반들이 법당에서 예불하고 참선하는 사이 백봉 거사는 남몰래 나와 눈 내리는 바위 위에서 좌선에 들었다. 시간이 얼마나 흘렀을까. 4~5리쯤 떨어진 아랫마을 사람들이 어느 집 사랑방에서 놀다 집으로 가던 중 암자가 있는 곳에서 불빛이 솟구치는 것을 보았다. 마을 사람들은 그런 광명이 솟는 곳엔 금광이나 금불상이 있다는 속설을 들었기에 삽과 곡괭이를 들고 올라갔다. 그 빛이 나는 곳에 가보니 정작 바위 위엔 눈에 싸인 사람의 코만 빠끔히 나와 있었다. 살펴보니 온 몸이 얼어붙은 채 숨소리만 가늘게 내뿜고 있었다. 사람들이 꽁꽁 언 그를 방으로 옮겨 뉘어 주물렀다. 한 도반이 선사의 어록을 가져와 읽어주었다.

"마음도 아니고, 부처도 아니다[非心非佛]."

그 순간 백봉 거사가 깜짝 놀라며 벌떡 일어섰다. 그 때 그의 몸이 눈부시게 빛나기 시작하였다. 또다시 방광이었다. 바로 그 때 암자 아랫마을로부터 예배당의 새벽 종소리가 울려

퍼졌다. 그 순간 백봉의 몸이 텅 비고 욕계, 색계, 무색계도 비고, 천당과 지옥마저 비어 툭 터져 버렸다. 몸이라는 감옥에서 벗어나 일체가 허공인 경지를 체득한 것이다.

홀연히도 들리나니 종소리는 어디서 오나
까마득한 하늘이라 내 집안이 분명허이
한입으로 삼천계를 고스란히 삼켰더니
물은 물은, 뫼는 뫼는, 스스로가 밝더구나

忽聞鐘聲何處來
廖廖長天是吾家
一口呑盡三千界
水水山山各自明

백봉 거사는 깨달음을 이렇게 읊었다. 56세에 화두를 잡은 이래로 1년도 되지 않아 '확철대오'를 함으로서 거사는 육조혜능 선사처럼 돈오(頓悟)를 체현한 것이다. 한 도반이 바로 백봉 거사에게 《금강경》을 한 구절씩 들려주자 단 하루만에 이를 명쾌하게 풀어냈다. 이것이 백봉의 《금강경 강송》이다. 그 때까지 백봉 거사는 《금강경》 한번 읽어본 적이 없었다. 혜능 대사가 행자인 거사의 신분으로 깨달았듯이 백봉 거사 역시 재가자의 신분으로 선종(禪宗)의 맥을 충실히 잇는 전승자가 된 셈이다.

백봉 거사가 대오(大悟)했다는 소식은 승가에까지 전해졌다. '욕쟁이 도인'으로 유명한 춘성 선사는 백봉을 가리켜 출가자가 아닌 거사의 몸으로 무상대도를 이룬 유마 거사에 빗대 '이 시대의 유마 거사'라고 불렀고, 탄허 스님은 '말법시대의 등불'이라고 칭송했다. 백봉 거사를 달마와 육조의 후신으로 믿는 묵산 선사는 보림선원을 개설해 백봉의 선풍 선양에 앞장섰다. 이때 거사에게 출가를 권유한 청담 등의 스님과 재가 설법을 권유한 혜암 등의 스님으로 갈렸는데, 백봉 거사는 “불법(佛法)이 머리를 깎고 안 깎고에 있지 않다”고 하면서 재가에서 법을 펴기로 하고, 이후 재가수행단체인 보림회를 결성해 85년 열반에 들 때까지 쉼 없는 설법으로 중생들을 제도함으로써 거사로서 한국불교에 커다란 발자취를 남겼다.

백봉 거사는 “눈이란 기관을 통해서 보는 놈이 누구냐, 귀라는 기관을 통해서 듣는 놈이 누구냐?”며 “빛깔도 소리도 없는 바로 그 자리 허공이 본바탕이고 법신”이라 강조하며 거사풍(居士風)의 수행가풍을 드날렸다.

백봉 거사는 경전이나 선어록에 대해 자구(字句) 해석이나 전통적인 해설보다는 철저히 자신의 살림살이를 토대로 종횡으로 막힘없이 설법했다. 특히 자신이 살았던 전통시대와는 판이하게 전혀 다른 현대인들을 위해 불법의 정수를 일러주기 위해 늘 고심하면서 법문을 베풀었다. 예를 들면, 종래의 소극적이고 수동적인 이해에 머물던 공리(空理)의 방편을 보다 적극적이고 창조적으로 개진해서 '허공으로서의 나'를 모든 상대성을 넘어선 절대적이고 주체적인 근원으로 제시했으며, 이 '허공으로서의 나'가 근본적인 바탕이기 때문에 태어나고 죽는 것도 우리의 권리로서 주체적으로 하는 것이라고 설했다.

특히 백봉 거사는 이 '허공으로서의 나'를 근간으로 삼아서 전통적인 화두의 방편을 개혁하여 새로운 화두라는 뜻의 '새말귀'를 제창했다. 전통적인 화두 수행이 승려를 위한 것이라면 새말귀는 일상생활 속에서 바쁘게 일하는 재가 수행자를 위해 창안된 것이다. 즉 '허공으로서의 나'를 철저히 이해하면 밥을 먹든, 세수를 하든, 운전을 하든 일상생활 전부를 화두로 들 수 있다는 것이 새말귀의 요점인데, 이는 전통적인 화두를 대체했을 뿐 아니라 바쁜 현대인에게 적합한 새로운 수행 방법에 대한 토대를 제시했다. 아울러, 백봉 거사 시대의 변화에 부응해서 재가수행자에게 어울리는 계율과 수행 방법을 제시했다. '열 가지 하지 말아야 할 계율'이란 뜻을 가진 〈십물계(十勿戒)〉에서 "비록 아내와 자식이 있다 해도 쏠려보는데 떨어지지 말라." "비록 가업을 이어가더라도 잘못된 이익을 탐하지 말라." "비록 세상의 법도와 함께 해도 대도(大道)를 버리지 말라." "비록 천하에 노닐면서도 법성(法性)을 무너뜨리지 말라" 등 열 가지의 계율을 통해 재가에서 생활하는 거사로서 가져야 할 기본적인 자세를 설하기도 했다.

20여 년간 수많은 사람들을 교화했던 그는 1985년 8월 2일(음력 7월 15일) 지리산 산청 보림선원에서 여름 철야정진 해제 법어를 마치고 당신의 방에서 제자들이 지켜보는 가운데 마침내 '모습놀이'를 거두고 적멸에 들었다. 백봉 거사가 하얀 천 위에 써서 선원 입구 대나무 장대 위에 걸어둔 당신의 계송 '최초구(最初句)'가 열반송이 된 셈이다.

가이없는 허공에서 한 구절이 이에 오니
허수아비 땅 밟을새 크게 둥근 거울이라.
여기에서 묻지마라 지견풀이 가지고는

이삼이라 여섯이요 삼삼이라 아홉인 걸.

無邊虛空一句來
案山踏地大圓鏡
於此莫問知見解
二三六而三三九

선문염송요론(禪門拈頌要論) 제3권(전15권)

백봉 거사의 안목으로 푼 선종 공안(화두)집

1판 1쇄 펴낸 날 2015년 7월 29일

저자 백봉 김기추 **발행인** 김재경 **기획·편집** 김성우 **교정·교열** 이유경 **디자인** 최정근
마케팅 권태형 **인쇄** 대명인쇄

펴낸곳 도서출판 비움과소통 서울시 구로구 구로동로 206, 1층 **전화** (02)2632-8739
팩스 0505-115-2068 **이메일** buddhapia5@daum.net **트위터** @kjk5555 **페이스북 ID** 김성우
홈페이지 http://blog.daum.net/kudoyukjung **출판등록** 2010년 6월 18일 제318-2010-000092호

ISBN : 978-89-97188-79-6 03220